인천국제공항공사

KB084385

사무분야(경영)

필기시험 모의고사

제 1 회	영 역	직업기초능력평가, 직무수행능력평가(경영학)
	문항수	110문항
	시 간	125분
	비 고	객관식 5지 택일형

SEOWONGAK
(주)서원각

제1회 필기시험 모의고사

✏ 직업기초능력평가(60문항/65분)

1. 다음 글을 읽고 이 글에 대한 이해로 가장 적절한 것은?

법의 본질에 대해서는 많은 논의들이 있어 왔다. 그 오래된 것들 가운데 하나가 사회에 형성된 관습에서 그 본질을 파악하려는 견해이다. 관습이론에서는 이런 관습을 확인하고 제천명하는 것이 법이 된다고 본다. 곧 법이란 제도화된 관습이라고 보는 것이다. 관습을 제천명하는 역할은 원시 사회라면 족장 같은 권위자가, 현대 법체계에서는 사법기관이 수행할 수 있다. 입법기관에서 이루어지는 제정법 또한 관습을 확인한 결과이다. 예를 들면 민법의 중혼 금지 조항은 일부일처제의 사회적 관습에서 유래하였다고 설명한다. 나아가 사회의 문화와 관습에 어긋나는 법은 성문화되어도 법으로서의 효력이 없으며, 관습을 강화하는 법이어야 제대로 작동할 수 있다고 주장한다. 성문법이 관습을 변화시킬 수 없다는 입장을 취하는 것이다.

법을 사회구조의 한 요소로 보고 그 속에서 작용하는 기능에서 법의 본질을 찾으려는 구조이론이 있다. 이 이론에서는 관습이론이 법을 단순히 관습이나 문화라는 사회적 사실에서 유래한다고 보는데 대해 규범을 정의하는 개념으로 규범을 설명하는 오류라 지적한다. 구조이론에서는 교환의 유형, 권력의 상호관계, 생산과 분배의 방식, 조직의 원리들이 모두 법의 모습을 결정하는 인자가 된다. 이처럼 법은 구조화의 결과물이며, 이 구조를 유지하고 운영할 수 있는 합리적 방책이 필요하기에 도입한 것이다. 따라서 구조이론에서는 상이한 법 현상을 사회 구조의 차이에 따른 것으로 설명한다. 1921년 팔레스타인 지역에 세워진 모샤브 형태의 정착촌 A와 키부츠 형태의 정착촌 B는 초지와 인구의 규모가 비슷한 데다, 토지 공유를 바탕으로 동종의 작물을 경작하였고, 정치적 성향도 같았다. 그런데도 법의 모습은 서로 판이했다. A에서는 공동체 규칙을 강제하는 사법위원회가 성문화된 절차에 따라 분쟁을 처리하고 제재를 결정하였지만, B에는 이러한 기구도, 성문화된 규칙이나 절차도 없었다. 구조이론은 그 차이를 이렇게 분석한다. B에서는 공동 작업으로 생산된 작물을 공동 소유하는 형태를 지니고 있어서 구성원들 사이의 친밀성이 높고 집단 규범의 위반자를 곧바로 직접 제재할 수 있었다. 하지만 작물의 사적 소유가 인정되는 A에서는 구성원이 독립적인 생활 방식을 바탕으로 살아가기 때문에 비공식적인 규율로는 충분하지 않고 공식적인 절차와 기구가 필요했다.

법의 존재 이유가 사회 전체의 필요라는 구조이론의 전제에 의문을 제기하면서, 법과 제도로 유지되고 심화되는 불평등에 주목하여야 한다는 갈등이론도 등장한다. 갈등이론에서 법은 사회적 통합을 위한 합의의 산물이 아니라, 지배 집단의 억압 구조를 유지·강화하여 자신들의 이익을 영위하려는 하나의 수단이라고 주장한다. 19세기 말 미국에서는 아동의 노동을 금지하는 아동 노동 보호법을 만들려고 노력하여 20세기 초에 제정을 보았다. 이것은 문맹, 건강 악화, 도덕적 타락을 야기하는 아동 노동에 대한 개혁 운동이 수십 년간 지속된 결과이다. 이에 대해 관습이론에서는 아동과 가족생활을 보호하여야 한다는 미국의 전통적 관습을 재확인하는 움직임이라고 해석할 것이다. 구조이론에서는 이러한 법 제정을 사회구조가 균형을 이루는 과정으로 설명하려 할 것이다 하지만 갈등이론에서는 법 제정으로 말미암아 값싼 노동력에 근거하여 생존하는 소규모 기업이 대거 실종되었다는 점, 개혁 운동의 많은 지도자들이 대기업 사장의 부인들이었고 운동 기금도 대기업의 기부에 많이 의존하였다는 점을 지적한다.

이론 상호 간의 비판도 만만찮다. 관습이론은 비합리적이거나 억압적인 사회·문화적 관행을 합리화해 준다는 공격을 받는다. 구조이론은 법의 존재 이유가 사회적 필요에서 나온다는 단순한 가정을 받아들이는 것일 뿐이고, 갈등이론은 편향적 시각으로 흐를 수 있을 것이라고 비판받는다.

---

① 관습이론은 지배계급의 이익을 위한 억업적 체계를 합리화한다는 비판을 받는다.

② 구조이론은 법이 그런 모습을 띠는 이유보다는 법이 발생하는 기원을 알려 주려 한다.

③ 구조이론은 규범을 정의하는 개념으로 규범을 설명하기 때문에 논리적 문제가 있다고 공격을 받는다.

④ 갈등이론은 사회관계에서의 대립을 해소하는 역할에서 법의 기원을 찾는다.

⑤ 갈등이론은 법 현상에 대한 비판적 접근을 통해 전체로서의 사회적 이익을 유지하는 기능적 체계를 설명한다.

2. 다음은 소정연구소에서 제습기 A~E의 습도별 연간소비전력량을 측정한 자료이다. 이에 대한 설명 중 옳은 것끼리 바르게 짝지어진 것은?

제습기 A~E이 습도별 연간소비전력량

(단위 : kWh)

제습기 \ 습도	40%	50%	60%	70%	80%
A	550	620	680	790	840
B	560	640	740	810	890
C	580	650	730	800	880
D	600	700	810	880	950
E	660	730	800	920	970

ⓐ 습도가 70%일 때 연간소비전력량이 가장 적은 제습기는 A 이다.

ⓑ 각 습도에서 연간소비전력량이 많은 제습기부터 순서대로 나열하면, 습도 60%일 때와 습도 70%일 때의 순서가 동일하다.

ⓒ 습도가 40%일 때 제습기 E의 연간소비전력량은 습도가 50%일 때 제습기 B의 연간소비전력량보다 많다.

ⓓ 제습기 각각에서 연간소비전력량은 습도가 80%일 때가 40%일 때의 1.5배 이상이다.

① ⓐⓑ
② ⓐⓒ
③ ⓑⓓ
④ ⓐⓒⓓ
⑤ ⓑⓒⓓ

3. 한 마을에 약국이 A, B, C, D, E 다섯 군데가 있다. 다음의 조건에 따를 때 문을 연 약국에 해당하는 곳이 바르게 나열된 것은?

• A와 B 모두 문을 열지는 않았다.
• A가 문을 열었다면, C도 문을 열었다.
• A가 문을 열지 않았다면, B가 문을 열었거나 C가 문을 열었다.
• C는 문을 열지 않았다.
• D가 문을 열었다면, B가 문을 열지 않았다.
• D가 문을 열지 않았다면, E도 문을 열지 않았다.

① A
② B
③ A, E
④ D, E
⑤ B, D, E

4. '갑'시에 위치한 B공사 권 대리는 다음과 같은 일정으로 출장을 계획하고 있다. 출장비 지급 내역에 따라 권 대리가 받을 수 있는 출장비의 총액은 얼마인가?

〈지역별 출장비 지급 내역〉

출장 지역	일비	식비
'갑'시	15,000원	15,000원
'갑'시 외 지역	23,000원	17,000원

* 거래처 차량으로 이동할 경우, 일비 5,000원 차감
* 오후 일정 시작일 경우, 식비 7,000원 차감

〈출장 일정〉

출장 일자	지역	출장 시간	이동계획
화요일	'갑'시	09:00~18:00	거래처 배차
수요일	'갑'시 외 지역	10:30~16:00	대중교통
금요일	'갑'시	14:00~19:00	거래처 배차

① 75,000원
② 78,000원
③ 83,000원
④ 85,000원
⑤ 88,000원

5. 많은 전문가들은 미래의 사회는 정보기술(IT), 생명공학(BT), 나노기술(NT), 환경기술(ET), 문화산업(CT), 우주항공기술(ST) 등을 이용한 정보화 산업이 주도해 나갈 것이라고 예언한다. 다음 중, 이와 같은 未來 정보화 사회의 6T 주도 환경의 모습을 설명한 것으로 적절하지 않은 것은 어느 것인가?

① 부가가치 창출 요인이 토지, 자본, 노동에서 지식 및 정보 생산 요소로 전환된다.

② 모든 국가의 시장이 국경 없는 하나의 세계 시장으로 통합되는 세계화가 진전된다.

③ 무한한 정보를 중심으로 하는 열린사회로 정보제공자와 정보소비자의 구분이 명확해진다.

④ 과학적 지식이 폭발적으로 증가한다.

⑤ 새로운 지식과 기술을 개발·활용·공유·저장할 수 있는 지식근로자를 요구한다.

6. 조직의 개념을 다음과 같이 구분할 때, 비공식 조직(A)과 비영리 조직(B)을 알맞게 짝지은 것은 어느 것인가?

조직은 공식화 정도에 따라 공식조직과 비공식조직으로 구분할 수 있다. 공식조직은 조직의 구조, 기능, 규정 등이 조직화되어 있는 조직을 의미하며, 비공식조직은 개인들의 협동과 상호작용에 따라 형성된 자발적인 집단 조직이다. 즉, 비공식조직은 인간관계에 따라 형성된 것으로, 조직이 발달해 온 역사를 보면 비공식조직으로부터 공식화가 진행되어 공식조직으로 발전해 왔다.

또한 조직은 영리성을 기준으로 영리조직과 비영리조직으로 구분할 수 있다. 영리조직은 기업과 같이 이윤을 목적으로 하는 조직이며, 비영리조직은 공익을 추구하는 기관이나 단체 등이 해당한다.

조직을 규모로 구분하여 보았을 때, 가족 소유의 상점과 같이 소규모 조직도 있지만, 대기업과 같이 대규모 조직도 있으며, 최근에는 다국적 기업도 증가하고 있다. 다국적 기업이란 동시에 둘 이상의 국가에서 법인을 등록하고 경영활동을 벌이는 기업을 의미한다.

	(A)	(B)
①	사기업	시민 단체
②	병원	대학
③	계모임	종교 단체
④	대기업	소규모 빵집
⑤	정부조직	노동조합

7. 다음 글의 내용과 상충하는 것을 모두 고른 것은?

17, 18세기에 걸쳐 각 지역 양반들에 의해 서원이나 사당 건립이 활발하게 진행되었다. 서원이나 사당 대부분은 일정 지역의 유력 가문이 주도하여 자신들의 지위를 유지하고 지역 사회에서 영향력을 행사하는 구심점으로 건립·운영되었다.

이러한 경향은 향리층에게도 파급되어 18세기 후반에 들어서면 안동, 충주, 원주 등에서 향리들이 사당을 신설하거나 중창 또는 확장하였다. 향리들이 건립한 사당은 양반들이 건립한 것에 비하면 얼마 되지 않는다. 하지만 향리들에 의한 사당 건립은 향촌사회에서 향리들의 위세를 짐작할 수 있는 좋은 지표이다.

향리들이 건립한 사당은 그 지역 향리 집단의 공동노력으로 건립한 경우도 있지만, 대부분은 향리 일족 내의 특정한 가계(家系)가 중심이 되어 독자적으로 건립한 것이었다. 이러한 사당은 건립과 운영에 있어서 향리 일족 내의 특정 가계의 이해를 반영하고 있는데, 대표적인 것으로 경상도 거창에 건립된 창충사(彰忠祠)를 들 수 있다.

창충사는 거창의 여러 향리 가운데 신씨가 중심이 되어 세운 사당이다. 영조 4년(1728) 무신란(戊申亂)을 진압하다가 신씨 가문의 다섯 향리가 죽는데, 이들을 추모하기 위해 무신란이 일어난 지 50년이 되는 정조 2년(1778)에 건립되었다. 처음에는 죽은 향리의 자손들이 힘을 모아 사적으로 세웠으나, 10년 후인 정조 12년에 국가에서 제수(祭需)를 지급하는 사당으로 승격하였다.

원래 무신란에서 죽은 향리 중 신씨는 일곱 명이며, 이들의 공로는 모두 비슷하였다. 하지만 두 명의 신씨는 사당에 모셔지지 않았고, 관직이 추증되지도 않았다. 창충사에 모셔진 다섯 명의 향리는 모두 그 직계 자손의 노력에 의한 것이었고, 국가로부터의 포상도 이들의 노력에 의한 것이었다. 반면 두 명의 자손들은 같은 신씨임에도 불구하고 가세가 빈약하여 향촌사회에서 조상을 모실 만큼 힘을 쓸 수 없었다. 향리사회를 주도해 가는 가계는 독점적인 위치를 확고하게 구축하려고 노력하였으며, 사당의 건립은 그러한 노력의 산물이었다.

㉠ 창충사는 양반 가문이 세운 사당이다.
㉡ 양반보다 향리가 세운 사당이 더 많다.
㉢ 양반뿐 아니라 향리가 세운 서원도 존재하였다.
㉣ 창충사에 모셔진 신씨 가문의 향리는 다섯 명이다.

① ㉠㉡
② ㉠㉣
③ ㉢㉣
④ ㉠㉡㉢
⑤ ㉡㉢㉣

8. 다음은 8월 1~10일 동안 도시 5곳에 대한 슈퍼컴퓨터 예측 날씨와 실제 날씨를 정리한 표이다. 이에 대한 설명으로 옳은 내용만 모두 고른 것은?

도시\구분	날짜	8.1.	8.2.	8.3.	8.4.	8.5.	8.6.	8.7.	8.8.	8.9.	8.10.
서울	예측	☂	☁	☀	☂	☀	☀	☂	☂	☀	☁
	실제	☂	☀	☂	☂	☀	☂	☂	☀	☂	☂
인천	예측	☀	☂	☀	☂	☁	☀	☂	☀	☂	☀
	실제	☂	☀	☂	☁	☂	☀	☂	☀	☂	☀
파주	예측	☂	☀	☂	☂	☀	☂	☀	☂	☂	☂
	실제	☂	☂	☀	☁	☂	☂	☁	☂	☂	☂
춘천	예측	☂	☁	☂	☂	☂	☂	☂	☂	☂	☀
	실제	☂	☁	☂	☂	☂	☂	☂	☂	☀	☀
태백	예측	☂	☀	☀	☂	☂	☀	☁	☀	☂	☂
	실제	☂	☂	☁	☂	☂	☀	☂	☂	☂	☀

㉠ 서울에서는 예측 날씨가 '비'인 날 실제 날씨도 모두 '비'였다.
㉡ 5개 도시 중 예측 날씨와 실제 날씨가 일치한 일수가 가장 많은 도시는 인천이다.
㉢ 8월 1~10일 중 예측 날씨와 실제 날씨가 일치한 도시 수가 가장 적은 날은 8월 2일이다.

① ㉠
② ㉡
③ ㉢
④ ㉡㉢
⑤ ㉠㉡㉢

9. 다음에서 ㉠~㉢에 들어갈 말이 바르게 나열된 것은?

다음 세대에 유전자를 남기기 위해서는 반드시 암수가 만나 번식을 해야 한다. 그런데 왜 이성이 아니라 동성에게 성적으로 끌리는 사람들이 낮은 빈도로나마 꾸준히 존재하는 것일까? 진화심리학자들은 이 질문에 대해서 여러 가지 가설로 동성애 성향이 유전자를 통해 다음 세대로 전달된다고 설명한다. 그 중 캄페리오-치아니는 동성애 유전자가 X염색체에 위치하고, 동성애 유전자가 남성에게 있으면 자식을 낳아 유전자를 남기는 번식이 감소하지만, 동성애 유전자가 여성에게 있으면 여타 조건이 동일한 상황에서 자식을 많이 낳아 유전자를 많이 남기기 때문에 동성애 유전자가 계속 유전된다고 주장하였다. 인간은 23쌍의 염색체를 갖는데, 그 중 한 쌍이 성염색체로 남성은 XY염색체를 가지며 여성은 XX염색체를 가진다. 한 쌍의 성염색체는 아버지와 어머니로부터 각각 하나씩 받아서 쌍을 이룬다. 즉 남성 성염색체 XY의 경우 X염색체는 어머니로부터 Y염색체는 아버지로부터 물려받고, 여성 성염색체 XX는 아버지와 어머니로부터 각각 한 개씩의 X염색체를 물려받는다. 만약에 동성애 남성이라면 동성애 유전자가 X염색체에 있고 그 유전자는 어머니로부터 물려받은 것이다. 따라서 캄페리오-치아니의 가설이 맞다면 확률적으로 동성애 남성의 (㉠) 한 명이 낳은 자식의 수가 이성애 남성의 (㉡) 한 명이 낳은 자식의 수보다 (㉢)

	㉠	㉡	㉢
①	이모	이모	많다
②	고모	고모	많다
③	이모	고모	적다
④	고모	고모	적다
⑤	이모	이모	적다

|10~11| 공장 주변지역의 농경수 오염에 책임이 있는 기업이 총 70억 원의 예산을 가지고 피해 현황 심사와 보상을 진행한다고 한다. 다음 글을 읽고 물음에 답하시오.

총 500건의 피해가 발생했고, 기업측에서는 실제 피해 현황을 심사하여 보상하기로 하였다. 심사에 소요되는 비용은 보상 예산에서 사용한다. 심사를 통해 좀 더 정확한 피해 규모를 파악할 수 있지만, 그에 따라 소요되는 비용 또한 증가하게 된다.

	1일째	2일째	3일째	4일째
일별 심사 비용 (억 원)	0.5	0.7	0.9	1.1
일별 보상대상 제외건수	50	45	40	35

• 보상금 총액＝예산－심사 비용
• 표는 누적수치가 아닌, 하루에 소요되는 비용을 말함
• 일별 심사 비용은 매일 0.2억씩 증가하고 제외건수는 매일 5건씩 감소함
• 제외건수가 0이 되는 날, 심사를 중지하고 보상금을 지급함

10. 기업측이 심사를 중지하는 날까지 소요되는 일별 심사 비용은 총 얼마인가?

① 15억 원
② 15.5억 원
③ 16억 원
④ 16.5억 원
⑤ 17억 원

11. 심사를 중지하고 총 500건에 대해서 보상을 한다고 할 때, 보상대상자가 받는 건당 평균 보상금은 대략 얼마인가?

① 약 1천만 원
② 약 2천만 원
③ 약 3천만 원
④ 약 4천만 원
⑤ 약 5천만 원

12. 다음은 정보 분석 절차를 도식화한 것이다. 이를 참고할 때, 공공기관이 새롭게 제정한 정책을 시행하기 전 설문조사를 통하여 시민의 의견을 알아보는 행위가 포함되는 것은 ㉠~㉤ 중 어느 것인가?

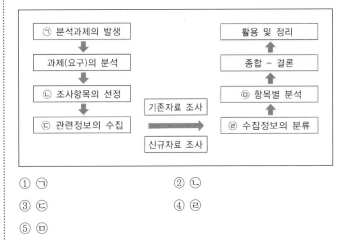

① ㉠
② ㉡
③ ㉢
④ ㉣
⑤ ㉤

13. 다음 글의 빈칸에 들어갈 적절한 말은 어느 것인가?

하나의 조직이 조직의 목적을 달성하기 위해서는 이를 관리, 운영하는 활동이 요구된다. 이러한 활동은 조직이 수립한 목적을 달성하기 위하여 계획을 세우고 실행하고 그 결과를 평가하는 과정이다. 직업인은 조직의 한 구성원으로서 자신이 속한 조직이 어떻게 운영되고 있으며, 어떤 방향으로 흘러가고 있는지, 현재 운영체제의 문제는 무엇이고 생산성을 높이기 위해 어떻게 개선되어야 하는지 등을 이해하고 자신의 업무 영역에 맞게 적용하는 (   )이 요구된다.

① 체제이해능력
② 경영이해능력
③ 업무이해능력
④ 자기개발능력
⑤ 업무활용능력

14. 다음 A~F에 대한 평가로 적절하지 못한 것은?

어느 때부터 인간으로 간주할 수 있는가와 관련된 주제는 인문학뿐만 아니라 자연과학에서도 흥미로운 주제이다. 특히 태아의 인권 취득과 관련하여 이러한 주제는 다양하게 논의되고 있다. 과학적으로 볼 때, 인간은 수정 후 시간이 흐름에 따라 수정체, 접합체, 배아, 태아의 단계를 거쳐 인간의 모습을 갖추게 되는 수준으로 발전한다. 수정 후에 태아가 형성되는 데까지는 8주 정도가 소요되는데 배아는 2주 경에 형성된다. 10달의 임신 기간은 태아 형성기, 두뇌의 발달 정도 등을 고려하여 4기로 나뉘는데, 1~3기는 3개월 단위로 나뉘고 마지막 한 달은 4기에 해당한다. 이러한 발달 단계의 어느 시점에서부터 그 대상을 인간으로 간주할 것인지에 대해서는 다양한 견해들이 있다.

A에 따르면 태아가 산모의 뱃속으로부터 밖으로 나올 때 즉 태아의 신체가 전부 노출이 될 때부터 인간에 해당한다. B에 따르면 출산의 진통 때부터는 태아가 산모로부터 독립해 생존이 가능하기 때문에 그때부터 인간에 해당한다. C는 태아가 형성된 후 4개월 이후부터 인간으로 간주한다. 지각력이 있는 태아는 보호받아야 하는데 지각력이 있어서 필수 요소인 전뇌가 2기부터 발달하기 때문이다. D에 따르면 정자와 난자가 합쳐졌을 때, 즉 수정체부터 인간에 해당한다. 그 이유는 수정체는 생물학적으로 인간으로 태어날 가능성을 갖고 있기 때문이다. E에 따르면 합리적 사고를 가능하게 하는 뇌가 생기는 시점 즉 배아에 해당하는 때부터 인간에 해당한다. F는 수정될 때 영혼이 생기기 때문에 수정체부터 인간에 해당한다고 본다.

① A가 인간으로 간주하는 대상은 B도 인간으로 간주한다.
② C가 인간으로 간주하는 대상은 E도 인간으로 간주한다.
③ D가 인간으로 간주하는 대상은 E도 인간으로 간주한다.
④ D가 인간으로 간주하는 대상은 F도 인간으로 간주하지만, 그렇게 간주하는 이유는 다르다.
⑤ 접합체에도 영혼이 존재할 수 있다는 연구결과를 얻더라도 F의 견해는 설득력이 떨어지지 않는다.

15. 다음 표는 A지역 전체 가구를 대상으로 원자력발전소 사고 전·후 식수 조달원 변경에 대해 사고 후 설문조사한 결과이다. 사고 전에 비해 사고 후에 이용 가구 수가 감소한 식수 조달원의 수는 몇 개인가? (단, A지역 가구의 식수 조달원은 수돗물, 정수, 약수, 생수로 구성되며, 각 가구는 한 종류의 식수 조달원만 이용한다.)

〈원자력발전소 사고 전·후 A지역 조달원별 가구 수〉

(단위 : 가구)

사고 전 조달원 \ 사고 후 조달원	수돗물	정수	약수	생수
수돗물	40	30	20	30
정수	10	50	10	30
약수	20	10	10	40
생수	10	10	10	40

① 0개
② 1개
③ 2개
④ 3개
⑤ 4개

16. 다음으로부터 추론한 것으로 옳은 것만을 〈보기〉에서 모두 고른 것은?

경비업체 SEOWON은 보안 점검을 위탁받은 한 건물 내에서 20개의 점검 지점을 지정하여 관리하고 있다. 보안 담당자는 다음 〈규칙〉에 따라 20개 점검 지점을 방문하여 이상 여부를 기록한다.

〈규칙〉
• 첫 번째 점검에서는 1번 지점에서 출발하여 20번 지점까지 차례로 모든 지점을 방문한다.
• 두 번째 점검에서는 2번 지점에서 출발하여 한 개 지점씩 건너뛰고 점검한다. 즉 2번 지점, 4번 지점, …, 20번 지점까지 방문한다.
• 세 번째 점검에서는 3번 지점에서 출발하여 두 개 지점씩 건너뛰고 점검한다. 즉 3번 지점, 6번 지점, …, 18번 지점까지 방문한다.
• 이런 식으로 방문이 이루어지다가 20번째 점검에서 모든 점검이 완료된다.

〈보기〉
㉠ 20번 지점은 총 6회 방문하게 된다.
㉡ 2회만 방문한 지점은 총 8개이다.
㉢ 한 지점을 최대 8회 방문할 수 있다.

① ㉠
② ㉢
③ ㉠㉡
④ ㉡㉢
⑤ ㉠㉡㉢

17. 다음 보기 중, 정보통신기술 관련 용어를 올바르게 설명하지 못한 것은 어느 것인가?

① 지그비(Zigbee) : 각종 센서에서 수집한 정보를 무선으로 수집할 수 있도록 구성한 사물 통신망
② RFID : 전파를 이용해 정보를 인식하는 기술로 출입 관리, 주차 관리 등에 주로 사용된다.
③ 텔레매틱스 : 자동차와 무선 통신을 결합한 새로운 개념의 차량 무선 인터넷 서비스
④ 와이브로 : 무선과 광대역 인터넷을 통합한 의미로, 휴대용 단말기를 이용하여 정지 및 이동 중에 인터넷에 접속이 가능하도록 하는 서비스
⑤ ALL-IP : PSTN과 같은 유선전화망과 무선망, 패킷 데이터망과 같은 기존 통신망 모두가 하나의 IP 기반 망으로 통합되는 것

18. 다음 글을 참고할 때, 조직문화의 기능을 적절하게 설명하지 못한 것은 어느 것인가?

> 서로의 조직문화가 확연히 다른 두 기업 간의 합병은 기업문화에 어떤 영향을 미칠까.
>
> 1998년 독일의 다임러벤츠는 미국의 크라이슬러 자동차를 인수 합병했다. 그러나 꿈의 결합이 추락하는 건 시간 문제였다. 왜냐하면 서로의 조직문화가 너무 달라서 그들은 늘 충돌했기 때문이다.
>
> 자유분방한 분위기의 크라이슬러 직원들은 독일 특유의 수직적 기업문화를 이해하지 못했고, 두 조직의 결합은 시너지 효과는 고사하고 심각한 문화적 충돌만 일으켰다. 결국 이들의 합병은 엄청난 손해를 발생시키며, 매각을 통해 다시 결별하게 되었다. 기업이 가진 조직문화와 눈에 띄지 않는 공유 가치, 신념 등은 모두가 중요한 요소임을 깨달을 수 있는 국제적 사건이었던 것이다.

① 조직 구성원들에게 일체감과 정체성을 부여해 준다.
② 조직의 업무에 몰입할 수 있도록 해 준다.
③ 조직 구성원들의 행동지침으로 작용하여 일탈행동을 통제해 주는 역할을 한다.
④ 중장기적으로 조직의 안정성을 유지해 줄 수 있다.
⑤ 뿌리 깊은 굳건한 조직 문화는 조직원의 의견수렴과 조직의 유연한 변신에 긍정적인 역할을 한다.

19. 다음에 설명된 '자연적'의 의미를 바르게 적용한 것은?

> 미덕은 자연적인 것이고 악덕은 자연적이지 않은 것이라는 주장보다 더 비철학적인 것은 없다. 자연이라는 단어가 다의적이기 때문이다. '자연적'이라는 말의 첫 번째 의미는 '기적적'인 것의 반대로서, 이런 의미에서는 미덕과 악덕 둘 다 자연적이다. 자연법칙에 위배되는 현상인 기적을 제외한 세상의 모든 사건이 자연적이다. 둘째로, '자연적'인 것은 '흔하고 일상적'인 것을 의미하기도 한다. 이런 의미에서 미덕은 아마도 가장 '비자연적'일 것이다. 적어도 흔하지 않다는 의미에서의 영웅적인 덕행은 짐승 같은 야만성만큼이나 자연적이지 못할 것이다. 세 번째 의미로서, '자연적'은 '인위적'에 반대된다. 행위라는 것 자체가 특정 계획과 의도를 지니고 수행되는 것이라는 점에서, 미덕과 악덕은 둘 다 인위적인 것이라 할 수 있다. 그러므로 '자연적이다', '비자연적이다'라는 잣대로 미덕과 악덕의 경계를 그을 수 없다.

① 수재민을 돕는 것은 첫 번째와 세 번째 의미에서 자연적이다.
② 논개의 살신성인적 행위는 두 번째와 세 번째 의미에서 자연적이지 않다.
③ 내가 산 로또 복권이 당첨되는 일은 첫 번째와 두 번째 의미에서 자연적이지 않다.
④ 벼락을 두 번이나 맞고도 살아남은 사건은 첫 번째와 두 번째 의미에서 자연적이다.
⑤ 개가 낯선 사람을 보고 짖는 것은 두 번째 의미에서는 자연적이지 않지만, 세 번째 의미에서는 자연적이다.

20. 다음 표는 'A'국 전체 근로자의 회사 규모 및 근로자 직급별 출퇴근 소요시간 분포와 유연근무제도 유형별 활용률에 관한 자료이다. 이에 대한 설명으로 옳은 것은?

회사 규모 및 근로자 직급별 출퇴근 소요시간 분포

(단위 : %)

규모 및 직급		30분 이하	30분 초과 60분 이하	60분 초과 90분 이하	90분 초과 120분 이하	120분 초과 150분 이하	150분 초과 180분 이하	180분 초과	전체
규모	중소기업	12.2	34.6	16.2	17.4	8.4	8.5	2.7	100.0
	중견기업	22.8	35.7	16.8	16.3	3.1	3.4	1.9	100.0
	대기업	21.0	37.7	15.3	15.6	4.7	4.3	1.4	100.0
직급	대리급 이하	20.5	37.3	15.5	13.8	5.0	5.3	2.6	100.0
	과장급	16.9	31.6	16.7	19.8	5.6	7.7	1.7	100.0
	차장급 이상	12.6	36.3	18.3	19.4	7.3	4.2	1.9	100.0

회사 규모 및 근로자 직급별 유연근무제도 유형별 활용률

(단위 : %)

규모 및 직급		재택 근무제	원격 근무제	탄력 근무제	시차 출퇴근제
규모	중소기업	10.4	54.4	15.6	41.7
	중견기업	29.8	11.5	39.5	32.0
	대기업	8.6	23.5	19.9	27.0
직급	대리급 이하	0.7	32.0	23.6	29.0
	과장급	30.2	16.3	27.7	28.7
	차장급 이상	14.2	26.4	25.1	33.2

① 출퇴근 소요시간이 60분 이하인 근로자 수는 출퇴근 소요시간이 60분 초과인 근로자 수보다 모든 직급에서 많다.
② 출퇴근 소요시간이 90분 초과인 대리급 이하 근로자 비율은 탄력근무제를 활용하는 대리급 이하 근로자 비율보다 낮다.
③ 출퇴근 소요시간이 120분 이하인 과장급 근로자 중에는 원격근무제를 활용하는 근로자가 있다.
④ 원격근무제를 활용하는 중소기업 근로자 수는 탄력근무제와 시차출퇴근제 중 하나 이상을 활용하는 중소기업 근로자 수보다 적다.
⑤ 출퇴근 소요시간 60분 이하인 차장급 이상 근로자 수는 원격근무제와 탄력근무제 중 하나 이상을 활용하는 차장급 이상 근로자 수보다 적다.

21. 다음 내용과 전투능력을 가진 생존자 현황을 근거로 판단할 경우 생존자들이 탈출할 수 있는 경우로 옳은 것은? (단, 다른 조건은 고려하지 않는다)

- 좀비 바이러스에 의해 라쿤 시티에 거주하던 많은 사람들이 좀비가 되었다. 건물에 갇힌 생존자들은 동, 서, 남, 북 4개의 통로를 이용해 5명씩 탈출을 시도한다. 탈출은 통로를 통해서만 가능하며, 한 쪽 통로를 선택하면 되돌아올 수 없다.
- 동쪽 통로에 11마리, 서쪽 통로에 7마리, 남쪽 통로에 11마리, 북쪽 통로에 9마리의 좀비들이 있다. 선택한 통로의 좀비를 모두 제거해야만 탈출할 수 있다.
- 남쪽 통로의 경우, 통로 끝이 막혀 탈출을 할 수 없지만 팀에 폭파전문가가 있다면 다이너마이트를 사용하여 막힌 통로를 뚫고 탈출할 수 있다.
- 전투란 생존자가 좀비를 제거하는 것을 의미하며 선택한 통로에서 일시에 이루어진다.
- 전투능력은 정상인 건강상태에서 해당 생존자가 전투에서 제거하는 좀비의 수를 의미하며, 질병이나 부상상태인 사람은 그 능력이 50%로 줄어든다.
- 전투력 강화제는 건강상태가 정상인 생존자들 중 1명에게만 사용할 수 있으며, 전투능력을 50% 향상시킨다. 사용 가능한 대상은 의사 혹은 의사의 팀 내 구성원이다.
- 생존자의 직업은 다양하며, 아이와 노인은 전투능력과 보유품목이 없고 건강상태는 정상이다.

전투능력을 가진 생존자 현황

직업	인원	전투능력	건강상태	보유품목
경찰	1명	6	질병	–
헌터	1명	4	정상	–
의사	1명	2	정상	전투력 강화제 1개
사무라이	1명	8	정상	–
폭파전문가	1명	4	부상	다이너마이트

	탈출 통로	팀 구성 인원
①	동쪽 통로	폭파전문가 - 사무라이 - 노인 3명
②	서쪽 통로	헌터 - 경찰 - 아이 2명 - 노인
③	남쪽 통로	헌터 - 폭파전문가 - 아이 - 노인 2명
④	남쪽 통로	폭파전문가 - 헌터 - 의사 - 아이 2명
⑤	북쪽 통로	경찰 - 의사 - 아이 2명 - 노인

22. 다음 상황에서 총 순이익 200억 원 중에 Y사가 150억 원을 분배 받았다면 Y사의 연구개발비는 얼마인가?

X사와 Y사는 신제품을 공동개발하여 판매한 총 순이익을 다음과 같은 기준에 의해 분배하기로 약정하였다.
- 1번째 기준 : X사와 Y사는 총 순이익에서 각 회사 제조원가의 10%에 해당하는 금액을 우선 각자 분배받는다.
- 2번째 기준 : 총 순수익에서 위의 1번째 기준에 의해 분배 받은 금액을 제외한 나머지 금액에 대한 분배는 각 회사가 연구개발에 지출한 비용에 비례하여 분배액을 정한다.

〈신제품 개발과 판례에 따른 연구개발비용과 총 순이익〉

(단위 : 억 원)

구분	X사	Y사
제조원가	200	600
연구개발비	100	( )
총 순이익	200	

① 200억 원
② 250억 원
③ 300억 원
④ 350억 원
⑤ 360억 원

23. 다음 중 '유틸리티 프로그램'으로 볼 수 없는 것은 어느 것인가?

① 고객 관리 프로그램
② 화면 캡쳐 프로그램
③ 이미지 뷰어 프로그램
④ 동영상 재생 프로그램
⑤ 바이러스 백신 프로그램

24. 다음 〈보기〉에 제시되고 있는 활동들은 기업 경영에 필요한 전략을 설명하고 있다. 설명된 전략들에 해당하는 것은 어느 것인가?

〈보기〉
- 모든 고객을 만족시킬 수는 없다는 것과 회사가 모든 역량을 가질 수는 없다는 것을 전제로 선택할 수 있는 전략이다.
- 기업이 고유의 독특한 내부 역량을 보유하고 있는 경우에 더욱 효과적인 전략이다.
- 사업 목표와 타당한 틈새시장을 찾아야 한다.
- 다양한 분류의 방법을 동원하여 고객을 세분화한다.

① 차별화 전략
② 집중화 전략
③ 비교우위 전략
④ 원가우위 전략
⑤ 고객본위 전략

25. 다음 글을 통해 추론할 수 있는 내용으로 가장 적절한 것은?

카발리는 윌슨이 모계 유전자인 mtDNA 연구를 통해 발표한 인류 진화 가설을 설득력 있게 확인시켜 줄 수 있는 실험을 제안했다. 만약 mtDNA와는 서로 다른 독립적인 유전자 가계도를 통해서도 같은 결론에 도달할 수 있다면 윌슨의 인류 진화에 대한 가설을 강화할 수 있다는 것이다.

이에 언더힐은 Y염색체를 인류 진화 연구에 이용하였다. 그가 Y염색체를 연구에 이용한 이유가 있다. 그것은 Y염색체가 하나씩 존재하는 특성이 있어 재조합을 일으키지 않고, 그 점은 연구 진행을 수월하게 하기 때문이다. 그는 Y염색체를 사용한 부계 연구를 통해 윌슨이 밝힌 연구결과와 매우 유사한 결과를 도출했다. 언더힐의 가계도도 윌슨의 가계도와 마찬가지로 아프리카 지역의 인류 원조 조상에 뿌리를 두고 갈라져 나오는 수형도였다. 또 그 수형도는 인류학자들이 상상한 장엄한 떡갈나무가 아니라 윌슨이 분석해 놓은 약 15만 년밖에 안 된 키 작은 나무와 매우 유사하였다.

별개의 독립적인 연구로 얻은 두 자료가 인류의 과거를 똑같은 모습으로 그려낸다면 그것은 대단한 설득력을 지닌다. mtDNA와 같은 하나의 영역만이 연구된 상태에서는 그 결과가 시사적이기는 해도 결정적이지는 않다. 그 결과의 양상은 단지 DNA의 특정 영역에 일어난 특수한 역사만을 반영하는 것일 수도 있기 때문이다. 하지만 언더힐을 Y염색체에서 유사한 양상을 발견함으로써 그 불완전성은 크게 줄어들었다. 15만 년 전에 아마도 전염병이나 기후 변화로 인해 유전자 다양성이 급격하게 줄어드는 현상이 일어났을 것이다.

① 윌슨의 mtDNA 연구결과는 인류 진화 가설에 대한 결정적인 증거였다.
② 부계 유전자 연구와 모계 유전자 연구를 통해 얻은 각각의 인류 진화 수형도는 매우 비슷하다.
③ 윌슨과 언더힐의 연구결과는 현대 인류 조상의 기원에 대한 인류학자들의 견해를 뒷받침한다.
④ 언더힐은 우리가 갖고 있는 Y염색체 연구를 통해 인류가 아프리카에서 유래했다는 것을 부정했다.
⑤ 언더힐이 Y염색체를 인류 진화 연구에 이용한 것은 염색체 재조합으로 인해 연구가 쉬워졌기 때문이다.

26. 다음 자료는 'A'국의 부동산 투기 억제 정책과 세대유형별 주택담보대출에 관한 자료이다. 'A'국 정부가 심화되는 부동산 투기를 억제하고자 2017년 8월 2일에 부동산 대책을 발표하였고 부동산 대책에 따라 투기지역의 주택을 구매할 때 구매 시점부터 적용되는 세대 유형별 주택담보대출비율(LTV)과 총부채상환비율(DTI)은 2017년 8월 2일부터 변경 적용되며, 2018년 4월 1일부터는 DTI 산출 방식이 변경 적용될 때 〈보기〉에 ㉠과 ㉡에 들어갈 값으로 알맞은 것은?

〈세대유형별 LTV, DTI 변경 내역〉

(단위 : %)

구분 세대유형	LTV		DTI	
	변경 전	변경 후	변경 전	변경 후
서민 실수요 세대	70	50	60	50
주택담보대출 보유 세대	50	30	40	30

※ 1) 구매하고자 하는 주택을 담보로 한 신규 주택담보대출 최대금액은 LTV에 따른 최대금액과 DTI에 따른 최대금액 중 작은 금액이다.

2) $LTV(\%) = \dfrac{\text{신규 주택담보대출최대금액}}{\text{주택공시가격}} \times 100$

3) 2018년 3월 31일까지의 DTI 산출방식

$DTI(\%) = \dfrac{\text{신규 주택담보대출 최대금액의 연 원리금 상환액} + \text{기타 대출 연 이자 상환액}}{\text{연간소득}} \times 100$

4) 2018년 4월 1일부터의 DTI 산출방식

$DTI(\%) = \dfrac{\text{신규 주택담보대출 최대금액의 연 원리금 상환액} + \text{기 주택담보대출 연 원리금 상환액} + \text{기타 대출 연 이자 상환액}}{\text{연간소득}} \times 100$

〈甲, 乙 세대의 신규 주택담보대출 금액산출 근거〉

(단위 : 만 원)

세대	세대 유형	기 주택담보대출 연 원리금 상환액	기타 대출 연 이자 상환액	연간소득
甲	서민 실수요 세대	0	500	3,000
乙	주택담보대출 보유 세대	1,200	100	10,000

※ 1) 신규 주택담보대출 최대금액의 연 원리금 상환액은 신규 주택담보대출 최대금액의 10%임

2) 기 주택담보대출 연 원리금 상환액, 기타 대출 연 이자 상환액, 연간소득은 변동 없음

〈보기〉

㈎ 투기지역의 공시가격 4억 원인 주택을 2017년 10월에 구매하는 甲 세대가 구매 시점에 적용받는 신규 주택담보대출 최대금액은 (㉠)원이다.

㈏ 투기지역의 공시가격 4억 원인 주택을 구매하는 乙 세대가 2018년 10월 구매 시점에 적용받는 신규 주택담보대출 최대금액과 2017년 10월 구매 시점에 적용받는 신규 주택담보대출 최대금액의 차이는 (㉡)원이다.

	㉠	㉡
①	2억	8천만
②	2억	6천만
③	1억	4천만
④	1억	2천만
⑤	1억	0

27. A~E 5명은 영어시험으로 말하기, 듣기, 쓰기, 읽기 네 가지 다른 영역의 시험을 각각 1시간씩 네 시간에 걸쳐 봐야 한다. 또한 1번부터 5번까지 순서대로 번호가 붙은 시험장을 한 곳씩 사용하며 각자 자신의 시험장에서 1시간마다 다른 영역의 시험을 봐야 한다. 아래 〈조건〉의 내용을 참고할 때 〈보기〉의 설명 중 옳지 않은 것을 모두 고르면?

〈조건〉

1) 같은 시간대에서는 인접한 두 시험장에서 동일한 영역을 시험볼 수 없다.

2) A는 3번 시험장을 사용하고, 두 번째 시험으로 읽기 시험을 본다.

3) B는 마지막 시간대에 쓰기 시험을 보고, 세 번째 시험에 A와 같은 영역의 시험을 본다.

4) E는 5번 시험장을 사용하고, 처음 시작할 때 듣기 시험을 봤으며, 마지막 시험은 읽기 시험이다.

5) B와 D는 마지막 시간대에 같은 영역의 시험을 본다.

6) 2번과 4번 시험장에 있는 수험생들은 처음에 반드시 읽기를 제외한 같은 영역의 시험을 본다.

㉠ E는 두 번째 시간대에 말하기나 쓰기 시험을 봐야 한다.

㉡ A가 세 번째 시간대에 말하기 시험을 본다면, B는 처음에 반드시 읽기 시험을 봐야 한다.

㉢ B가 처음에 읽기 시험, 두 번째 시간대에 말하기 시험을 본다면 A는 처음에 말하기 시험을 봐야 한다.

㉣ C의 마지막 시험이 듣기 시험일 때 A의 마지막 시험은 말하기 시험이다.

① ㉠㉡

② ㉠㉢

③ ㉠㉣

④ ㉡㉢

⑤ ㉢㉣

28. 이번에 탄생한 TF팀에서 팀장과 부팀장을 선정하려고 한다. 선정기준은 이전에 있던 팀에서의 근무성적과 성과점수, 봉사점수 등을 기준으로 한다. 구체적인 선정기준이 다음과 같을 때 선정되는 팀장과 부팀장을 바르게 연결한 것은?

〈선정기준〉
- 최종점수가 가장 높은 직원이 팀장이 되고, 팀장과 다른 성별의 직원 중에서 가장 높은 점수를 받은 직원이 부팀장이 된다(예를 들어 팀장이 남자가 되면, 여자 중 최고점을 받은 직원이 부팀장이 된다).
- 근무성적 40%, 성과점수 40%, 봉사점수 20%로 기본점수를 산출하고, 기본점수에 투표점수를 더하여 최종점수를 산정한다.
- 투표점수는 한 명당 5점이 부여된다(예를 들어 2명에게서 한 표씩 받으면 10점이다).

〈직원별 근무성적과 점수〉

직원	성별	근무성적	성과점수	봉사점수	투표한 사람수
고경원	남자	88	92	80	2
박하나	여자	74	86	90	1
도경수	남자	96	94	100	0
하지민	여자	100	100	75	0
유해영	여자	80	90	80	2
문정진	남자	75	75	95	1

① 고경원 – 하지민
② 고경원 – 유해영
③ 하지민 – 도경수
④ 하지민 – 문정진
⑤ 고경원 – 박하나

29. 다음 중 네트워크 관련 장비의 이름과 해당 설명이 올바르게 연결되지 않은 것은 어느 것인가?

① 게이트웨이(Gateway)란 주로 LAN에서 다른 네트워크에 데이터를 보내거나 다른 네트워크로부터 데이터를 받아들이는 데 사용되는 장치를 말한다.
② 허브(Hub)는 네트워크를 구성할 때 각 회선을 통합적으로 관리하여 한꺼번에 여러 대의 컴퓨터를 연결하는 장치를 말한다.
③ 리피터(Repeater)는 네트워크 계층의 연동 장치로, 최적 경로 설정에 이용되는 장치이다.
④ 스위칭 허브(Switching Hub)는 근거리통신망 구축 시 단말기의 집선 장치로 이용하는 스위칭 기능을 가진 통신 장비로, 통신 효율을 향상시킨 허브로 볼 수 있다.
⑤ 브리지(Bridge)는 두 개의 근거리통신망 시스템을 이어주는 접속 장치를 일컫는 말이며, 양쪽 방향으로 데이터의 전송만 해줄 뿐 프로토콜 변환 등 복잡한 처리는 불가능하다.

30. 다음 〈보기〉와 같은 조직문화의 형태와 그 특징에 대한 설명 중 적절한 것만을 모두 고른 것은 어느 것인가?

〈보기〉
㉠ 위계를 지향하는 조직문화는 조직원 개개인의 능력과 개성을 존중한다.
㉡ 과업을 지향하는 조직문화는 업무 수행의 효율성을 강조한다.
㉢ 혁신을 지향하는 조직문화는 조직의 유연성과 외부 환경에의 적응에 초점을 둔다.
㉣ 관계를 지향하는 조직문화는 구성원들의 상호 신뢰와 인화 단결을 중요시한다.

① ㉡, ㉢, ㉣
② ㉠, ㉢, ㉣
③ ㉠, ㉡, ㉣
④ ㉠, ㉡, ㉢
⑤ ㉠, ㉡, ㉢, ㉣

31. 다음 글의 밑줄 친 ㉠~㉤ 중, 전체 글의 문맥과 논리적으로 어울리지 않는 의미를 포함하고 있는 것은 어느 것인가?

정부의 지방분권 강화의 흐름은 에너지정책 측면에서도 매우 시의적절해 보인다. 왜냐하면 현재 정부가 강력히 추진 중인 에너지전환정책의 성공 여부는 그 특성상 지자체의 협력과 역할에 달려 있기 때문이다.

현재까지의 중앙 정부 중심의 에너지정책은 필요한 에너지를 값싸게 충분히 안정적으로 공급한다는 공급관리 목표를 달성하는 데 매우 효율적이었다고 평가할 수 있다. 또한 중앙 정부 부처가 주도하는 현재의 정책 결정 구조는 에너지공급설비와 비용을 최소화할 수 있으며, ㉠일관된 에너지정책을 추구하여 개별 에너지정책들 간의 충돌을 최소화할 수 있는 장점이 있다. 사실, 특정지역 대형설비 중심의 에너지정책을 추진할 때는 지역 경제보다는 국가경제 차원의 비용편익 분석이 타당성을 확보할 수 있고, 게다가 ㉡사업 추진 시 상대해야 할 민원도 특정지역으로 한정되는 경우가 많기 때문에 중앙정부 차원에서의 정책 추진이 효율적일 수 있다.

그러나 신재생에너지 전원과 같이 소규모로 거의 전 국토에 걸쳐 설치되어야 하는 분산형 전원 비중이 높아지는 에너지전환정책 추진에는 사정이 달라진다. 중앙 정부는 실제 설비가 들어서는 수많은 개별 지역의 특성을 세심히 살펴 추진할 수 없어 소규모 전원의 전국적 관리는 불가능하다. 실제로 현재 태양광이나 풍력의 보급이 지체되는 가장 큰 이유로 지자체의 인허가 단계에서 발생하는 다양한 민원이 지적되고 있다. 중앙정부 차원에서 평가한 신재생에너지의 보급 잠재력이 아무리 많아도, 실제 사업단계에서 부딪치는 다양한 어려움을 극복하지 못하면 보급 잠재력은 허수에 지나지 않게 된다. 따라서 ㉢소규모 분산전원의 확대는 거시적 정책이 아니라 지역별 특성을 세심히 고려한 미시적 정책에 달려 있다고 해도 지나치지 않다. 당연히 지역 특성을 잘 살필 수 있는 지자체가 분산전원 확산에 주도권을 쥐는 편이 에너지전환정책의 성공에 도움이 될 수 있다.

이뿐만 아니라 경제가 성장하면서 에너지소비 구조도 전력, 도시가스, 지역난방 등과 같은 네트워크에너지 중심으로 변화하다 보니 지역별 공급비용에 대한 불균형을 고려해 ㉣지역별 요금을 단일화해야 한다는 목소리도 점점 커지고 있고, 환경과 안전에 대한 국민들의 인식도 과거와 비교해 매우 높아져 이와 관련한 지역 사안에 관심도 커지고 있다. 이러한 변화는 때로는 지역 간 갈등으로 혹은 에너지시설 건설에 있어 님비(NIMBY)현상 등으로 표출되기도 한다. 모두 지역의 특성을 적극적으로 감안하고 지역주민들의 의견을 모아 해결해야 할 사안이다. 당연히 중앙정부보다 지자체가 훨씬 잘 할 수 있는 영역이다.

하지만 중앙정부의 역할이 결코 축소되어서는 안 된다. 소규모 분산전원이 확대됨에 따라 ㉤에너지공급의 안정성을 유지하기 위해 현재보다 더 많은 에너지 설비가 요구될 수 있으며 설비가 소형화되면서 공급 비용과 비효율성이 높아질 우려도 있기 때문이다. 따라서 지역 간 에너지시스템을 연계하는 등 공급 효율성을 높이기 위해 지자체 간의 협력과 중앙정부

의 조정기능이 더욱 강조되어야 한다. 에너지전환정책은 중앙 정부와 지자체 모두의 에너지정책 수요를 증가시키고 이들 간의 협력의 필요성을 더욱 요구할 것이다.

① ㉠   ② ㉡
③ ㉢   ④ ㉣
⑤ ㉤

32. 다음은 2015년과 2018년에 甲～丁 국가 전체 인구를 대상으로 통신 가입자 현황을 조사한 자료이다. 〈보기〉에서 이에 대한 설명으로 옳지 않은 것을 모두 고른 것은?

〈국가별 2015년과 2018년 통신 가입자 현황〉

(단위 : 만 명)

연도 구분 국가	2015				2018			
	유선 통신 가입자	무선 통신 가입자	유·무 선 통신 동시 가입자	미 가입자	유선 통신 가입자	무선 통신 가입자	유·무 선 통신 동시 가입자	미 가입자
甲	( )	4,100	700	200	1,600	5,700	400	100
乙	1,900	3,000	300	400	1,400	( )	100	200
丙	3,200	7,700	( )	700	3,000	5,500	1,100	400
丁	1,100	1,300	500	100	1,100	2,500	800	( )

※ 유·무선 통신 동시 가입자는 유선 통신 가입자와 무선 통신 가입자에도 포함됨

〈보기〉
㉠ 甲국의 2015년 인구 100명당 유선 통신 가입자가 40명이라면, 유선 통신 가입자는 2,200만 명이다.
㉡ 乙국의 2015년 대비 2018년 무선 통신 가입자 수의 비율이 1.5라면, 2018년 무선 통신 가입자는 5,000만 명이다.
㉢ 丁국의 2015년 대비 2018년 인구 비율이 1.5라면, 2018년 미가입자는 200만 명이다.
㉣ 2015년 유선 통신만 가입한 인구는 乙국이 丁국의 3배가 안 된다.

① ㉠㉡
② ㉠㉢
③ ㉡㉢
④ ㉡㉣
⑤ ㉢㉣

다음은 ○○공사 신혼희망타운 분양가이드 중 신청자격에 대한 내용이다. 이에 대한 물음에 답하시오

1. 입주자격 조건
㉠ 입주자 모집 공고일부터 입주할 때까지 무주택세대구성원일 것
㉡ 혼인기간 7년 이내인 신혼부부, 혼인을 예정하고 있으며 공고일로부터 1년 이내에 혼인 사실을 증명할 수 있는 예비신혼부부, 6세 이하(만 7세 미만)의 자녀를 둔 한부모가족의 부 또는 모
㉢ 주택청약종합저축(청약저축 포함)에 가입하여 가입기간 6개월 경과, 납입횟수 6회 이상 인정된 분
㉣ 전년도 도시근로자 월평균소득의 120% 이하인 분(배우자가 근로소득 또는 사업소득이 있는 맞벌이의 경우 130% 이하를 말함)
㉤ 총자산(토지 + 건물 + 자동차 + 금융자산 − 부채) 합계액이 기준가액 이하인 분

2. 입주자 선정 순위
㉠ (우선공급) 건설량의 30%를 혼인기간 2년 이내인 신혼부부, 예비신혼부부, 2세 이하(만 3세 미만)의 자녀를 둔 한부모가족에게 아래 가점 다득점 순으로 우선 공급한다.

가점항목	평가요소	점수	비고
(1) 가구소득	① 70% 이하	3	배우자가 소득이 있는 경우 80% 이하
	② 70% 초과 100% 이하	2	배우자가 소득이 있는 경우 80%~110% 이하
	③ 100% 초과	1	배우자가 소득이 있는 경우 110% 초과
(2) 해당지역(시·도) 연속 거주기간	① 2년 이상	3	신청자가 공고일 현재 ○○(시는 특별시·광역시·특별자치시 기준이고, 도는 도·특별자치도 기준)에서 주민등록표등본상 계속해서 거주한 기간을 말하며, 해당 지역에 거주하지 않은 경우 0점
	② 1년 이상 2년 미만	2	
	③ 1년 미만	1	
(3) 주택청약종합저축 납입인정 횟수	① 24회 이상	3	입주자저축(청약저축 포함) 가입 확인서 기준
	② 12회 이상 23회 이하	2	
	③ 6회 이상 11회 이하	1	

㉡ (잔여공급) 나머지 70%를 위 우선공급 낙첨자, 혼인기간 2년 초과 7년 이내인 신혼부부, 3세 이상 6세 이하(만 3세 이상 만 7세 미만) 자녀를 둔 한부모가족을 대상으로 아래 가점 다득점 순으로 공급한다.

가점항목	평가요소	점수	비고
(1) 미성년 자녀 수	① 3명 이상	3	태아(입양) 포함
	② 2명	2	
	③ 1명	1	
(2) 무주택 기간	① 3년 이상	3	주택공급 신청자의 나이가 만 30세가 되는 날(신청자가 그 전에 혼인한 경우 최초 혼인신고일로)부터 공고일 현재까지 무주택세대 구성원 전원이 계속해서 무주택인 기간으로 산정 ※ 공고일 현재 만 30세 미만이면서 혼인한 적이 없는 분은 가점 선택 불가
	② 1년 이상 3년 미만	2	
	③ 1년 미만	1	
(3) 해당지역(시·도) 연속 거주기간	① 2년 이상	3	신청자가 공고일 현재 ○○(시는 특별시·광역시·특별자치시 기준이고, 도는 도·특별자치도 기준)에서 주민등록표등본상 계속해서 거주한 기간을 말하며, 해당 지역에 거주하지 않은 경우 0점
	② 1년 이상 2년 미만	2	
	③ 1년 미만	1	
(4) 주택청약종합저축 납입인정 횟수	① 24회 이상	3	입주자저축(청약저축 포함) 가입 확인서 기준
	② 12회 이상 23회 이하	2	
	③ 6회 이상 11회 이하	1	

3. 당첨자 선정기준
㉠ 우선공급 30%→잔여공급 70% 순으로 해당 가점 다득점 순으로 선정하되, 동점일 경우 추첨으로 결정
㉡ 주택형별 물량의 40% 이상의 예비입주자를 선정

4. 소득 및 총자산 적용기준

㉠ 소득기준 : 신혼희망타운 공급신청자 전체에 적용

가구당 월평균소득 비율		3인 이하	4인	5인	6인	7인	8인
70% 수준	배우자의 소득이 없는 경우 : 70%	3,781,270	4,315,641	4,689,906	5,144,224	5,598,542	6,052,860
	배우자의 소득이 있는 경우 : 80%	4,321,451	4,932,162	5,359,892	5,879,113	6,398,334	6,917,554
100% 수준	배우자의 소득이 없는 경우 : 100%	5,401,814	6,165,202	6,699,865	7,348,891	7,997,917	8,646,943
	배우자의 소득이 있는 경우 : 110%	5,941,995	6,781,722	7,369,852	8,083,780	8,797,709	9,511,637
120% 수준	배우자의 소득이 없는 경우 : 120%	6,482,177	7,398,242	8,039,838	8,818,669	9,597,500	10,376,332
	배우자의 소득이 있는 경우 : 130%	7,022,358	8,014,763	8,709,825	9,553,558	10,397,292	11,241,026

㉡ 총자산기준 : 2억 9,400만 원 이하

33. 위의 내용에 대한 설명으로 옳은 것은?

① 혼인기간 7년 이내인 신혼부부만 신청할 수 있다.

② 입주자 선정 순위의 가점항목별 최대 점수는 모두 다르다.

③ 혼인기간이 5년인 신혼부부의 경우 우선공급에 해당한다.

④ 배우자의 소득이 없는 4인 가구가 가구소득 가점항목에서 3점을 받았다면 월평균 소득이 4,315,641만 원 이하인 것이다.

⑤ 총자산이 3억 원인 예비신혼부부의 경우 입주자격을 충족한다.

34. 입주자격을 충족하는 다음의 입주희망자들(㉠ ~ ㉣)을 입주자 선정 순위에 따라 선정될 확률이 높은 순으로 차례대로 나열한 것은? (단, 가점 다득점과 관계없이 우선공급이 잔여공급보다 선정될 확률이 높다고 가정하며 우선공급의 경우 우선공급 가점항목만 적용하고 잔여공급의 경우 잔여공급 가점항목만 적용한다)

가점항목 / 입주희망자	가구소득	해당지역 (시·도) 연속 거주기간	주택청약 종합저축 납입인정 횟수	미성년 자녀 수	무주택 기간
㉠ 혼인기간 1년인 신혼부부 (2인 가구)	3,500,000	1년	25회	–	–
㉡ 혼인기간 6년인 신혼부부	–	3년	12회	2명	6년
㉢ 5세인 자녀를 둔 한부모가족	–	4년	20회	1명	3년
㉣ 예비신혼부부 (2인 가구)	3,000,000	2년	10회	–	–

① ㉢ - ㉠ - ㉣ - ㉡

② ㉠ - ㉣ - ㉡ - ㉢

③ ㉠ - ㉣ - ㉢ - ㉡

④ ㉣ - ㉠ - ㉢ - ㉡

⑤ ㉣ - ㉠ - ㉡ - ㉢

다음은 인천공항의 국제·국내여객공항이용료, 출국납부금, 국제질병퇴치기금 등과 관련된 내용이다. 이에 대한 물음에 답하시오.

〈국제여객공항이용료 / 출국납부금 / 국제질병퇴치기금〉

구분	내용	비고
납부 대상	인천공항에서 출발하는 항공편을 이용하는 국제항공여객	
징수 금액	• 국제여객공항이용료 : 출발여객 1인당 17,000원, 환승여객 10,000원 • 출국납부금 : 출발여객 1인당 10,000원 • 국제질병퇴치기금 : 출발여객 1인당 1,000원	항공권에 포함하는 징수
면제 대상	• 2세 미만의 어린이 • 대한민국에 주둔하는 외국인 군인 및 군무원 • 국외로 입양되는 어린이 및 그 호송인 • 입국이 불허되거나 거부당한 자로서 출국하는 자 • 통과여객 중 다음 경우에 해당되어 보세구역을 벗어난 후 출국하는 여객 – 항공기접속 불가능으로 불가피하게 당일 또는 그 다음날 출국하는 여객 – 공항폐쇄나 기상관계로 항공기 출발 지연되는 경우 – 항공기 고장, 납치 또는 긴급환자 발생 등 부득이한 사유로 불시착한 경우	발권 시 사전 면제 또는 항공사 및 담당 기관에서 처리
	• 외교관 여권 소지자 • 공항환승여객 중 관광을 목적으로 보세구역을 벗어난 후 24시간 이내에 다시 출국하는 경우	면제대상자 방문 환불

〈국내여객공항이용료〉

구분	내용	비고
납부 대상	인천공항에서 출발하는 항공편을 이용하는 국내항공여객	
징수 금액	출발여객 1인당 5,000원 항공권에 포함하여 징수	항공권에 포함하는 징수
면제 대상	2세 미만 어린이	
감면 대상 (50%)	• 2세 이상 13세 미만의 어린이 • 장애인(「장애인복지법」 제32조 제1항에 따른 장애인등록증을 가진 자에 한한다) 및 중증장애인(장애인등록증상 장애등급이 1급 내지 3급인 자를 말한다)의 동반보호자 1인 • 「국가유공자 등 예우 및 지원에 관한 법률」 제4조에 따른 국가유공자(상이등급의 판정을 받은 사람만 해당한다) 및 1급부터 3급까지의 상이등급의 판정을 받은 국가유공자에 해당하는 사람의 동반보호자 1명 • 「5·18민주유공자예우에 관한 법률」 제4조에 따른 5·18민주유공자(장애등급의 판정을 받은 자에 한한다) • 「고엽제후유증 등 환자지원에 관한 법률」 제3조에 따른 고엽제후유의증 환자(장애등급의 판정을 받은 사람만 해당한다) • 「숙련기술장려법」 제10조에 따른 우수 숙련기술자, 같은 법 제11조에 따른 대한민국명장, 같은 법 제13조에 따른 숙련기술전수자로 선정된 사람, 같은 법 제20조에 따른 전국기능경기대회에서 입상한 사람, 같은 법 제21조에 따른 국제기능올림픽에서 입상한 사람 • 국민기초생활보장법 제2조에 따른 기초생활수급자(2017. 6. 1일부터)	

35. 위의 자료에 대한 설명으로 옳지 않은 것은?

① 환승여객의 경우 국제여객공항이용료로 1인당 10,000원을 납부해야 한다.

② 인천공항에서 출발하는 항공편을 이용하는 국제항공여객의 경우 출발여객 1인당 국제여객공항이용료, 출국납부금, 국제질병퇴치기금으로 28,000원이 항공권에 포함된다.

③ 대한민국에 주둔하는 외국인 군무원의 경우 국제여객공항이용료, 출국납부금, 국제질병퇴치기금이 면제되므로 발권 시 사전 면제 처리된다.

④ 외교관 여권을 소지한 면제대상자의 경우 국제여객공항이용료, 출국납부금, 국제질병퇴치기금을 직접 방문하여 환불받을 수 있다.

⑤ 초등학교 2학년 학생의 경우 국내여객공항이용료로 5,000원이 징수된다.

36. 보기의 상황에서 납부한 국제·국내여객공항이용료, 출국납부금, 국제질병퇴치기금의 총합(㉠ + ㉡ + ㉢)은 얼마인가? (단, 면제사유가 따로 없는 인원은 면제대상이 아닌 것으로 가정한다)

> ㉠ 한국인 부부가 태어난 지 6개월 된 아이와 함께 인천공항에서 출발하여 영국으로 이동하는 경우
> ㉡ 대한민국에 주둔하는 외국인 군인과 한국인인 친구가 인천공항에서 출발하여 미국으로 이동하는 경우
> ㉢ 중증장애인인 아들과 동반보호자인 아버지가 인천공항에서 출발하여 제주도로 이동하는 경우

① 56,000원

② 61,000원

③ 89,000원

④ 94,000원

⑤ 117,000원

37. 길동이는 이번 달 사용한 카드 사용금액을 시기별, 항목별로 다음과 같이 정리하였다. 항목별 단가를 확인한 후 D2 셀에 함수식을 넣어 D5까지 드래그를 하여 결과값을 알아보고자 한다. 길동이가 D2 셀에 입력해야 할 함수식으로 적절한 것은 어느 것인가?

	A	B	C	D	E
1	시기	항목	횟수	사용금액(원)	
2	1주	식비	10		
3	2주	의류 구입	3		
4	3주	교통비	12		
5	4주	식비	8		
6					
7	항목	단가			
8	식비	6,500			
9	의류 구입	43,000			
10	교통비	3,500			
11					

① =C2*HLOOKUP(B2,$A$8:$B$10,2,0)

② =B2*HLOOKUP(C2,$A$8:$B$10,2,0)

③ =B2*VLOOKUP(B2,$A$8:$B$10,2,0)

④ =C2*VLOOKUP(B2,$A$8:$B$10,2,0)

⑤ =C2*HLOOKUP($A$8:$B$10,2,0)

▌38~39▐ 다음 위임전결규정을 보고 이어지는 물음에 답하시오.

위임전결규정
- 결재를 받으려는 업무에 대해서는 최고결재권자(대표이사)를 포함한 이하 직책자의 결재를 받아야 한다.
- '전결'이라 함은 회사의 경영활동이나 관리활동을 수행함에 있어 의사 결정이나 판단을 요하는 일에 대하여 최고결재권자의 결재를 생략하고, 자신의 책임 하에 최종적으로 의사 결정이나 판단을 하는 행위를 말한다.
- 전결사항에 대해서도 위임 받은 자를 포함한 이하 직책자의 결재를 받아야 한다.
- 표시내용: 결재를 올리는 자는 최고결재권자로부터 전결 사항을 위임받은 자가 있는 경우 결재란에 전결이라고 표시하고 최종 결재권자란에 위임 받은 자를 표시한다. 다만, 결재가 불필요한 직책자의 결재란은 상향대각선으로 표시한다.
- 최고결재권자의 결재사항 및 최고결재권자로부터 위임된 전결사항은 아래의 표에 따른다.
- 본 규정에서 정한 전결권자가 유고 또는 공석 시 그 직급의 직무 권한은 직상급직책자가 수행함을 원칙으로 하며, 각 직급은 긴급을 요하는 업무처리에 있어서 상위 전결권자의 결재를 득할 수 없을 경우 차상위자의 전결로 처리하며, 사후 결재권자의 결재를 득해야 한다.

업무내용	결재권자			
	사장	부사장	본부장	팀장
주간업무보고				○
팀장급 인수인계		○		
일반예산 집행 · 잔업수당	○			
회식비			○	
업무활동비			○	
교육비		○		
해외연수비	○			
시내교통비			○	
출장비	○			
도서인쇄비				○
법인카드사용		○		
소모품비				○
접대비(식대)			○	
접대비(기타)				○
이사회 위원 위촉	○			
임직원 해외 출장	○(임원)		○(직원)	
임직원 휴가	○(임원)		○(직원)	
노조관련 협의사항		○		

* 100만 원 이상의 일반예산 집행과 관련한 내역은 사전 사장 품의를 득해야 하며, 품의서에 경비 집행 내역을 포함하여 준비한다. 출장계획서는 품의서를 대체한다.
* 위의 업무내용에 필요한 결재서류는 다음과 같다.
  - 품의서, 주간업무보고서, 인수인계서, 예산집행내역서, 위촉장, 출장보고서(계획서), 휴가신청서, 노조협의사항 보고서

38. 다음 중 위의 위임전결규정을 잘못 설명한 것은 어느 것인가?
① 전결권자 공석 시의 최종결재자는 차상위자가 된다.
② 전결권자 업무 복귀 시, 부재 중 결재 사항에 대하여 반드시 사후 결재를 받아두어야 한다.
③ 팀장이 새로 부임하면 부사장 전결의 인수인계서를 작성하게 된다.
④ 전결권자가 해외 출장으로 자리를 비웠을 경우에는 차상위자가 직무 권한을 위임 받는다.
⑤ 거래처에 식사 제공을 한 비용 처리는 본부장 전결로 결재를 득한다.

39. 영업팀 김 대리는 부산으로 교육을 받으러 가기 위해 교육비용 신청을 위한 문서를 작성하고자 한다. 김 대리가 작성한 결재 양식으로 올바른 것은 어느 것인가?

①

출장내역서				
결재	담당	팀장	본부장	부사장	사장

②

교육비집행내역서				
결재	담당	팀장	본부장	부사장	사장
				/	부사장

③

교육비집행내역서				
결재	담당	팀장	본부장	부사장	사장
					/

④

업무활동비집행내역서				
결재	담당	팀장	본부장	부사장	전결
				/	부사장

⑤

교육비집행내역서				
결재	담당	팀장	본부장	부사장	전결
					/

40. 다음 글의 내용을 근거로 한 설명 중 옳지 않은 것은?

우리의 의지나 노력과는 크게 상관없이 국제 정세 및 금융시장 등의 변화에 따라 우리나라가 수입에 의존하는 원자재 가격은 크게 출렁이곤 한다. 물론 이러한 가격 변동은 다른 가격에도 영향을 미치게 된다. 예를 들어 중동지역의 불안한 정세로 인해 원유 가격이 상승했고, 이로 인해 국내의 전기료도 올랐다고 해 보자. 그러면 국내 주유소들은 휘발유 가격을 그대로 유지할지 아니면 어느 정도 인상할 것인지에 대해 고민에 빠질 것이다. 만일 어느 한 주유소가 혼자 휘발유 가격을 종전에 비해 2% 정도 인상한다면, 아마 그 주유소의 매상은 가격이 오른 비율 2%보다 더 크게 줄어들어 주유소 문을 닫아야 할 지경에 이를지도 모른다. 주유소 주인의 입장에서는 가격인상 폭이 미미한 것이라 하여도, 고객들이 즉시 값이 싼 다른 주유소에서 휘발유를 구입하기 때문이다. 그러나 전기료가 2% 오른다 하더라도 전기 사용량에는 큰 변화가 없을 것이다. 사람들이 물론 전기를 아껴 쓰게 되겠지만, 전기 사용량을 갑자기 크게 줄이기도 힘들고 더군다나 다른 전기 공급자를 찾기도 어렵기 때문이다.

이처럼 휘발유시장과 전기시장은 큰 차이를 보이는데, 그 이유는 두 시장에서 경쟁의 정도가 다르기 때문이다. 우리 주변에 휘발유를 파는 주유소는 여러 곳인 반면, 전기를 공급하는 기업은 그 수가 제한되어 있어 한 곳에서 전기 공급을 담당하는 것이 보통이다. 휘발유시장이 비록 완전경쟁시장은 아니지만, 전기시장에 비해서는 경쟁의 정도가 훨씬 크다. 휘발유시장의 공급자와 수요자는 시장 규모에 비해 개별 거래규모가 매우 작기 때문에 어느 한 경제주체의 행동이 시장가격에 영향을 미치기는 어렵다. 즉, 휘발유시장은 어느 정도 경쟁적이다. 이와는 대조적으로 전기 공급자는 시장가격에 영향을 미칠 수 있는 시장 지배력을 갖고 있기 때문에, 전기시장은 경쟁적이지 못하다.

① 재화의 소비자와 생산자의 수 측면에서 볼 때 휘발유시장은 전기시장보다 더 경쟁적이다.
② 새로운 기업이 시장 활동에 참가하는 것이 얼마나 자유로운가의 정도로 볼 때 휘발유시장은 전기시장보다 더 경쟁적이다.
③ 기존 기업들이 담합을 통한 단체행동을 할 수 있다는 측면에서 볼 때 휘발유시장이 완전 경쟁적이라고 할 수는 없다.
④ 휘발유시장의 경우와 같이 전기 공급자가 많아지게 된다면 전기시장은 휘발유시장보다 더 경쟁적인 시장이 된다.
⑤ 시장지배력 측면에서 볼 때 휘발유시장은 전기시장보다 더 경쟁적이다.

41. 다음 자료에 대한 설명으로 올바른 것은?

〈한우 연도별 등급 비율〉

(단위 : %, 두)

연도	육질 등급					합계	한우등급 판정두수
	1++	1+	1	2	3		
2008	7.5	19.5	27.0	25.2	19.9	99.1	588,003
2009	8.6	20.5	27.6	24.7	17.9	99.3	643,930
2010	9.7	22.7	30.7	25.2	11.0	99.3	602,016
2011	9.2	22.6	30.6	25.5	11.6	99.5	718,256
2012	9.3	20.2	28.6	27.3	14.1	99.5	842,771
2013	9.2	21.0	31.0	27.1	11.2	99.5	959,751
2014	9.3	22.6	32.8	25.4	8.8	98.9	839,161

① 1++ 등급으로 판정된 한우의 두수는 2010년이 2011년보다 더 많다.
② 1등급 이상이 60%를 넘은 해는 모두 3개년이다.
③ 3등급 판정을 받은 한우의 두수는 2010년이 가장 적다.
④ 전년보다 1++ 등급의 비율이 더 많아진 해에는 3등급의 비율이 매번 더 적어졌다.
⑤ 1++ 등급의 비율이 가장 낮은 해는 3등급의 비율이 가장 높은 해이며, 반대로 1++ 등급의 비율이 가장 높은 해는 3등급의 비율이 가장 낮다.

42. 다음 글의 내용이 참일 때, 반드시 참인 것만을 〈보기〉에서 모두 고르면?

甲, 乙, 丙 세 명의 운동선수는 지난 시합이 열린 날짜와 요일에 대해 다음과 같이 기억을 달리 하고 있다.
• 甲은 시합이 5월 8일 목요일에 열렸다고 기억한다.
• 乙은 시합이 5월 10일 화요일에 열렸다고 기억한다.
• 丙은 시합이 6월 8일 금요일에 열렸다고 기억한다.
추가로 다음 사실이 확인됐다.
• 시합은 甲, 乙, 丙이 언급한 월, 일, 요일 중에 열렸다.
• 세 명의 운동선수가 기억한 내용 가운데, 한 사람은 월, 일, 요일의 세 가지 사항 중 하나만 맞혔고, 한 사람은 하나만 틀렸으며, 한 사람은 어느 것도 맞히지 못했다.

〈보기〉
㉠ 회의는 6월 10일에 열렸다.
㉡ 甲은 어느 것도 맞히지 못한 사람이다.
㉢ 丙이 하나만 맞힌 사람이라면 시합은 화요일에 열렸다.

① ㉠
② ㉡
③ ㉠㉡
④ ㉡㉢
⑤ ㉠㉡㉢

43. A사는 다음과 같이 직원들의 부서 이동을 단행하였다. 다음 부서 이동 현황에 대한 올바른 설명은?

이동 전 \ 이동 후	영업팀	생산팀	관리팀
영업팀	25	7	11
생산팀	9	16	5
관리팀	10	12	15

① 이동 전과 후의 인원수의 변화가 가장 큰 부서는 생산팀이다.
② 이동 전과 후의 부서별 인원수가 많은 순위는 동일하다.
③ 이동 후에 인원수가 감소한 부서는 1개 팀이다.
④ 가장 많은 인원이 이동해 온 부서는 관리팀이다.
⑤ 잔류 인원보다 이동해 온 인원이 더 많은 부서는 1개 팀이다.

44. 다음과 같은 자료를 참고할 때, F3 셀에 들어갈 수식으로 알맞은 것은 어느 것인가?

	A	B	C	D	E	F	G
1	이름	소속	수당(원)		구분	인원 수	
2	김○○	C팀	160,000		총 인원	12	
3	이○○	A팀	200,000		평균 미만	6	
4	홍○○	D팀	175,000		평균 이상	6	
5	강○○	B팀	155,000				
6	남○○	D팀	170,000				
7	서○○	B팀	195,000				
8	조○○	A팀	190,000				
9	염○○	C팀	145,000				
10	신○○	A팀	200,000				
11	권○○	B팀	190,000				
12	강○○	C팀	160,000				
13	노○○	A팀	220,000				
14							

① =COUNTIF(C2:C13,"〈"&AVERAGE(C2:C13))
② =COUNT(C2:C13,"〈"&AVERAGE(C2:C13))
③ =COUNTIF(C2:C13,"〈","&"AVERAGE(C2:C13))
④ =COUNT(C2:C13,"〉"&AVERAGE(C2:C13))
⑤ =COUNTIF(C2:C13,"〉"AVERAGE&(C2:C13))

45. 어느 조직이나 일정한 인원이 함께 근무하는 경우 '조직문화'가 생기게 된다. 다음 중 조직문화의 기능과 구성요소에 대하여 적절하게 설명한 것이 아닌 것은 어느 것인가?

① 조직문화의 구성요소로는 공유가치, 리더십 스타일, 예산, 관리 기술, 전략, 제도 및 절차, 구성원이 있다.
② 조직문화는 조직 구성원에게 일체감과 정체성을 부여하지만 타 조직과의 융합에 걸림돌로 작용하기도 한다.
③ 조직의 통합과 안정성을 중시하고 서열화된 조직 구조를 추구하는 관리적 조직문화, 실적을 중시하고 직무에 몰입하며 미래를 위한 계획 수립을 강조하는 과업지향적 조직문화 등이 있다.
④ 조직문화의 기능으로 구성원의 사회화 도모 및 일탈 행동을 통제하는 측면도 기대할 수 있다.
⑤ 조직의 목표는 조직문화에 반영될 수 있으며, 조직원들에게 동기 부여와 수행 평가의 기준이 되기도 한다.

46. 다음 글은 비정규직 보호 및 차별해소 정책에 관한 글이다. 글에서 언급된 필자의 의견에 부합하지 않는 것은?

우리나라 임금근로자의 1/3이 비정규직으로(2012년 8월 기준) OECD 국가 중 비정규직 근로자 비중이 높은 편이며, 법적 의무사항인 2년 이상 근무한 비정규직 근로자의 정규직 전환율도 높지 않은 상황이다. 이에 따라, 비정규직에 대한 불합리한 차별과 고용불안 해소를 위해 대책을 마련하였다. 특히, 상시·지속적 업무에 정규직 고용관행을 정착시키고 비정규직에 대한 불합리한 차별 해소 등 기간제 근로자 보호를 위해 2016년 4월에는 「기간제 근로자 고용안정 가이드라인」을 신규로 제정하고, 더불어 「사내하도급 근로자 고용안정 가이드라인」을 개정하여 비정규직 보호를 강화하는 한편, 실효성 확보를 위해 민간 전문가로 구성된 비정규직 서포터스 활동과 근로감독 등을 연계하여 가이드라인 현장 확산 노력을 펼친 결과, 2016년에는 194개 업체와 가이드라인 준수협약을 체결하는 성과를 이루었다. 아울러, 2016년부터 모든 사업장(12천 개소) 근로감독 시 차별항목을 필수적으로 점검하고, 비교대상 근로자가 없는 경우라도 가이드라인 내용에 따라 각종 복리후생 등에 차별이 없도록 행정지도를 펼치는 한편, 사내하도급 다수활용 사업장에 대한 감독 강화로 불법파견 근절을 통한 사내하도급 근로자 보호에 노력하였다. 또한, 기간제·파견 근로자를 정규직으로 전환 시 임금상승분의 일부를 지원하는 정규직 전환지원금 사업의 지원요건을 완화하고, 지원대상을 사내하도급 근로자 및 특수형태업무 종사자까지 확대하여 중소기업의 정규직 전환 여건을 제고하였다. 이와 함께 비정규직, 특수형태업무 종사자 등 취약계층 근로자에 대한 사회안전망을 지속 강화하여 2016년 3월부터 특수형태업무 종사자에 대한 산재보험가입 특례도 종전 6개 직종에서 9개 직종으로 확대 적용되었으며, 구직급여 수급기간을 국민연금 가입 기간으로 산입해주는 실업크레딧 지원제도가 2016년 8월부터 도입되었다. 2016년 7월에는 제1호 공동근로복지기금 법인이 탄생하기도 하였다.

① 우리나라는 법적 의무사항으로 비정규직 생활 2년이 경과하면 정규직으로 전환이 되어야 한다.
② 상시 업무에 정규직 고용관행을 정착시키면 정규직으로의 전환을 촉진할 수 있다.
③ 제정된 가이드라인의 실효성을 높이기 위한 서포터스 활동은 성공적이었다.
④ 기업 입장에서 파견직 근로자를 정규직으로 전환하기 위해서는 임금상승에 따른 추가 비용이 발생한다.
⑤ 특수형태업무 종사자들은 종전에는 산재보험 가입이 되지 못하였다.

47. 김병장이 혼자 일하면 8일, 심일병이 혼자 일하면 12일 걸리는 작업이 있다. 김병장이 먼저 3일 일하고, 남은 작업을 김병장과 심일병이 함께 진행하려고 할 때, 김병장과 심일병이 함께 작업하는 기간은?

① 1일
② 2일
③ 3일
④ 4일
⑤ 5일

48. 8층에서 엘리베이터를 타게 된 갑, 을, 병, 정, 무 5명은 5층부터 내리기 시작하여 마지막 다섯 번째 사람이 1층에서 내리게 되었다. 다음 〈조건〉을 만족할 때, 1층에서 내린 사람은 누구인가?

〈조건〉
• 2명이 함께 내린 층은 4층이며, 나머지는 모두 1명씩만 내렸다.
• 을이 내리기 직전 층에서는 아무도 내리지 않았다.
• 무는 정의 바로 다음 층에서 내렸다.
• 갑과 을은 1층에서 내리지 않았다.

① 갑
② 을
③ 병
④ 정
⑤ 무

49. 길동이는 크리스마스를 맞아 그동안 카드 사용 실적에 따라 적립해 온 마일리지를 이용해 국내 여행(편도)을 가려고 한다. 길동이의 카드 사용 실적과 마일리지 관련 내역이 다음과 같을 때의 상황에 대한 올바른 설명은?

〈카드 적립 혜택〉
- 연간 결제금액이 300만 원 이하 : 10,000원당 30마일리지
- 연간 결제금액이 600만 원 이하 : 10,000원당 40마일리지
- 연간 결제금액이 800만 원 이하 : 10,000원당 50마일리지
- 연간 결제금액이 1,000만 원 이하 : 10,000원당 70마일리지
※ 마일리지 사용 시점으로부터 3년 전까지의 카드 실적을 기준으로 함.

〈길동이의 카드 사용 내역〉
- 재작년 결제 금액 : 월 평균 45만 원
- 작년 결제 금액 : 월 평균 65만 원

〈마일리지 이용 가능 구간〉

목적지	일반석	프레스티지석	일등석
울산	70,000	90,000	95,000
광주	80,000	100,000	120,000
부산	85,000	110,000	125,000
제주	90,000	115,000	130,000

① 올해 카드 결제 금액이 월 평균 80만 원이라면, 일등석을 이용하여 제주로 갈 수 있다.
② 올해 카드 결제 금액이 월 평균 60만 원이라면, 일등석을 이용하여 광주로 갈 수 없다.
③ 올해에 카드 결제 금액이 전무해도 일반석을 이용하여 울산으로 갈 수 있다.
④ 올해 카드 결제 금액이 월 평균 70만 원이라면 프레스티지석을 이용하여 제주로 갈 수 없다.
⑤ 올해 카드 결제 금액이 월 평균 30만 원이라면, 프레스티지석을 이용하여 울산으로 갈 수 있다.

50. 다음과 같이 매장별 판매금액을 정리하여 A매장의 판매 합계 금액을 별도로 계산하고자 한다. 'B11' 셀에 들어가야 할 수식으로 알맞은 것은 어느 것인가?

	A	B	C
1	매장명	판매 금액(원)	
2	A매장	180,000	
3	B매장	190,000	
4	B매장	200,000	
5	C매장	150,000	
6	A매장	100,000	
7	A매장	220,000	
8	C매장	140,000	
9			
10	매장명	합계 금액	
11	A매장		
12			

① =SUMIF(A2:A8, A11, B2:B8)
② =SUMIF(A2:B8, A11, B2:B8)
③ =SUMIF(A1:B8, A11, B1:B8)
④ =SUMIF(A2:A8, A11, B1:B8)
⑤ =SUMIF(A1:A8, A11, B2:B8)

51. 다음에서 설명하고 있는 마케팅 기법을 일컫는 말로 적절한 것은 어느 것인가?

- 앨빈 토플러 등 미래학자들이 예견한 상품 개발 주체에 관한 개념
- 소비자의 아이디어가 신제품 개발에 직접 관여
- 기업이 소비자의 아이디어를 수용해 고객만족을 최대화시키는 전략
- 국내에서도 컴퓨터, 가구, 의류회사 등에서 공모 작품을 통해 적극적 수용

① 코즈 마케팅
② 니치 마케팅
③ 플래그십 마케팅
④ 노이즈 마케팅
⑤ 프로슈머 마케팅

▮52~53▮ 다음 글을 읽고 이어지는 물음에 답하시오.

경쟁의 승리는 다른 사람의 재산권을 침탈하지 않으면서 이기는 경쟁자의 능력, 즉 경쟁력에 달려 있다. 공정경쟁에서 원하는 물건의 소유주로부터 선택을 받으려면 소유주가 원하는 대가를 치를 능력이 있어야 하고 남보다 먼저 신 자원을 개발하거나 신 발상을 창안하려면 역시 그렇게 해낼 능력을 갖추어야 한다. 다른 기업보다 더 좋은 품질의 제품을 더 값싸게 생산하는 기업은 시장경쟁에서 이긴다. 우수한 자질을 타고났고, 탐사 또는 연구개발에 더 많은 노력을 기울인 개인이나 기업은 새로운 자원이나 발상을 대체로 남보다 앞서서 찾아낸다.

개인의 능력은 천차만별한데 그 차이는 타고나기도 하고 후천적 노력에 의해 결정되기도 한다. 능력이 후천적 노력만의 소산이라면 능력의 우수성에 따라 결정되는 경쟁 결과를 불공정하다고 불평하기는 어렵다. 그런데 능력의 많은 부분은 타고난 것이거나 부모에게서 직간접적으로 물려받은 유무형적 재산에 의한 것이다. 후천적 재능 습득에서도 그 성과는 보통 개발자가 타고난 자질에 따라 서로 다르다. 타고난 재능과 후천적 능력을 딱 부러지게 구분하기도 쉽지 않은 것이다.

어쨌든 내가 능력 개발에 소홀했던 탓에 경쟁에서 졌다면 패배를 승복해야 마땅하다. 그러나 순전히 타고난 불리함 때문에 불이익을 당했다면 억울함이 앞선다. 이 점을 내세워 타고난 재능으로 벌어들이는 소득은 그 재능 보유자의 몫으로 인정할 수 없다는 필자의 의견에 동의하는 학자도 많다. 자신의 재능을 발휘하여 경쟁에서 승리하였다 하더라도 해당 재능이 타고난 것이라면 승자의 몫이 온전히 재능 보유자의 것일 수 없고 마땅히 사회에 귀속되어야 한다는 말이다.

그런데 재능도 노동해야 발휘할 수 있으므로 재능발휘를 유도하려면 그 노고를 적절히 보상해주어야 한다. 이론상으로는 재능발휘로 벌어들인 수입에서 노고에 대한 보상만큼은 재능보유자의 소득으로 인정하고 나머지만 사회에 귀속시키면 된다.

52. 윗글을 읽고 나눈 다음 대화의 ㉠~㉤ 중, 글의 내용에 따른 합리적인 의견 제기로 볼 수 없는 것은?

A : "타고난 재능과 후천적 노력에 대하여 어떻게 보아야 할지에 대한 필자의 의견이 담겨 있는 글입니다."
B : "맞아요. 이 글 대로라면 앞으로 ㉠선천적인 재능에 대한 경쟁이 더욱 치열해질 것 같습니다."
A : "그런데 우리가 좀 더 확인해야 할 것은, ㉡과연 얼마만큼의 보상이 재능발휘 노동의 제공에 대한 몫이냐 하는 점입니다."
B : "그와 함께, ㉢얻어진 결과물에서 어떻게 선천적 재능에 의한 부분을 구별해낼 수 있을까에 대한 물음 또한 과제로 남아 있다고 볼 수 있겠죠."
A : "그뿐이 아닙니다. ㉣타고난 재능이 어떤 방식으로 사회에 귀속되어야 공정한 것인지, ㉤특별나게 열심히 재능을 발휘할 유인은 어떻게 찾을 수 있을지에 대한 고민도 함께 이루어져야 하겠죠."

① ㉠   ② ㉡
③ ㉢   ④ ㉣
⑤ ㉤

53. 윗글에서 필자가 주장하는 내용과 견해가 다른 것은?
① 경쟁에서 승리하기 위해서는 능력이 필요하다.
② 능력에 의한 경쟁 결과가 불공정하다고 불평할 수 없다.
③ 선천적인 능력이 우수한 사람은 경쟁에서 이길 수 있는 확률이 높다.
④ 후천적인 능력이 모자란 결과에 대해서는 승복해야 한다.
⑤ 타고난 재능에 의해 얻은 승자의 몫은 일정 부분 사회에 환원해야 한다.

54. 양의 정수 x를 6배한 수는 42보다 크고, 5배한 수에서 10을 뺀 수는 50보다 작을 때, 이 조건을 만족하는 모든 양의 정수 x의 합은?
① 26
② 32
③ 38
④ 45
⑤ 57

| 55~56 | 다음 전기요금 계산 안내문을 보고 이어지는 물음에 답하시오.

○ 주택용 전력(저압)

기본요금(원/호)		전력량 요금(원/kWh)	
200kWh 이하 사용	900	처음 200kWh까지	90
201~400kWh 사용	1,800	다음 200kWh까지	180
400kWh 초과 사용	7,200	400kWh 초과	279

1) 주거용 고객, 계약전력 3kWh 이하의 고객
2) 필수사용량 보장공제 : 200kWh 이하 사용 시 월 4,000원 한도 감액(감액 후 최저요금 1,000원)
3) 슈퍼유저요금 : 동·하계(7~8월, 12~2월) 1,000kWh 초과 전력량 요금은 720원/kWh 적용

○ 주택용 전력(고압)

기본요금(원/호)		전력량 요금(원/kWh)	
200kWh 이하 사용	720	처음 200kWh까지	72
201~400kWh 사용	1,260	다음 200kWh까지	153
400kWh 초과 사용	6,300	400kWh 초과	216

1) 주택용 전력(저압)에 해당되지 않는 주택용 전력 고객
2) 필수사용량 보장공제 : 200kWh 이하 사용 시 월 2,500원 한도 감액(감액 후 최저요금 1,000원)
3) 슈퍼유저요금 : 동·하계(7~8월, 12~2월) 1,000kWh 초과 전력량 요금은 576원/kWh 적용

55. 다음 두 전기 사용자인 갑과 을의 전기요금 합산 금액으로 올바른 것은?

갑 : 주택용 전력 저압 300kWh 사용
을 : 주택용 전력 고압 300kWh 사용

① 68,600원
② 68,660원
③ 68,700원
④ 68,760원
⑤ 68,800원

56. 위의 전기요금 계산 안내문에 대한 설명으로 올바르지 않은 것은?

① 주택용 전력은 고압 요금이 저압 요금보다 더 저렴하다.
② 동계와 하계에 1,000kWh가 넘는 전력을 사용하면 기본 요금과 전력량 요금이 모두 2배 이상 증가한다.
③ 저압 요금 사용자가 전기를 3kWh만 사용할 경우의 전기 요금은 1,000원이다.
④ 가전기기의 소비전력을 알 경우, 전기요금 절감을 위해 전기 사용량을 200kWh 단위로 나누어 관리할 수 있다.
⑤ 슈퍼유저는 1년 중 5개월 동안만 해당된다.

57. 다음에 제시된 9개의 단어 중 관련된 3개의 단어를 통해 유추할 수 있는 것은?

초콜릿, 솜, 이불, 설탕, 풍선, 나무젓가락, 깃발, 청포도, 무역

① 자물쇠
② 통조림
③ 도시락
④ 솜사탕
⑤ 공인중개사

┃58~59┃ H 회사에 입사하여 시스템 모니터링 업무를 담당하게 되었다. 다음 시스템 매뉴얼을 확인한 후 각 물음에 답하시오.

〈입력 방법〉

항목	세부사항
Index ## of File @@	• 오류 문자 : 'Index' 뒤에 오는 문자 '##' • 오류 발생 위치 : File 뒤에 오는 문자 '@@'
Error Value	• 오류 문자와 오류 발생 위치를 의미하는 문자에 사용된 단어의 처음과 끝 알파벳을 아라비아 숫자(1, 2, 3 ~)에 대입한 합을 서로 비교하여 그 차이를 확인
Final Code	• Error Value를 통하여 시스템 상태 판단

* 'APPLE'의 Error Value 값은 A(1)+E(5)=6이다.

〈시스템 상태 판단 기준〉

판단 기준	Final Code
숫자에 대입한 두 합의 차이 = 0	raffle
0 < 숫자에 대입한 두 합의 차이 ≤ 5	acejin
5 < 숫자에 대입한 두 합의 차이 ≤ 10	macquin
10 < 숫자에 대입한 두 합의 차이 ≤ 15	phantus
15 < 숫자에 대입한 두 합의 차이	vuritam

58.

```
System is processing requests...
System Code is S.
Run...


Error Found!
Index RWDRIVE of File ACROBAT.


Final Code? _____
```

① raffle   ② acejin
③ macquin   ④ phantus
⑤ vuritam

59.

```
System is processing requests...
System Code is S.
Run...


Error Found!
Index STEDONAV of File QNTKSRYRHD.


Final Code? _____
```

① raffle   ② acejin
③ macquin   ④ phantus
⑤ vuritam

60. 국제 감각을 끌어올리기 위한 방법을 찾기 위해 고민 중에 있는 L씨에게 조언해 줄 수 있는 적절한 방안으로 보기 어려운 것은 어느 것인가?

① 매일 받아보는 해외 기사들의 단순 번역에 만족하지 말고, 분석과 진행 과정 등도 검토해 본다.
② 관련 분야 해외사이트를 방문하여 최신 이슈를 확인한다.
③ 영어에만 만족하지 말고 일본어, 중국어 등 추가 외국어 공부를 시작해 본다.
④ 노동부, 한국산업인력공단, 산업자원부, 중소기업청, 상공회의소 등 국내의 유용한 사이트들을 방문해 국제동향을 확인한다.
⑤ 주말이나 업무 외의 시간을 이용해 외국인 친구를 사귀고 대화를 자주 나누어 본다.

1. 아래와 같은 실적을 가진 A 기업의 영업이익을 현재 수준에서 10% 증가시키기 위해 매출액을 유지하면서 물류비를 줄이는 방법 또는 매출액을 증가시켜 달성하는 방법 중에서 한 가지를 선택하여 경영전략을 수립하고자 한다. 이를 위해 필요한 물류비 감소비율과 매출액 증가비율은 각각 얼마인가? (단, 두 가지 방법 모두에서 영업이익은 6%로 한다.)

A 기업 매출액	200억 원
A 기업 물류비	매출액의 10%
A 기업 영업이익	매출액의 6%

① 6%, 20% ② 5%, 15%
③ 6%, 6% ④ 5%, 20%
⑤ 6%, 10%

2. 다음은 2019년도 K기업이 지출한 물류비 내역을 나타낸 것이다. 이 중 자가물류비와 위탁물류비는 각각 얼마인지 구하면?

- 노무비 13,000만 원 - 전기료 300만 원
- 지급운임 400만 원 - 이자 250만 원
- 재료비 3,700만 원 - 지불포장비 80만 원
- 수수료 90만 원 - 가스수도료 300만 원
- 세금 90만 원 - 상/하차 용역비 550만 원

① 자가물류비 : 17,000만 원, 위탁물류비 : 1,760만 원
② 자가물류비 : 17,300만 원, 위탁물류비 : 1,460만 원
③ 자가물류비 : 17,640만 원, 위탁물류비 : 1,120만 원
④ 자가물류비 : 17,730만 원, 위탁물류비 : 1,030만 원
⑤ 자가물류비 : 17,550만 원, 위탁물류비 : 1,210만 원

3. 물류센터를 운영하고 있는 A사는 2019년 다음과 같은 자산을 구입하였다. 이 회사는 감가상각방법으로 정액법을 채택하고 있다. A사가 3년 동안 매년 기록할 감가상각비는 얼마인지 구하면?

자산	취득원가	잔존가치	내용연수
건물	320백만 원	20백만 원	40년
기계장치	110백만 원	10백만 원	10년

① 17.5백만 원/년 ② 18.5백만 원/년
③ 19.5백만 원/년 ④ 20.5백만 원/년
⑤ 21.5백만 원/년

4. 통상적으로 물류란 필요한 양의 물품을 가장 적은 경비를 들여 신속하고 효율적으로 원하는 장소에 때맞춰 보낼 수 있도록 함으로써 가치를 창출하는 경제 활동, 자재 및 제품의 포장, 하역, 수송, 보관, 통신 등 여러 활동을 의미하는데 다음 중 물류와 고객서비스에 대한 내용으로 가장 옳지 않은 것을 고르면?

① 재고수준이 낮아지면 고객서비스가 좋아지므로 서비스 수준의 향상과 추가재고 보유비용의 관계가 적절한지 고려해야 한다.
② 주문을 받아 물품을 인도할 때까지의 시간을 리드타임이라고 한다면 리드타임은 수주, 주문처리, 물품준비, 발송, 인도시간으로 구성된다.
③ 리드타임이 길면 구매자는 그 동안의 수요에 대비하기 위해 보유재고를 늘리게 되므로 구매자의 재고비용이 증가한다.
④ 효율적 물류관리를 위해 비용의 상충 관계를 분석하고 최상의 물류서비스를 선택할 수 있어야 한다.
⑤ 동등수준의 서비스를 제공할 수 있는 대안이 여럿 있을 때 그 중 비용이 최저인 것을 선택하는 것이 물류관리의 과제 중 하나이다.

5. 아래 기사를 읽고 문맥 상 ㉠에 들어갈 수 있는 내용에 대한 설명으로 적절한 것을 고르면?

"8분 뒤 도착하니까 짜파구리 해주세요. 우리 다송이가 제일 좋아하는 거니까. 냉장고에 한우 채끝 살 있을 텐데 그것도 좀 넣고."
영화 '기생충'에서 연교는 폭우 때문에 캠핑을 중단하며 집으로 가는 길에 가정부 충숙에게 전화해 이같이 지시한다. 짜파구리는 농심의 면제품인 짜파게티와 너구리를 조합해 만든 음식으로 2009년 무렵 인터넷에서 네티즌이 조리법을 소개하며 화제가 됐다. 기생충에 등장하는 짜파구리는 라면이 이 정도로 호화스러울 수 있다는 것을 보여주며 빈부 격차를 실감나게 보여준다. 이 때문에 영화를 본 사람들의 기억 속에 남는 것 중 하나도 '기생충식 짜파구리'다. 기생충이 아카데미상 4관왕에 오르자 짜파게티와 너구리를 만드는 농심은 두 제품의 판매가 늘어날 것으로 기대하고 있다. 짜파구리에 대한 관심은 영화가 상영되는 해외에서 커지고 있다.
미국 해외 요리사이트와 소셜미디어(SNS)에서는 기생충식 짜파구리 만드는 방법이 여럿 올라왔다. 미국의 요리 평론잡지 '차우하운드' 편집장 하나 애스브링크는 온라인 사이트에 영화 속 짜파구리를 소개하며, 만드는 과정을 공개했다. 외국인 시청자가 많은 유튜브 채널 망치(Maangchi)도 지난달 30일 '기생충에 나오는 쇠고기 짜파구리(ramdong·람동)'라는 영상을 통해 조리법을 소개했다. 해당 영상 조회 수는 66만에 달한다. '람동(ramdon·ramen+udon)'은 기생충 영어자막에

등장한 짜파구리에 대한 번역이다. 미국 등 다른 나라에선 짜파게티와 너구리를 잘 모르다 보니 라면과 우동을 합친 것이다.

　기생충의 아카데미상 수상 축하에도 짜파구리는 빠지지 않고 있다. 해리 해리스 주한 미국대사는 기생충이 10일 각본상을 받자 트위터에 "한국 영화 최초 아카데미 각본상을 수상한 봉준호 감독에게 축하를 전하고 더 많은 수상을 기대한다"며 "대사관 동료들과 함께 '짜파구리'를 먹으며 오스카 시상식을 관전하고 있다"고 했다.

　농심은 기생충 영화에 (㉠)을/를 하지 않았다. 하지만 영화 개봉 후 짜파구리가 주목받으면서 짜파게티와 너구리 판매가 늘고 있다. 기생충의 국내 개봉일은 지난해 5월 30일이었다. 식품산업통계정보에 따르면 지난해 2분기 기준 짜파게티 매출액은 451억 2800만 원으로 라면 매출 3위를, 너구리는 209억 2000만 원으로 매출 8위를 기록했다. 하지만 지난해 3분기 짜파게티 매출은 477억 9800만원, 너구리는 230억 2500만 원으로 한 분기 만에 매출이 각각 20억 원 늘었다.

　농심 관계자는 "기생충 측에서 영화를 제작하는 단계에서 '짜파구리'라는 표현을 영화에 써도 되냐는 문의를 해 줬다고 했다"며 영화 흥행으로 주목을 받게 되어 감사하다"고 했다.

① 환경적 역기능을 최소화하면서 소비자가 만족할 만한 수준의 성능과 가격으로 제품을 개발하여 환경적으로 우수한 제품 및 기업 이미지를 창출함으로써 기업의 이익 실현에 기여하는 방식이다.

② 게릴라 작전처럼 기습적으로 행해지며 교묘히 규제를 피해가는 기법을 말하고 있다.

③ 자신들의 상품을 각종 구설수에 휘말리도록 함으로써 소비자들의 이목을 집중시켜 자사의 판매를 늘리려는 기법을 말한다.

④ 특정 상품을 방송 매체 속에 의도적이고 자연스럽게 노출시켜 광고 효과를 노리는 방식이다.

⑤ 기업들이 자사의 상품을 많이 판매하기보다는 오히려 고객들의 구매를 의도적으로 줄임으로써 적절한 수요를 창출하고, 장기적으로는 수익의 극대화를 꾀하는 방식이다.

6. (주) 대박 소매업체는 전국에 200여 개의 점포에서 (주) 쪽박 공급업체의 상품을 판매하고 있는데, 이 상품이 잘 팔리지 않아 진열대에서 제거할지 말지 고민하고 있다. 그리고 (주) 쪽박 공급업체와 경쟁관계에 있는 (주) 옹박 공급업체가 (주) 대박 소매업체의 점포에 상품공급을 원하는 상황이다. 이런 경우, (주) 대박 소매업체가 (주) 옹박 공급업체의 입점욕구를 수용하는 동시에 잘 팔리지 않은 (주) 쪽박 공급업체의 상품을 (주) 옹박 공급업체를 통해서 일시에 해결할 수 있는 방법은 무엇인지 고르면?

① 입점비(Slotting Allowances)
② 역청구(Chargebacks)
③ 거래거절(Refusals To Deal)
④ 역매입(Buybacks)
⑤ 구속적 계약(Tying Contracts)

7. 아래의 내용을 읽고 괄호 안에 들어갈 용어를 순서대로 올바르게 나열한 것을 고르면?

(㉠) 특정한 목적을 달성하기 위해서 희생되거나 포기된 자원이다.
(㉡) 주어진 원가대상과 관련된 원가로서 그 원가 대상에 추적 가능한 원가이다.
(㉢) 주어진 원가대상과 관련된 원가이지만 그 원가 대상에 추적할 수 없는 원가이다. 그리하여 원가배부과정을 통해 원가 집적대상에 귀속된다.
(㉣) 활동이나 조업도의 총 수준과 관련해서 원가 총액이 비례적으로 변동하는 원가이다.

① ㉠ : 원가, ㉡ : 간접원가, ㉢ : 직접원가, ㉣ : 변동원가
② ㉠ : 원가, ㉡ : 직접원가, ㉢ : 간접원가, ㉣ : 변동원가
③ ㉠ : 원가, ㉡ : 고정원가, ㉢ : 간접원가, ㉣ : 직접원가
④ ㉠ : 가격, ㉡ : 고정원가, ㉢ : 비추적원가, ㉣ : 비례원가
⑤ ㉠ : 가격, ㉡ : 추정원가, ㉢ : 비추적원가, ㉣ : 비례원가

8. 예를 들어 A와 B라는 두 쇼핑센터가 있다고 가정하고 각 쇼핑센터에 대한 정보는 다음 상자 안의 내용과 같을 때, 잠재매출이 더 큰 쇼핑센터와 그 쇼핑센터의 잠재매출액으로 올바르게 나열된 것을 고르면?

정보 (A, B 장소에 대한 평가)	A	B
5분 내의 거리에 거주하는 인구	12,000명	15,000명
상권 내 가계 중 15세 이하 어린이 비율	70%	20%
쇼핑센터의 면적	25,000	20,000
거리에서 볼 수 있는지의 여부	볼 수 있음	보이지 않음
센터 내 대형할인매장의 존재여부	없음	있음

> **세부영향 내용**
> – 15분 이내의 거리에 거주하는 주민이 많으면 많을수록 좋으며 1인당 200원의 가치가 있다.
> – 가계 내 15세 이하의 어린이 비율이 높을수록 매출이 증가하며 10%당 10만 원의 가치가 있다.
> – 쇼핑센터의 면적이 넓을수록 면적 당 10원의 가치가 있다.
> – 거리에서 보이는 경우 월 20만 원의 매출증가가 가능하다고 본다.
> – 쇼핑센터 내 대형할인매장이 있으면 월 30만 원의 매출 증가가 가능하다.

① A 쇼핑센터, 355만 원
② A 쇼핑센터, 985만 원
③ B 쇼핑센터, 370만 원
④ B 쇼핑센터, 550만 원
⑤ 동일한 잠재매출액이 계산된다. A, B 모두 동일하다.

9. 일반적으로 제조업체 입장에서 볼 때, 소매상과 직접 거래하는 것보다는 도매상을 거치는 것이 교환과정에 있어 필요한 거래 수의 감소를 가져온다. 만일 제조업체가 3곳, 도매상이 2곳, 소매상이 6곳일 경우 총 거래의 수는 몇 개인지 구하면?

① 7개의 거래
② 12개의 거래
③ 14개의 거래
④ 18개의 거래
⑤ 20개의 거래

10. 아래 보기에 제시된 실험을 통해 알 수 없는 내용을 고르면?

> 1920년대 미국 일리노이주 서부 전기회사의 호손공장(Hawthorne plant)에서 생산성에 영향을 미치는 요소들이 무엇인지 실험을 했다. 당시 기업은 생산성을 향상시키기 위해 적정 노동시간을 정하거나 작업장의 조명을 밝게 하는 등 작업환경 개선에 주력했다. 하지만 연구팀이 조명을 밝게 했다가 원래의 수준으로 낮추는 등의 요인은 생산량에 차이를 만들어내지 못했다. 그래서 연구팀은 실험 지원자를 선발해 다른 작업실에 격리했다. 이들에게는 휴식이 생산성에 미치는 영향을 파악하기 위해 작업규칙을 느슨하게 해 주었고, 세심하게 특별 관리도 해 주었다. 그러자 생산성이 30% 증가했다. 그러나 휴식시간이 없던 기존의 작업일정으로 회귀했을 때도 휴식의 길이와 상관없이 생산량이 최고에 달했다. 연구팀은 이 실험에서 '누군가 관심을 가지고 지켜보면 사람들은 더 분발한다. 자신이 특별한 팀원의 일부라는 믿음과 생산 활동의 주체로 인식될 때 태도가 변하고 능률향상에 의욕을 갖는다'는 결론을 얻게 된다.

① 이 실험을 통해 생산성을 향상을 위해서는 종업원 간의 원만한 인간관계가 필요하다고 인식되었다.
② 1924년부터 1932년까지 약 10년에 걸친 장기간의 실험이었다.
③ 생산성 향상에 영향을 미치는 것은 작업환경과 같은 물리적인 요인이 아니라 노동자의 감정이나 집단의 분위기, 태도 등이라는 것을 알 수 있다.
④ 종업원의 사회적·심리적인 조건과 비공식적인 조직의 힘이 생산성 향상에 크게 이바지하게 됨을 알 수 있다.
⑤ 비공식 조직은 때때로 공식조직에 영향을 미치기도 한다.

11. 다음 대화의 질문형태를 보고 관련한 내용으로 가장 바르지 않은 것은 무엇인가?

> 연철 : 우리 오늘 바람 쐬러 어디로 갈까?
> 형일 : 글쎄?
> 연철 : 기차타고 바다 보러 갈까?
> 형일 : 난 움직이기 싫어, 귀찮아.
> 연철 : 그럼 운동할 겸 산에 갈까? 이 중에서 네가 선택해 봐
> 형일 : 글쎄, 난 다 싫은데...

① 이분형의 질문과 선다형의 질문이 있다.
② 응답이 용이하고 분석이 쉽다.
③ 응답자에게 충분한 자기표현의 기회를 제공해 사실적이면서 현장감 있는 응답의 취득이 가능하다.
④ 응답자들의 생각을 모두 반영한다고 할 수 없다.
⑤ 선다형 질문의 경우에는 의미차별화 척도, 리커트 척도, 스타펠 척도 등이 널리 활용된다.

12. 일반적으로 CRM은 기업이 고객과 관련된 내외부 자료를 분석·통합해 고객 중심 자원을 극대화하고 이를 토대로 고객특성에 맞게 마케팅 활동을 계획·지원·평가하는 과정을 의미하는데, 다음 중 이러한 CRM과 관련한 내용 중 가장 바르지 않은 것을 고르면?

① 점점 더 다양해지는 고객의 니즈에 유연하게 대처함으로써 수익의 극대화를 추구하는 것이라 할 수 있다.

② 기존 고객을 유지하기 위한 대표적인 전략으로써 고객활성화전략, 애호도제고전략, 교차판매전략 등이 있다.

③ 소비자들의 행동패턴, 소비패턴 등을 통해서 그들의 니즈를 알아내야 하는 내용들이 많으므로 고도의 정보 분석기술을 필요로 한다.

④ 지속적인 피드백을 통해 고객의 니즈 및 개별특성의 파악과 더불어서 그에 맞는 상품, 서비스의 개발, 판매촉진활동을 말한다.

⑤ 신규고객의 확보를 위한 전략은 CRM의 대상이라고 할 수 없다.

13. 다음의 내용을 읽고 RFM 분석기법에 대해 추론 가능한 내용으로 가장 거리가 먼 것을 고르면?

> 유통업계 마케팅에서 VIP 고객을 일컬을 때마다 등장하는 법칙이 있다. 상위 20%만 확보하면 전체의 80%를 잡는 효과를 나타낼 수 있다고 해석되는 '파레토 법칙'(Pareto's law). 이 법칙에 의해서 백화점의 귀족마케팅이 이루어진다. 백화점의 VIP는 충분한 경제력을 갖춘 30~50대 중산층 이상의 고객. 그만큼 경기에 덜 민감하고, 일정액 이상 매출을 보장한다. 최근 지역 백화점들이 VIP 마케팅을 강화하고 있다. 심지어 'VIP 중의 VIP'를 따로 선정해 특별 관리할 만큼 정성을 쏟아 붓고 있다. 지역 백화점들은 VIP를 정할 때 'RFM 분석기법'을 적용한다. 'R'(Recency : 최근성)은 얼마나 최근에, 'F'(Frequency : 빈도)는 얼마나 자주 왔으며, 'M'(Monetary : 금액)은 얼마나 많은 돈을 썼느냐는 뜻이다. 대구백화점은 자사카드 및 멤버십카드 고객을 대상으로 'RFM' 분석을 통해 6개월마다 약 1천명의 상위 고객을 '애플클럽' 회원으로 관리한다. 대백카드 매출액을 기준으로 상위 1%의 애플고객이 전체 카드매출 중 무려 13%를 차지하며, 상위 20%가 매출의 70%를 책임진다.

① R은 구매의 최근성을 의미하는 것으로 최초 가입일에서 현재까지의 제품 또는 서비스 사용기간을 표현한다.

② F는 구매의 빈도로써 일정기간 동안 어느 정도의 구매가 발생하였는지를 분석하는데, 구매의 횟수가 늘어날수록 고객 로열티가 높아진다.

③ M은 최초 가입일로부터 현재까지 구매한 평균금액의 크기를 분석하는데, 평균구매금액이 많을수록 고객의 로열티는 낮아진다.

④ RFM 분석은 단기간 내 고객을 분류하고 이에 대응한 맞춤형 전략을 펼치는데 있어 많은 이해력을 제공하는 방법론이라 할 수 있다.

⑤ RFM 분석은 고객의 가치를 판단하고, 이들에 대한 마케팅 효율을 높이며, 추후 이들로부터 얻을 수 있는 수익을 극대화하도록 해 주는 중요한 요소이다.

14. 다음 중 경로 커버리지의 한 형태인 집약적 유통에 관한 사항으로 가장 거리가 먼 것은 무엇인가?

① 시장의 범위를 확대시키는 전략이라고 할 수 있다.

② 이러한 유통형태에 대해 소비자들은 제품을 구매함에 있어 특별히 많은 노력을 기울이지 않는다.

③ 주로 편의품이 이에 속한다고 할 수 있다.

④ 중간상 통제가 상당히 용이하다.

⑤ 편의성이 증가되는 경향이 강하다.

15. 아래 박스에 나타난 내용을 읽고 괄호 안에 들어갈 경영기법으로 옳은 것을 고르면?

> 기업 경영에서 시간이 경쟁 우위의 원천으로 주목받기 시작한 것은 1980년대 중반부터였다. 당시 보스턴 컨설팅 그룹(BCG)의 부사장이었던 '조지 스톨크(Geroge Stalk)'는 제2차 세계대전 이후 글로벌 시장에서 급성장한 일본 기업의 새로운 경쟁 우위를 설명하면서 (   )이라는 개념을 제안했다. 일본 기업들은 낮은 임금과 규모의 경제, 품질 등을 기반으로 한 경쟁에서 더 나아가 적시 생산 시스템(JIT ; Just In Time)과 빠른 신제품 출시, 사이클 타임(Cycle Time)단축 등으로 경쟁사보다 한 발 앞서 시장을 장악할 수 있었다.

① 시간기준경쟁(Time-Based Competition)

② 칼스(Commerce At Light Speed)

③ 지식경영(Knowledge Management)

④ 차별화전략(Differentiation Strategy)

⑤ 전략정보시스템(Strategic Information System)

16. 아래 그림은 수직적 마케팅 시스템 구조를 나타내고 있다. 이를 참조하여 바르지 않은 항목을 고르면?

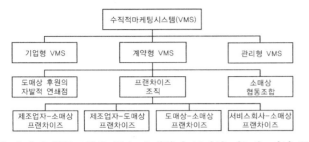

① 소매점 협동조합은 중소 소매상이 도매의 기능을 지닌 공동소유의 조직체를 결성해 이를 공용으로 운영하는 경로조직이다.

② 계약형 VMS는 조직 상호 간 일종의 계약을 통해 서로 합의함으로써 공식적인 경로관계를 형성하는 경로조직이다.

③ 기업형 VMS는 하나의 경로구성원이 타 경로구성원을 법적으로 소유하며 관리하는 경로유형이다.

④ 관리형 VMS는 낮은 수준의 조직상호 간의 경영이 공식적인 협조 하에 수행된다.

⑤ 도매상 후원 자발적 연쇄점은 서로 독립된 소매상이 대규모의 체인조직과 경쟁하는 것을 도와주기 위해 도매상들이 임의적으로 체인을 조직한 것을 말한다.

17. 다음의 기사와 관련성이 가장 높은 것을 고르면?

지난 2월초 소주 업계에서는 두산주류 BG의 '처음처럼'과 진로의 '참이슬'에서 20도 소주를 출시하면서 두 회사 간 치열한 경쟁이 벌어지고 있다. 특히 이 소주 회사들은 화장품을 증정하는 프로모션을 함께 벌이면서 고객 끌어들이기에 안간힘을 쓰고 있다.
처음처럼은 지난 4월부터 5월까지 서울, 경기, 강원 지역 중에 대학가와 20대가 많이 모이는 유흥상권에서 화장품을 이용한 판촉행사를 진행하고 있다. '처음처럼'을 마시는 고객에게 게임을 통해 마스크 팩과 핸드크림을 나눠주고 있다. 또한 참이슬에서도 서울 경기 지역에서 폼 클렌징을 증정하고 있다. 이 소주 회사들의 주요 목표 층은 20대와 30대 남성들로 멋내기에도 관심 있는 계층이어서 화장품에 대한 만족도도 매우 높은 것으로 알려지고 있다. 처음처럼 판촉팀 관계자는 수십 개 판촉팀을 나눠 진행하는데 마스크 팩이나 핸드크림을 증정 받은 남성들의 반응이 좋아 앞으로 화장품 프로모션은 계속될 것이라고 말했다. 이 관계자는 또 "화장품이 소주의 판촉물로 선호되는 것은 무엇보다도 화장품이라는 아이템이 깨끗하고, 순수한 느낌을 주고 있어 가장 적합한 제품"이라고 덧붙였다. 특히 폼 클렌징을 증정 받아 사용해 본 고객들은 사용 후 폼 클렌징을 직접 구매하고 있어 판매로 이어지면서 화장품 업계에서도

적극 권유하고 있다. 업계 관계자는 "화장품과 식품음료업체 간의 이러한 마케팅은 상대적으로 적은 비용으로 브랜드 인지도와 매출을 동시에 높일 수 있는 효과를 거둘 수 있다"며 "비슷한 소비층을 목표로 한 업종 간의 마케팅이 더욱 활발하게 전개될 것"이라고 전망했다.

① 제품의 수요 또는 공급을 선택적으로 조절해 장기적인 측면에서 자사의 이미지 제고와 수익의 극대화를 꾀하는 마케팅 활동이다.

② 시장의 경쟁체제는 치열해지고 이러한 레드 오션 안에서 틈새를 찾아 수익을 창출하는 마케팅 활동이다.

③ 유통 경로 수준에 있는 기업들이 자본, 생산, 마케팅 기능 등을 결합해 각 기업의 경쟁 우위를 공유하려는 마케팅 활동이다.

④ 이메일이나 또는 다른 전파 가능한 매체를 통해서 자발적으로 어떤 기업이나 기업의 제품을 홍보할 수 있도록 제작하여 널리 퍼지게 하는 마케팅 활동이다.

⑤ 자사의 상품을 여러 구설수에 휘말리도록 함으로써 소비자들의 이목을 집중시켜 판매를 늘리려는 마케팅 활동이다.

18. 일반적으로 가격은 기업 수익에 공헌한다는 점에서는 마케팅 비용을 발생시키는 타 마케팅 요소들과는 달리 차별적인 특징을 가지고 있다. 이러한 관점에서 볼 때, 기업에게는 가격이란 수익과 이익의 원천이지만, 다른 면에서 볼 때는 소비자가 지불해야 하는 구입의 대가이므로 촉진의 한 수단이면서 경쟁도구로서의 역할을 수행하게 되는데 다음 우진이와 원모의 대화를 통해 알 수 있는 가격결정 방법은 무엇인가?

우진 : 면도기에 비해 면도날은 상당히 비싸다.
원모 : 나 또한 프린터에 비해서 잉크는 상당히 비싸다고 생각해
우진 : 하지만, 우리는 면도기랑 프린터가 있으니까 계속적으로 동일한 제품을 구입할 수밖에 없잖아!

① Value-Added Pricing

② Captive Pricing

③ Lowest Acceptable Price

④ Two Party Price Policy

⑤ Good-Value Pricing

19. 아래의 내용을 읽고 괄호 안에 들어갈 말을 순서대로 바르게 나열한 것을 고르면?

> 통상적으로 (㉠)은 슈퍼마켓이나 할인점에 가면 1,980원 짜리 라면 묶음, 980원짜리 노트, 9,900원짜리 생활용품 등의 가격표가 많다. 상품에 1천 원, 2천원 , 1만 원 대신 980원, 1,980원, 9,900원과 같이 단수가 붙은 가격을 사용하는 것은 소비자로 하여금 소비자가 지니고 있는 9나 8이라는 숫자에 대해 '최대한 인하된 가격'이라는 이미지를 극대화시키는데 목적이 있다.
> (㉡) 보통 껌이나 캔 음료와 같은 경우는 오랜 시간동안 동일한 가격이 유지되어 소비자로 하여금 당연하게 받아들이는 가격이 형성되어 있다. 이렇게 형성되어버린 상품은 그보다 가격을 낮게 붙여도 그다지 매출이 신장되지 않는다. 반대로 가격을 높이면 매출이 심하게 떨어지기 때문이다.
> (㉢)은 소비자의 소득 수준이 변하게 되면 소비자는 기존보다 더 나은 질의 상품을 찾게 된다. 이 때 가격은 소비자가 상품의 품질을 판단하는 기준의 하나가 되는데 품질이 좋은 상품이나 사회적인 신분이 있는 소비자에게 호소하기 위해 일부러 가격을 비싸게 설정하는 것이다.

① ㉠ Prestige Pricing, ㉡ Zone Pricing, ㉢ Odd Pricing

② ㉠ Customary Pricing, ㉡ Odd Pricing, ㉢ Zone Pricing

③ ㉠ Customary Pricing, ㉡ Zone Pricing, ㉢ Reference Pricing

④ ㉠ Odd Pricing, ㉡ Customary Pricing, ㉢ Prestige Pricing

⑤ ㉠ Odd Pricing, ㉡ Reference Pricing, ㉢ Zone Pricing

20. 아래 기사를 읽고 밑줄 친 내용으로 미루어 보아 추론 가능한 사실이 아닌 것을 고르면?

> [단독] '독성 실험비' 3억 아낀 옥시, 광고 선전에는 140억 펑펑
> 초유의 '가습기 살균제 사망 사건'에서 최대 가해 업체인 옥시 레킷벤키저(이하 옥시, 현 RB코리아)가 문제의 상품 개발 당시 140억 원이 넘는 광고 · 선전비용을 지출했던 것으로 드러났다. 이와 대조적으로 수억 원이 소요되는 흡입독성실험은 고의적으로 실시하지 않아 재차 모럴해저드 논란과 함께 법적 · 윤리적 책임을 피하기 어렵게 됐다.
> 12일 헤럴드경제가 금융감독원 공시 자료를 분석한 결과, 인명피해의 직접적 원인으로 지목된 '옥시 싹싹 뉴 가습기 당번' 상품이 개발 · 출시된 지난 1999년과 2000년 옥시의 광고 선전비용은 각각 108억 원과 142억 원에 달했다.
> 이후에도 옥시는 매년 100억 원이 넘는 돈을 광고비로 사용한 것으로 조사됐다. 2010년의 경우 광고비가 250억 원을 넘기도 했지만 2011년 주식회사 법인을 유한회사로 변경한 다음부터는 따로 공시를 하지 않았다. 1999년과 2000년 들어간 접대비 역시 총 4억 원에 육박하기도 했다.

① 신문광고, TV와 라디오 광고, 온라인 광고 등이 있다.

② 내용 등에 대한 통제가 불가능하다.

③ 비인적 매체를 활용한 촉진방식이다.

④ 사용 매체에 따른 비용을 지불한다.

⑤ 상대적으로 신뢰도가 낮다는 결과를 초래할 수 있다.

21. 아래 기사는 기자와 A 국회의원과의 일문일답 중 한 부분을 발췌한 것이다. 이를 읽고 밑줄 친 부분에 대한 설명으로 가장 적절한 것을 고르면?

> 기자 : 역대 대통령들은 지역 기반이 확고했습니다. A 의원님처럼 수도권이 기반이고, 지역 색이 옅은 정치인은 대권에 도전하기 쉽지 않다는 지적이 있습니다. 이에 대해 어떻게 생각 하시는지요
> A 의원 : 여러 가지 면에서 수도권 후보는 새로운 시대정신에 부합한다고 생각합니다."
> 기자 : 통일은 언제쯤 가능하다고 보십니까. 남북이 대치한 상황에서 남북 간 관계는 어떻게 운용해야 한다고 생각하십니까?
> A 의원 : "누가 알겠습니까? 통일이 언제 갑자기 올지…. 다만 언제가 될지 모르는 통일에 대한 준비와 함께, 통일을 앞당기려는 노력이 필요하다고 생각합니다.
> 기자 : 최근 읽으신 책 가운데 인상적인 책이 있다면 두 권만 꼽아주십시오.
> A 의원 : "댄 세노르, 사울 싱어의 '창업국가'와 최재천 교수의 '손잡지 않고 살아남은 생명은 없다'입니다.
> 이 책에는 정부 관료와 기업인들은 물론 혁신적인 리더십이 필요한 사람들이 참고할만한 내용들이 풍부하게 담겨져 있습니다. 특히 인텔 이스라엘 설립자 도브 프로먼의 '리더의 목적은 저항을 극대화 시키는 일이다. 그래야 의견차이나 반대를 자연스럽게 드러낼 수 있기 때문이다'라는 말에서, 서로의 의견 차이를 존중하면서도 끊임없는 토론을 자극하는 이스라엘 문화의 특징이 인상 깊었습니다. 뒤집어 생각해보면, 다양한 사람들의 반대 의견까지 청취하고 받아들이는 리더의 자세가, 제가 중요하게 여기는 '경청의 리더십, 서번트 리더십'과도 연결되지 않나 싶습니다.
> (후략)

① 탁월한 리더가 되기 위해서는 차가운 지성만이 아닌 뜨거운 가슴도 함께 가지고 있어야 한다.

② 리더 자신의 특성에서 나오는 힘과 부하들이 리더와 동일시하려는 심리적 과정을 통해서 영향력을 행사하며, 부하들에게 미래에 대한 비전을 제시하거나 공감할 수 있는 가치체계를 구축하여 리더십을 발휘하게 하는 것이다.

③ 리더가 직원을 보상 및 처벌 등으로 촉진시키는 것이다.

④ 자신에게 실행하는 리더십을 말하는 것으로 자신이 스스로에게 영향을 미치는 지속적인 과정이다.

⑤ 기업 조직에 적용했을 경우 기업에서는 팀원들이 목표달성뿐만이 아닌 업무와 관련하여 개인이 서로 성장할 수 있도록 지원하고 배려하는 것이라고 할 수 있다.

22. 아래 대화내용을 읽고 이와 관련해 조사자의 질문형식에 대한 설명으로 바르지 않은 것을 고르면?

> 사례 – 강남역 살인사건
>
> 조사자 : 이번 강남역 살인사건과 관련해 공공안전성의 관심이 높아지고 있는데 이에 대한 당신의 의견을 자유롭게 말씀해주세요
>
> 시민 1 : 공중화장실 시설의 전반적인 개선이 이루어져야 한다고 봅니다. 이에 대한 관련 법령의 개정도 필요하다고 생각합니다.
>
> 시민 2 : 근본적으로 안전사회로 가기 위한 노력이 필요하다고 생각합니다. 그 이유로는 여성 등 안전에 취약한 사람들이 위험한 상황에 처하지 않게 주차시설에 CCTV를 설치하는 등의 노력이 있어야 할 것입니다.
>
> 시민 3 : 지속적인 관심으로 사회전반적인 구조적 모순을 잡아가야 한다고 생각합니다. 왜냐하면 사건이 터지면 그때 그때마다 반짝하는 방식의 관심만 집중되는 것 같아서 그렇습니다.

① 주관식 형태의 질문에 해당한다.

② 너무나 많고 다양한 응답이 나올 수 있으므로 혼란을 초래할 수 있다.

③ 다양하고 광범위한 응답을 얻을 수 있다.

④ 이러한 방식으로 수집한 자료는 일반화시켜 코딩하기가 상당히 용이하다는 이점이 있다.

⑤ 조사자가 실제 기대하지 않았던 창의적인 응답을 얻어 조사에 도움이 될 수 있다.

23. 다음의 내용이 설명하는 것으로 올바른 것을 고르면?

> 이것은 기업의 조직에서 관리자가 권력을 지니는 것은 그가 많은 잠재적 보상능력(호의적인 인사고과, 인정, 급여인상, 승진, 호의적인 업무할당 및 책임부여, 격려 등)을 지니고 있기 때문이다. 하지만 호의적인 업무나 또는 조직 내 중요한 책임할당의 경우에 수임자가 이러한 무거운 책임감을 부담스러워 하든가 불안해한다면 그것은 보상이라고 볼 수 없다.

① 강압적 권력

② 전문적 권력

③ 준거적 권력

④ 합법적 권력

⑤ 보상적 권력

24. 아래 그림은 최초의 표준화 된 포트폴리오 모형인 BCG 매트릭스이다. BCG 매트릭스는 각 SBU의 수익과 현금흐름이 실질적으로 판매량과 밀접한 관계에 있다는 가정 하에 작성된 모형인데, 다음 중 아래 그림에 관한 설명으로 바르지 않은 것을 고르면?

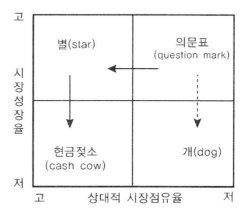

① 별의 경우에는 자금의 투자를 필요로 하며, 동시에 경쟁우위가 있어 많은 수익을 발생시키는 사업부이다.

② 젖소의 경우 시장리더로서 안정적인 지위를 확보하고 있어 많은 이익을 발생시키는 형태이다.

③ 의문표의 경우 대단히 매력적이지만 상대적으로 시장점유율이 낮기 때문에 오히려 시장성장에 따른 잠재적 이익이 실현될 수 있는 사업부이다.

④ 개의 경우 이익 창출도 어렵고 미래에 개선가능성도 희박하므로 해당사업을 축소 또는 철수하는 전략을 택할 수 있다.

⑤ 위 매트릭스는 시장성장률과 상대적인 시장점유율이 기업의 현금흐름과 깊은 관계가 있다고 가정하고 있다.

25. 다음 중 프로젝트 조직에 관한 내용으로 가장 옳지 않은 것은?

① 기업 조직 내의 특정 사업 목표를 달성하기 위해 임시적으로 인적 및 물적 자원 등을 결합하는 조직 형태이다.

② 해산을 전제로 해서 임시로 편성된 일시적인 조직이다.

③ 혁신적이면서 비일상적인 과제를 해결을 위해 형성되는 정태적인 조직이다

④ 개발 요원의 활용에 있어 비효율성이 증가할 수 있다.

⑤ 프로젝트 자체가 시간적인 유한성의 성격을 지니고 있으므로 프로젝트 조직도 임시적이면서 잠정적이다.

26. 제4자 물류에 관한 설명으로 가장 옳지 않은 것은?

① 앤더슨 컨설팅에 따르면 4PL은 "하주기업에게 포괄적인 공급사슬 솔루션을 제공하기 위해, 물류서비스 제공기업이 자사의 부족한 부문을 보완할 수 있는 타사의 경영자원, 능력 및 기술과 연계하여 보다 완전한 공급사슬 솔루션을 제공하는 공급사슬 통합자"라고 정의한다.

② 4PL은 공급사슬의 모든 활동과 계획 및 관리를 전담한다는 의미를 지니고 있다.

③ 4PL 성공의 핵심은 고객에게 제공되는 서비스를 극대화하는 것이라 할 수 있다.

④ 4PL은 전체적인 공급사슬에 영향을 주는 능력을 통해 가치를 증식시킨다.

⑤ 4PL은 3PL보다 범위가 좁은 공급사슬 역할을 담당한다.

27. 고객생애가치의 특징에 관한 설명 중 가장 바르지 않은 것은?

① 고객과 기업 간에 존재하는 관계의 전체적인 가치가 아닌 한 시점에서의 가치이다.

② 고객생애가치는 매출액이 아니고 이익을 의미한다.

③ 우량 고객의 효과적 관리를 위해서는 이들이 느끼는 가치에 따라 보상 프로그램을 차별적으로 실시하는 것이 바람직하다.

④ 고객생애가치를 산출함에 있어서 기업은 어떤 고객이 기업에게 이롭고 유리한 고객인가를 파악할 수 있다.

⑤ 고객의 이탈률이 낮을수록 증가하게 된다.

28. 조사방법과 자료수집 방법이 결정되면 조사대상을 어떻게 선정할 것인가 하는 문제에 직면하게 된다. 이 때 표본설계는 전수조사를 할 것인가 표본조사를 할 것인가를 먼저 정해야 하는데, 다음 중 표본설계 시 고려요인에 해당하지 않는 것을 고르면?

① 표본 크기

② 표본 단위

③ 표본추출절차

④ 모집단의 분류

⑤ 자료수집수단

29. 기업 조직의 상하 구성원들이 서로의 참여 과정을 통해 기업 조직 단위와 구성원의 목표를 명확하게 설정하고, 그로 인한 생산 활동을 수행하도록 한 뒤, 업적을 측정 및 평가함으로써 조직 관리에 있어서의 효율화를 기하려는 일종의 포괄적인 조직관리 체계를 의미한다. 또한 이 방식은 종합적인 조직운영 기법으로 활용될 뿐만 아니라, 근무성적평정 수단으로, 더 나아가 예산 운영 및 재정 관리의 수단으로 다양하게 활용되고 있는 방식인데, 이를 무엇이라고 하는가?

① X이론

② 목표에 의한 관리

③ Y이론

④ 자기통제

⑤ 문제해결

30. 다음 중 자료에 관련한 내용들로 가장 거리가 먼 것을 고르면?

① 1차 자료는 어떤 목적을 달성하기 위하여 직접 수집하여 생성한 자료이다.

② 1차 자료는 2차 자료에 비하여 시간, 비용, 인력이 많이 든다.

③ 정보는 개인이나 조직의 의사결정에 이용됨으로써 개인이나 조직의 행동방향을 결정지어 준다.

④ 자료는 관찰이나 또는 측정 등을 통해 수집된 정보를 실제 문제해결에 도움이 될 수 있도록 해석하고 정리한 것이다.

⑤ 2차 자료에는 정부에서 발표하는 각종 통계자료, 이미 발표된 논문, 신문기사, 각종 기관이나 조사회사에서 발표되는 결과 등이 포함된다.

31. 다음 의사결정의 이론 모형 중 기술적 모형에 관한 내용으로 가장 옳지 않은 것은?

① 현실상황에서 실제로 의사결정을 내리는 방식을 설명하는 모형을 말한다.

② 의사결정자는 대안과 그 결과에 대해 완전한 정보를 가질 수 있는 무제한 합리성을 전제로 한다.

③ 이러한 모형에서의 의사결정자는 관리적 인간으로 만족을 추구한다.

④ 제약된 합리성 하에서 의사결정을 내리는 경우에 최적의 의사결정보다는 만족스러운 의사결정을 추구한다.

⑤ 지식의 불완전성, 예측의 곤란성, 가능한 대체안의 제약을 전제하는데 주로 비정형화된 문제해결에 적합하다.

32. 매트릭스형 바코드에 관한 설명으로 가장 옳지 않은 것은?

① 이러한 바코드는 정방형의 동일한 폭의 흑백 요소를 모자이크 식으로 배열하여 데이터를 구성하므로 심볼은 체크무늬의 형태를 띤다.

② 매트릭스 코드에는 QR Code, Maxicode, Code 1, Data Matrix, Vericode, ArrayTag, Dot Code, Softstripe 등이 있다.

③ 매트릭스 바코드에서 심볼을 판독하게 되는 스캐너는 각 정방형의 요소가 검은지 흰지를 식별해 내고 이 흑백 요소를 데이터의 비트로 삼아서 문자를 구성하게 되는데, 이런 구조로 말미암아 다층형 심볼로지나 선형 심볼로지보다 더 어렵게 인쇄나 판독을 할 수 있다.

④ Maxi Code CODE는 1989년 미국의 유수 택배회사인 UPS사에 의해 개발된 매트릭스형 코드이다.

⑤ Maxi Code는 UPS에서 운반 처리하는 소포와 패키지의 분류와 추적관리, 대금청구를 신속하고 정확하게 처리하여 내부의 물류관리 효율을 증대시키고 고객에 대한 서비스를 향상시키기 위해 개발되었다.

33. 아래 그림의 노란색 점선으로 표시된 부분과 같은 형태의 바코드에 관한 설명으로 가장 옳지 않은 것을 고르면?

① 개별적인 물류작업과 물류정보시스템을 유기적으로 결합해야 한다.

② GS1-14는 박스단위의 표준물류 코드이다.

③ 이 코드는 주로 박스의 식별에 사용되는 국제표준 물류바코드이다.

④ 바코드 심볼 자체와 표시되는 상품코드번호를 함께 부를 경우에 사용한다.

⑤ GS1-14는 포장박스를 열지 않고서는 내용물이 무엇인지를 확인할 수 없다.

34. 아래에 제시된 그림은 POS 시스템 형태 중 일부를 나타낸 것이다. 다음 중 이에 관한 설명으로 가장 바르지 않은 항목을 고르면?

① POS 터미널의 도입에 의해 판매원 교육 및 훈련시간이 짧아지고 이로 인한 입력 오류를 방지할 수 없다.

② 전자주문 시스템과 연계하여 신속하고 적절한 구매를 할 수 있다.

③ 단품관리에 의해 잘 팔리는 상품과 잘 팔리지 않는 상품을 즉각적으로 찾아낼 수 있다.

④ 재고의 적정화, 물류관리의 합리화, 판촉 전략의 과학화 등을 가져올 수 있다.

⑤ 점포등록시간이 단축되어 고객대기시간이 줄어들며, 그로 인해 계산대의 수를 줄임으로써 인력 및 비용절감의 효과를 얻을 수 있다.

35. 다음 중 소비자 중심경영(Customer Centered Management)에 관한 사항으로 바르지 않은 것을 고르면?

① 기업이 수행하는 모든 활동을 소비자 관점과 중심으로 재구성하는 경영기법이다.

② 소비자 권익 증진 노력을 통한 소비자 후생 증대에 기여를 한다.

③ 우리나라에서는 지식경제부가 "소비자중심경영 인증제도"를 도입하여 시행 중이다.

④ "소비자중심경영 인증제도"를 도입할 경우 사후적인 분쟁해결 및 시정조치에 필요한 비용 절감의 효과를 기대할 수 있다.

⑤ 기업의 소비자 지향적 경영 문화 확산과 소비자 관련 시스템 구축과 정비를 통한 대내외 경쟁력을 강화하고, 소비자 권익 증진 노력을 통한 소비자 후생 증대에 기여하는 것을 목표로 한다.

36. 다음 중 운송, 보관, 하역 등에 있어 화물유통의 각 단계에서 기계화, 자동화를 촉진하고 일관 수송이 가능하도록 포장의 규격, 구조 또는 컨테이너, 파레트, 지게차, 컨베이어, 파렛타이저 등 각종 물류기기 및 운송수단의 강도, 규격, 재질, 구조 등을 국가적인 효율성 차원에서 규격화, 통일화 하는 것을 무엇이라고 하는가?

① 물류서비스
② 물류표준화
③ 유닛로드시스템
④ 물류공동화
⑤ 리엔지니어링

37. 각 소매점에서 생선, 청과, 정육 등을 포장하면서 일정한 기준에 의해서 라벨러를 활용하거나 또는 컴퓨터를 활용해서 바코드 라벨을 출력, 이러한 라벨을 하나하나 인간이 직접 제품에 부착시키는 것을 인스토어 마킹이라고 한다. 다음 중 인스토어 마킹에 관한 내용으로 부적절한 것을 고르면?

① 라벨을 상품에 붙이는 관계로 라벨이 떨어질 우려가 없고 장기간이 지나도 바코드의 흑색 Bar가 퇴색하지 않으므로 판독 시에 오독의 우려가 없다.

② 이는 인스토어 마킹을 실시하는 해당업체에서만 활용이 가능하다.

③ 정육, 생선, 청과 및 소스마킹이 안 되는 가공식품 및 잡화 등을 대상상품으로 하고 있다.

④ 라벨러 또는 컴퓨터 등에서 발행되기 때문에 바코드의 색상이 백색 바탕에 흑색 bar만을 사용, 포장이미지를 손상시킬 우려가 있다

⑤ 각 소매 점포에서 바코드 라벨을 한장 한장 발행해서 일일이 제품에 부착하기 때문에 부착 작업을 전담할 인원이 필요하다.

38. 일반적으로 채찍효과는 제품에 대한 수요정보가 공급사슬상의 참여 주체를 하나씩 거쳐서 전달될 때마다 계속적으로 왜곡됨을 뜻하는데 다음 중 채찍효과(Bull-whip Effect)에 대한 내용으로 바르지 않은 것을 고르면?

① 공급망에 있어 수요의 작은 변동이 제조업체에 전달될 때 확대되어 제조업자에게는 수요의 변동이 매우 불확실하게 보이게 된다.

② 정보가 왜곡되어 공급 측에 재고가 쌓이게 되며, 이로 인해 고객에 대한 서비스의 수준도 저하되게 된다.

③ 생산계획이 차질을 빚고, 수송의 비효율과 같은 악영향도 발생되며, 배치(Batch)식의 주문으로 인해서 필요 이상의 기간이 소요되는 등의 문제가 발생되어진다.

④ 공급에 대한 정보의 분산화 및 공유가 이루어지도록 해야 한다.

⑤ 공급체인 구성원 간의 전략적인 관계를 강화해야 한다.

39. 아래에서 S 기업이 물류비용 5%를 추가로 절감할 경우, S 기업은 얼마의 매출액을 증가시키는 것과 동일한 효과를 얻게 되는가?

- S 기업 총 매출액 : 100억 원
- 매출액 대비 물류비 비중 : 10%
- 매출액 대비 이익률 : 5%

① 1억 원
② 1억 1천만 원
③ 10억 원
④ 11억 원
⑤ 110억 원

40. 크로스도킹은 물류 센터로 입고되는 상품을 물류 센터에 보관하는 것이 아닌 분류 또는 재포장의 과정을 거쳐 이를 곧바로 다시 배송하는 물류 시스템을 말하는데 다음은 크로스도킹(Cross-Docking)의 전략을 설명한 것이다. 이 중 가장 잘못된 것은 무엇인가?

① 창고나 물류센터에서 수령한 물품을 재고로 보관하는 것이 아니라 입고와 동시에 출고하여 배송하는 물류 시스템을 말한다.

② 크로스도킹 전략을 가장 효율적으로 활용하는 업종은 유통업, 도매 배송업 및 항만터미널 운영업 등이다.

③ 크로스도킹 전략은 유통업체의 결품 감소, 재고수준 감소, 물류센터에서의 회전율 감소 및 상품의 공급 용이성이 증대되는 기대효과가 있다.

④ 크로스도킹 전략을 효율적으로 구현하기 위해서는 사전에 활동원가분석을 실시하는 것이 좋다.

⑤ 크로스도킹 전략에서는 EAN/UCC표준, EDI 등을 통한 정보교환체제가 잘 구축되어 있어야 한다.

41. 다음 사례에서 도출할 수 있는 정부의 경제적 역할로 가장 적절한 것은?

> 겨울철 에너지 가격 상승으로 인해 저소득층이 겨울을 보내는 데 큰 부담을 갖게 되자 갑국 정부는 에너지 바우처 정책을 시행하기로 하였다. 에너지 바우처 정책은 기준 소득 미만의 가구를 대상으로 일정 금액에 해당하는 에너지 이용권을 지급하는 제도이다. 정부 관계자는 다른 나라에서도 저소득층의 에너지 비용 부담 경감에 에너지 바우처 정책이 큰 효과가 있었다고 밝히며, "저소득층의 따뜻한 겨울나기에 도움되길 바란다."라고 말했다.

① 소득 재분배
② 물가 안정 유도
③ 외부 효과 개선
④ 경제 성장 촉진
⑤ 불공정 거래 규제

42. 갑은 A주식회사의 발행주식 중 51%의 지분을 소유하고 있다. 회사에 대한 지배권을 유지하면서 자본을 증가시키는 방법으로 자금을 조달하려고 할 때, 옳지 않은 것은?

① 무의결주식 발행
② 우선주식 발행
③ 상환주식 발행
④ 전환주식 발행
⑤ 전환사채 발행

43. 다음 자료에 대한 옳은 분석만을 모두 고른 것은?

> A 영화관은 판매 수입 증대를 위해 상영관의 좌석을 Ⅰ ~ Ⅲ 구역으로 나누고, 구역별로 관람권의 가격을 다르게 책정하였다.

> 아래의 표는 구역별 관람권의 가격 변화율과 그에 따른 판매 수입 변화율을 나타낸다. 단, 각 구역의 관람권이 매진되는 경우는 없으며, 한 구역의 관람권 가격 변화는 다른 구역의 수요에 영향을 미치지 않는다.

구분	가격 변화율(%)	판매 수입 변화율(%)
Ⅰ 구역	−5	5
Ⅱ 구역	5	0
Ⅲ 구역	10	5

> ㉠ Ⅰ 구역 관람권의 수요는 가격에 대해 탄력적이다.
> ㉡ Ⅱ 구역 관람권의 판매량은 가격 변화 이전과 동일하다.
> ㉢ Ⅱ 구역 관람권의 수요는 Ⅲ 구역 관람권의 수요보다 가격 변화에 민감하다.
> ㉣ 관람권 가격 변화로 인해 A영화관의 관람권 판매 수입은 10% 증가한다.

① ㉠㉡
② ㉠㉢
③ ㉡㉢
④ ㉡㉣
⑤ ㉢㉣

44. 다음은 소정(주)의 글로벌 경영과 관련된 기사이다. ㈎에 해당하는 해외 진출 방식으로 가장 적절한 것은?

> 소정(주)는 최근 베트남 정부로부터 응에안성 꿘랍 지구의 석탄 화력 발전소 건설을 위한 발전 사업권을 공식 인가 받았다고 밝혔다. 이 사업은 _____㈎_____ 방식으로 추진된다. 소정(주)는 꿘랍 석탄 화력 발전소를 건설하고, 여기서 생산한 전력을 베트남 국영 전력청에 판매하는 방식으로 25년 간 운영한 후, 베트남 정부에 발전소를 양도하게 된다.
> – ○○신문, 2020년 5월 11일 자 –

① BOT
② 계약 생산
③ 턴키 계약
④ 국제 프랜차이징
⑤ 국제 경영 관리 계약

45. 다음 중 GDP와 관련하여 발생할 수 없는 현상은?

① 수입품을 가공하여 수출한 규모가 큰 A국은 GDP가 수출보다 작았다.
② 순해외자산을 보유하고 있는 B국은 GNP가 GDP보다 컸다.
③ C국은 D국에 비해 GDP가 컸지만 1인당 GDP는 작았다.
④ 외국과의 교역이 전혀 없는 E국의 투자가 GDP보다 컸다.
⑤ F국의 실질 GDP가 증가했으나 명목 GDP는 감소했다.

46. 다음은 우리나라의 경제 현상을 나타낸 기사이다. 이와 같은 상황을 해결하기 위해 한국은행이 취할 수 있는 통화신용정책으로 적절한 것을 모두 고른 것은? (단, 통화량만 고려한다)

> 통계청에 따르면 5월 소비자 물가가 작년 같은 달보다 2.0% 올랐다고 한다. 이와 더불어 서울을 중심으로 부동산 가격도 오르고 있다. 소비자 물가나 부동산 가격은 국민들이 가장 민감하게 느끼는 부분이기 때문에 국민들에게 가장 절실한 것은 물가 안정이다. 그러므로 물가 안정을 위한 적극적인 정책이 필요하다.

> ㉠ 기준 금리 인상
> ㉡ 지급 준비율 인하
> ㉢ 통화안정증권 발행
> ㉣ 시중 은행에 대한 대출액 증대

① ㉠㉡
② ㉠㉢
③ ㉡㉢
④ ㉡㉣
⑤ ㉢㉣

47. 홍콩에서 해외기업이 발행하는 위안화 표시 채권을 부르는 말은?

① 딤섬본드
② 판다본드
③ 드래곤본드
④ 아리랑본드
⑤ 사무라이본드

48. 세계적인 경제침체에 대응하여 각 국은 정부지출을 증가시키고 있다. 다음 중 정부지출이 총수요에 미치는 효과를 더욱 크게 만들어주는 조건으로 모두 고른 것은?

> ㉠ 정부지출이 증가할 때 이자율이 크게 상승하는 경우
> ㉡ 정부지출이 증가할 때 이자율이 크게 반응하지 않는 경우
> ㉢ 소득이 증가할 때 소비가 크게 반응하여 증가하는 경우
> ㉣ 소득이 증가할 때 소비가 크게 반응하지 않는 경우

① ㉠㉡
② ㉠㉢
③ ㉠㉣
④ ㉡㉢
⑤ ㉡㉣

49. 다음은 한국은행이 통화신용정책을 수립하는 과정이다. ㈎에 들어갈 내용으로 옳은 것은?

> • 기준 금리 인하 배경
>
> | ㈎ |
> | --- |
>
> • 기준 금리 결정
> 금융통화위원회는 기준 금리를 현재 2.75%에서 0.25%내려 연 2.5%로 통화 정책을 운용하기로 의결함
>
> • 향후 기준 금리 정책
> 중·장기적으로 급격한 금리 변동은 가계와 기업의 재무구조 변화에 영향을 미칠 수 있으므로 추후 금리 변동은 시장 상황에 따라 고려하여 결정함

① 화폐 가치가 하락하고 있다.
② 물가 상승 현상이 나타나고 있다.
③ 경기 부양 현상이 나타나고 있다.
④ 국내 기업의 투자 심리가 위축되고 있다.
⑤ 국내 소비가 증가하고 있다.

50. 다음 글에서 강조하는 자산관리의 원칙으로 가장 적절한 것은?

조선 시대에는 조선왕조실록을 보관하는 사고(史庫)가 5곳이나 되었다. 창덕궁의 춘추관을 비롯하여 강화도 정족산, 무주 적상산, 태백산과 오대산에 위치한 사고가 그것이다. 임진왜란과 같은 외침의 경험을 통해서 중요 문서를 안전하게 보관할 필요성을 깨달았기 때문이다. '계란을 한 바구니에 담지 마라.'라는 서양 격언과 같이 자산 관리에서도 이러한 원칙은 준수되어야 한다.

① 생애주기를 고려하여 투자해라
② 여러 자산에 분산해서 투자해라
③ 수입과 지출을 고려하여 투자해라
④ 수익성이 높은 자산에 집중 투자해라
⑤ 단기보다 장기 목표에 맞추어 투자해라

인천국제공항공사

사무분야(경영)

필기시험 모의고사

영 역	직업기초능력평가, 직무수행능력평가(경영학)
문항수	110문항
시 간	125분
비 고	객관식 5지 택일형

제 2 회

SEOWONGAK
(주)서원각

제 2 회 필기시험 모의고사

✏️ **직업기초능력평가(60문항/65분)**

1. 다음 제시된 글의 내용과 일치하는 것을 모두 고른 것은?

유물(遺物)을 등록하기 위해서는 명칭을 붙인다. 이 때 유물의 전반적인 내용을 알 수 있도록 하는 것이 바람직하다. 따라서 명칭에는 그 유물의 재료나 물질, 제작기법, 문양, 형태가 나타난다. 예를 들어 도자기에 청자상감운학문매병(靑瓷象嵌雲鶴文梅瓶)이라는 명칭이 붙여졌다면, '청자'는 재료를, '상감'은 제작기법은, '운학문'은 문양을, '매병'은 그 형태를 각각 나타낸 것이다. 이러한 방식으로 다른 유물에 대해서도 명칭을 붙이게 된다.

유물의 수량은 점(點)으로 계산한다. 작은 화살촉도 한 점이고 커다란 철불(鐵佛)도 한 점으로 처리한다. 유물의 파편이 여럿인 경우에는 일괄(一括)이라 이름 붙여 한 점으로 계산하면 된다. 귀걸이와 같이 쌍(雙)으로 된 것은 한 쌍으로 하고, 하나인 경우에는 한 짝으로 하여 한 점으로 계산한다. 귀걸이 한 쌍은, 먼저 그 유물번호를 적고 그 뒤에 각각 (2-1), (2-2)로 적는다. 뚜껑이 있는 도자기나 토기도 한 점으로 계산하되, 번호를 매길 때는 귀걸이의 예와 같이 하면 된다.

유물을 등록할 때는 그 상태를 잘 기록해 둔다. 보존상태가 완전한 경우도 많지만, 일부가 손상된 유물도 많다. 예를 들어 유물의 어느 부분이 부서지거나 깨졌지만 그 파편이 남아 있는 상태를 파손(破損)이라고 하고, 파편이 없는 경우를 결손(缺損)이라고 표기한다. 그리고 파손된 것을 붙이거나 해서 손질했을 때 이를 수리(修理)라 하고, 결손된 부분을 모조해 원상태로 재현했을 때는 복원(復原)이라는 용어를 사용한다.

㉠ 도자기 뚜껑의 일부가 손상되어 파편이 떨어진 유물의 경우, 뚜껑은 파편과 일괄하여 한 점이지만 도자기 몸체와는 별개이므로 전체가 두 점으로 계산된다.

㉡ 조선시대 방패의 한 귀퉁이가 부서져나가 그 파편을 찾을 수 없다면, 수리가 아닌 복원의 대상이 된다.

㉢ 위 자료에 근거해 볼 때, 청자화훼당초문접시(靑瓷花卉唐草文皿)는 그 명칭에 비추어 청자상감운학문매병과 동일한 재료 및 문양을 사용하였으나, 그 제작기법과 형태에 있어서 서로 다른 것으로 추정된다.

㉣ 박물관이 소장하고 있는 한 쌍의 귀걸이 중 한 짝이 소실되는 경우에도 그 박물관 전체 유물의 수량이 줄어들지는 않을 것이다.

㉤ 일부가 결손된 철불의 파편이 어느 지방에서 발견되어 그 철불을 소장하던 박물관에서 함께 소장하게 된 경우, 그 박물관이 소장하는 전체 유물의 수량은 늘어난다.

① ㉠
② ㉡㉢
③ ㉡㉣
④ ㉠㉢㉤
⑤ ㉡㉣㉤

---

2. 다음 표는 통신사 A, B, C의 스마트폰 소매가격 및 평가점수 자료이다. 이에 대한 〈보기〉의 설명 중 옳은 것만을 모두 고른 것은?

통신사별 스마트폰의 소매가격 및 평가점수

(단위 : 달러, 점)

통신사	스마트폰	소매가격	평가항목					종합품질점수
			화질	내비게이션	멀티미디어	배터리수명	통화성능	
A	a	150	3	3	3	3	1	13
	b	200	2	2	3	1	2	10
	c	200	3	3	3	1	1	11
B	d	180	3	3	3	2	1	12
	e	100	2	3	3	2	1	11
	f	70	2	1	3	2	1	9
C	g	200	3	3	3	2	2	13
	h	50	3	2	3	2	1	11
	i	150	3	2	2	3	2	12

㉠ 소매가격이 200달러인 스마트폰 중 '종합품질점수'가 가장 높은 스마트폰은 c이다.

㉡ 소매가격이 가장 낮은 스마트폰은 '종합품질점수도 가장 낮다.

㉢ 통신사 각각에 대해서 해당 통신사 스마트폰의 '통화성능' 평가점수의 평균을 계산하여 통신사별로 비교하면 C가 가장 높다.

㉣ 평가항목 각각에 대해서 스마트폰 a~i 평가점수의 합을 계산하여 평가항목별로 비교하면 '멀티미디어'가 가장 높다.

① ㉠
② ㉢
③ ㉠㉡
④ ㉡㉣
⑤ ㉢㉣

---

3. (가)~(라)의 유형 구분에 사용되었을 두 가지 기준을 〈보기〉에서 고른 것으로 가장 적절한 것은?

한 범죄학자가 미성년자 대상 성범죄자의 프로파일을 작성하기 위해 성범죄자를 A 기준과 B 기준에 따라 네 유형으로 분류하였다.

A 기준	B 기준	
	(가)	(나)
	(다)	(라)

(가) 유형은 퇴행성 성범죄자로, 평소에는 정상적으로 성인과 성적 교류를 하지만 실직이나 이혼 등과 같은 실패를 경험하는 경우에 어려움을 극복하는 기술이 부족하여 일시적으로 미성년 여자를 대상으로 성매매 등의 성적 접촉을 시도한다. 이들은 흔히 내향적이며 정상적인 결혼생활을 하고 있고 거주지가 일정하다.

(나) 유형은 미성숙 성범죄자로, 피해자의 성별에 대한 선호를 보이지 않는다. 정신적, 심리적 문제를 가진 경우가 많고 주위 사람들로부터 따돌림을 당해서 대부분 홀로 생활한다. 이들의 범행은 주로 성폭행과 성추행의 형태로 나타나는데, 일시적이고 충동적인 면이 있다.

(다) 유형은 고착성 성범죄자로, 선물이나 금전 등으로 미성년자의 환심을 사기 위해 장기간에 걸쳐 노력을 기울인다. 발달 과정의 한 시점에 고착되었기 때문에 10대 후반부터 미성년자를 성적 대상으로 삼는 행동을 보인다. 성인과의 대인관계를 어려워하며, 생활과 행동에서 유아적인 요소를 보이는 경우가 많다.

(라) 유형은 가학성 성범죄자로, 공격적이고 반사회적인 성격을 가진다. 전과를 가진 경우가 많고, 피해자를 해치는 경우가 많으며, 공격적 행동을 통하여 성적 쾌감을 경험한다. 어린 미성년 남자를 반복적으로 범죄 대상으로 선택하는 경우가 많다.

㉠ 미성년자 선호 지속성	㉡ 내향성
㉢ 공격성	㉣ 성별 선호

① ㉠㉡ ② ㉠㉢
③ ㉡㉢ ④ ㉡㉣
⑤ ㉢㉣

4. 다음은 N사 판매관리비의 2분기 집행 내역과 3분기 배정 내역이다. 자료를 참고하여 판매관리비 집행과 배정 내역을 올바르게 파악하지 못한 것은 어느 것인가?

〈판매관리비 집행 및 배정 내역〉

(단위 : 원)

항목	2분기	3분기
판매비와 관리비	236,820,000	226,370,000
직원급여	200,850,000	195,000,000
상여금	6,700,000	5,700,000
보험료	1,850,000	1,850,000
세금과 공과금	1,500,000	1,350,000
수도광열비	750,000	800,000
잡비	1,000,000	1,250,000
사무용품비	230,000	180,000
여비교통비	7,650,000	5,350,000
퇴직급여충당금	15,300,000	13,500,000
통신비	460,000	620,000
광고선전비	530,000	770,000

① 직접비와 간접비를 합산한 3분기의 예산 배정액은 전 분기보다 10% 이내의 범위로 감소하였다.

② 간접비는 전 분기의 5%에 조금 못 미치는 금액만큼 증가하였다.

③ 2분기와 3분기 모두 간접비에서 가장 큰 비중을 차지하는 항목은 보험료이다.

④ 3분기에는 직접비와 간접비가 모두 2분기 집행 내역보다 더 많이 배정되었다.

⑤ 3분기에는 인건비 감소로 인하여 직접비 배정액이 감소하였다.

5. 다음 내용에 해당하는 인터넷 검색 방식을 일컫는 말은 어느 것인가?

> 이 검색 방식은 검색엔진에서 문장 형태의 질의어를 형태소 분석을 거쳐 언제(when), 어디서(where), 누가(who), 무엇을 (what), 왜(why), 어떻게(how), 얼마나(how much)에 해당하는 5W 2H를 읽어내고 분석하여 각 질문에 답이 들어있는 사이트를 연결해 주는 검색엔진이다.

① 자연어 검색 방식
② 주제별 검색 방식
③ 통합형 검색 방식
④ 키워드 검색 방식
⑤ 연산자 검색 방식

6. 다음 중 밑줄 친 ㈎와 ㈏에 대한 설명으로 적절하지 않은 것은 어느 것인가?

> 조직 내에서는 ㈎개인이 단독으로 의사결정을 내리는 경우도 있지만 집단이 의사결정을 하기도 한다. 조직에서 여러 문제가 발생하면 직업인은 의사결정과정에 참여하게 된다. 이때 조직의 의사결정은 ㈏집단적으로 이루어지는 경우가 많으며, 여러 가지 제약요건이 존재하기 때문에 조직의 의사결정에 적합한 과정을 거쳐야 한다. 조직의 의사결정은 개인의 의사결정에 비해 복잡하고 불확실하다. 따라서 대부분 기존의 결정을 조금씩 수정해나가는 방향으로 이루어진다.

① ㈏가 보다 효과적인 결정을 내릴 확률이 높다.
② ㈎는 결정된 사항에 대하여 의사결정에 참여한 사람들이 해결책을 수월하게 수용하지 않을 수도 있다.
③ ㈎는 의사결정을 신속히 내릴 수 있다.
④ ㈏는 다양한 시각과 견해를 가지고 의사결정에 접근할 수 있다.
⑤ ㈎는 특정 구성원에 의해 의사결정이 독점될 가능성이 있다.

7. 다음 글을 읽고 추론할 수 없는 내용은?

> 흑체복사(blackbody radiation)는 모든 전자기파를 반사 없이 흡수하는 성질을 갖는 이상적인 물체인 흑체에서 방출하는 전자기파 복사를 말한다. 20℃의 상온에서 흑체가 검게 보이는 이유는 가시영역을 포함한 모든 전자기파를 반사 없이 흡수하고 또한 가시영역의 전자기파를 방출하지 않기 때문이다. 하지만 흑체가 가열되면 방출하는 전자기파의 특성이 변한다. 가열된 흑체가 방출하는 다양한 파장의 전자기파에는 가시영역의 전자기파도 있기 때문에 흑체는 온도에 따라 다양한 색을 띨 수 있다.
>
> 흑체를 관찰하기 위해 물리학자들은 일정한 온도가 유지 되고 완벽하게 밀봉된 공동(空洞)에 작은 구멍을 뚫어 흑체를 실현했다. 공동이 상온일 경우 공동의 내벽은 전자기파를 방출하는데, 이 전자기파는 공동의 내벽에 부딪혀 일부는 반사되고 일부는 흡수된다. 공동의 내벽에서는 이렇게 전자기파의 방출, 반사, 흡수가 끊임없이 일어나고 그 일부는 공동 구멍으로 방출되지만 가시영역의 전자기파가 없기 때문에 공동 구멍은 검게 보인다. 또 공동이 상온일 경우 이 공동 구멍으로 들어가는 전자기파는 공동 안에서 이리저리 반사되다 결국 흡수되어 다시 구멍으로 나오지 않는다. 즉 공동 구멍의 특성은 모든 전자기파를 흡수하는 흑체의 특성과 같다.
>
> 한편 공동이 충분히 가열되면 공동 구멍으로부터 가시영역의 전자기파도 방출되어 공동 구멍은 색을 띨 수 있다. 이렇게 공동 구멍에서 방출되는 전자기파의 특성은 같은 온도에서 이상적인 흑체가 방출하는 전자기파의 특성과 일치한다. 물리학자들은 어떤 주어진 온도에서 공동 구멍으로부터 방출되는 공동 복사의 전자기파 파장별 복사에너지를 정밀하게 측정하여, 전자기파의 파장이 커짐에 따라 복사에너지 방출량이 커지다가 다시 줄어드는 경향을 보인다는 것을 발견하였다.

① 흑체의 온도를 높이면 흑체가 검지 않게 보일 수도 있다.
② 공동의 온도가 올라감에 따라 복사에너지 방출량은 커지다가 줄어든다.
③ 공동을 가열하면 공동 구멍에서 다양한 파장의 전자기파가 방출된다.
④ 흑체가 전자기파를 방출할 때 파장에 따라 복사에너지 방출량이 달라진다.
⑤ 상온으로 유지되는 공동 구멍이 검게 보인다고 공동 내벽에서 방출되는 전자기파가 없는 것은 아니다.

8. 다음은 갑국~정국의 성별 평균소득과 대학진학률의 격차지수만으로 계산한 간이 성평등지수에 대한 표이다. 이에 대한 설명으로 옳은 것만 모두 고른 것은?

(단위 : 달러, %)

| 항목
국가 | 평균소득 | | | 대학진학률 | | | 간이
성평등
지수 |
	여성	남성	격차 지수	여성	남성	격차 지수	
갑	8,000	16,000	0.50	68	48	1.00	0.75
을	36,000	60,000	0.60	( )	80	( )	( )
병	20,000	25,000	0.80	70	84	0.83	0.82
정	3,500	5,000	0.70	11	15	0.73	0.72

※ 격차지수는 남성 항목값 대비 여성 항목값의 비율로 계산하며, 그 값이 1을 넘으면 1로 한다.
※ 간이 성평등지수는 평균소득 격차지수와 대학진학률 격차지수의 산술 평균이다.
※ 격차지수와 간이 성평등지수는 소수점 셋째자리에서 반올림한다.

> ㉠ 갑국의 여성 평균소득과 남성 평균소득이 각각 1,000달러씩 증가하면 갑국의 간이 성평등지수는 0.80 이상이 된다.
> ㉡ 을국의 여성 대학진학률이 85%이면 간이 성평등지수는 을국이 병국보다 높다.
> ㉢ 정국의 여성 대학진학률이 4%p 상승하면 정국의 간이 성평등지수는 0.80 이상이 된다.

① ㉠
② ㉡
③ ㉢
④ ㉠㉡
⑤ ㉠㉢

9. 쓰레기를 무단 투기하는 사람을 찾기 위해 고심하던 아파트 관리인 세상씨는 다섯 명의 입주자 A, B, C, D, E를 면담했다. 이들은 각자 다음과 같이 이야기를 했다. 이 가운데 두 사람의 이야기는 모두 거짓인 반면, 세 명의 이야기는 모두 참이라고 한다. 다섯 명 가운데 한 명이 범인이라고 할 때 쓰레기를 무단 투기한 사람은 누구인가?

> A : 쓰레기를 무단 투기하는 것을 나와 E만 보았다. B의 말은 모두 참이다.
> B : 쓰레기를 무단 투기한 것은 D이다. D가 쓰레기를 무단 투기하는 것을 E가 보았다.
> C : D는 쓰레기를 무단 투기하지 않았다. E의 말은 참이다.
> D : 쓰레기를 무단 투기하는 것을 세 명의 주민이 보았다. B는 쓰레기를 무단 투기하지 않았다.
> E : 나와 A는 쓰레기를 무단 투기하지 않았다. 나는 쓰레기를 무단 투기하는 사람을 아무도 보지 못했다.

① A
② B
③ C
④ D
⑤ E

10. 다음은 (주)서원기업의 재고 관리 사례이다. 금요일까지 부품 재고 수량이 남지 않게 완성품을 만들 수 있도록 월요일에 주문할 A~C 부품 개수로 옳은 것은? (단, 주어진 조건 이외에는 고려하지 않는다)

〈부품 재고 수량과 완성품 1개 당 소요량〉

부품명	부품 재고 수량	완성품 1개당 소요량
A	500	10
B	120	3
C	250	5

〈완성품 납품 수량〉

항목 \ 요일	월	화	수	목	금
완성품 납품 개수	없음	30	20	30	20

〈조건〉
1. 부품 주문은 월요일에 한 번 신청하며 화요일 작업시작 전 입고된다.
2. 완성품은 부품 A, B, C를 모두 조립해야 한다.

	A	B	C
①	100	100	100
②	100	180	200
③	500	100	100
④	500	180	250
⑤	500	150	250

11. 다음 ⊙~ⓒ의 설명에 맞는 용어가 순서대로 올바르게 짝지어진 것은 어느 것인가?

> ⊙ 유통분야에서 일반적으로 물품관리를 위해 사용된 바코드를 대체할 차세대 인식기술로 꼽히며, 판독 및 해독 기능을 하는 판독기(reader)와 정보를 제공하는 태그(tag)로 구성된다.
> ⓛ 컴퓨터 관련 기술이 생활 구석구석에 스며들어 있음을 뜻하는 '퍼베이시브 컴퓨팅(pervasive computing)'과 같은 개념이다.
> ⓒ 메신저 애플리케이션의 통화 기능 또는 별도의 데이터 통화 애플리케이션을 설치하면 통신사의 이동통신망이 아니더라도 와이파이(Wi-Fi)를 통해 단말기로 데이터 음성통화를 할 수 있으며, 이동통신망의 음성을 쓰지 않기 때문에 국외 통화 시 비용을 절감할 수 있다는 장점이 있다.

① RFID, 유비쿼터스, VoIP
② POS, 유비쿼터스, RFID
③ RFID, POS, 핫스팟
④ POS, VoIP, 핫스팟
⑤ RFID, VoIP, POS

12. '조직몰입'에 대한 다음 설명을 참고할 때, 조직몰입의 유형에 대한 설명으로 적절하지 않은 것은 어느 것인가?

> 몰입이라는 용어는 사회학에서 주로 다루어져 왔는데 사전적 의미에서 몰입이란 "감성적 또는 지성적으로 특정의 행위과정에서 빠지는 것"이므로 몰입은 타인, 집단, 조직과의 관계를 포함하며, 조직몰입은 종업원이 자신이 속한 조직에 대해 얼마만큼의 열정을 가지고 몰두하느냐 하는 정도를 가리키는 개념이다. 즉, 조직에 대한 충성 동일화 및 참여의 견지에서 조직구성원이 가지는 조직에 대한 성향을 의미한다. 또한 조직몰입은 조직의 목표와 가치에 대한 강한 신념과 조직을 위해 상당한 노력을 하고자 하는 의지 및 조직의 구성원으로 남기를 바라는 강한 욕구를 의미하기도 한다. 최근에는 직무만족보다 성과나 이직 등의 조직현상에 대한 설명력이 높다는 관점에서 조직에 대한 조직구성원의 태도를 나타내는 조직몰입은 많은 연구의 관심사가 되고 있다.

① '도덕적 몰입'은 비영리적 조직에서 찾아볼 수 있는 조직몰입 형태이다.
② 조직과 구성원 간의 관계가 타산적이고 합리적일 때의 유형은 '계산적 몰입'에 해당된다.
③ 조직과 구성원 간의 관계가 부정적, 착취적 상태인 몰입의 유형은 '소외적 몰입'에 해당된다.
④ '도덕적 몰입'은 몰입의 정도가 가장 낮다고 할 수 있다.
⑤ '계산적 몰입'은 공인적 조직에서 찾아볼 수 있으며 단순한 참여와 근속만을 의미한다.

13. 다음 글을 읽고 추측할 수 있는 연구와 그 결과에 대한 해석이 바르게 짝지어지지 않은 것은?

> 운석은 소행성 혹은 다른 행성 등에서 떨어져 나온 물체가 지구 표면에 떨어진 것으로 우주에 관한 주요 정보원이다. 1984년 미국의 탐사대가 남극 지역에서 발견하여 ALH84001(이하 ALH)이라고 명명한 주먹 크기의 운석도 그것의 한 예이다. 여러 해에 걸친 분석 끝에 1996년 NASA는 ALH가 화성에서 기원하였으며, 그 속에서 초기 생명의 흔적으로 추정할 수 있는 미세 구조물이 발견되었다는 발표를 하였다.
>
> 이 운석이 화성에서 왔다는 증거는 ALH에서 발견된 산소 동위 원소들 간의 구성비였다. 이 구성비는 지구의 암석에서 측정되는 것과는 달랐지만, 화성에서 온 운석으로 알려진 스닉스(SNCs)에서 측정된 것과는 일치했다.
>
> 성분 분석 결과에 의하면 스닉스는 화산 활동에서 만들어진 화산암으로, 산소 동위 원소 구성비가 지구의 것과 다르기 때문에 지구의 물질은 아니다. 소행성은 형성 초기에 급속히 냉각되어 화산 활동이 불가능하기 때문에, 지구에 화산암 운석을 보낼 수 있는 천체는 표면이 고체인 금성, 화성, 달 정도다. 그런데 방사성 동위 원소로 측정한 결과 스닉스는 약 10억 년 전에 형성된 것으로 밝혀졌다. 지질학적 분석 결과 그 시기까지 달에는 화산 활동이 없었기 때문에 화산암이 생성될 수가 없었다. 금성과 화성에는 화산 폭발이 있었지만 계산 결과 어떤 화산 폭발도 이들 행성의 중력권 밖으로 파편을 날려 보낼 만큼 강력하지는 않았다. 커다란 운석의 행성 충돌만이 행성의 파편을 우주로 날려 보낼 수 있었을 것이다. 그러나 금성은 농밀한 대기와 큰 중력으로 인해 파편 이탈이 쉽지 않으므로 화성이 유력한 후보로 남게 된다. 그런데 스닉스에서 발견된 모(母)행성 대기의 기체 일부가 바이킹 화성탐사선이 분석한 화성의 대기와 구성 성분이 일치했다. 따라서 스닉스는 화성에서 왔을 것이며, ALH 역시 화성에서 기원했을 것이다. ALH에서 발견된 이황화철(FeS₂)도 화성의 운석에서 흔히 발견되는 성분이다.
>
> ALH의 기원이 밝혀진 이후 이 운석에 대한 본격적인 분석이 시작되었다. 먼저 루비듐(Rb)과 스트론튬(Sr)을 이용한 방사성 연대 측정을 통해 ALH의 나이가 화성과 비슷한 45억 년임이 판명되었다. ALH가 화성을 언제 떠났는지는 우주 복사선 효과를 통해 알 수 있었다. 운석이 우주 공간에 머물 때는 태양과 은하로부터 오는 복사선의 영향으로 새로운 동위 원소인 헬륨3, 네온21 등이 생성되는데, 그들의 생성률과 구성비를 측정하면 운석이 우주 공간에 머문 기간을 추정할 수 있다. ALH는 1,600만 년을 우주 공간에서 떠돌았다. ALH가 지구에 떨어진 시점은 ALH에 포함된 또 다른 동위 원소인 탄소14를 사용해 계산하였다. 측정 결과 ALH는 13,000년 전에 남극에 떨어진 것으로 밝혀졌다.
>
> ALH의 표면에는 갈라진 틈이 있었고, 이 안에서 20 μm ~ 250 μm 크기의 둥근 탄산염 알갱이들이 발견되었다. 탄산염은 물에 의해 생성되거나 생물체의 활동으로부터 만들어질 수 있다. 어느 쪽이든 생명의 존재를 시사한다. 이 탄산염이 혹시 지구로부터 유입되었을 가능성이 있어 연대 측정을 해 본 결과 36억

년 전에 형성된 것이었다. 생물체가 분해될 때 생성되는 탄소 화합물인 '여러고리방향족탄화수소(PAH)'도 검출되었다. PAH 역시 외부 오염 가능성이 제기되었는데, ALH에서 PAH의 분포를 조사할 결과 안쪽으로 갈수록 농도가 증가하였다. 이것으로 외부 오염 가능성을 배제할 수 있었다. 탄산염 안에서 발견된 자철석 결정도 박테리아 내부에서 만들어지는 자철석 입자들이 모여 생성된 것과 그 형태가 흡사했다. 생물체의 존재에 대한 증거는 전자 현미경 분석에서 나왔다. 지구의 박테리아와 형태가 비슷하지만 크기는 매우 작은 25nm~100nm 정도의 미세 구조물들이 탄산염 알갱이에 붙어 있는 것을 확인한 것이다. 연구진은 이상의 분석을 종합해 볼 때, 이것을 36억 년 전 화성에 살았던 미생물이 화석화한 것으로 추정할 수 있다는 결론을 내렸다.

	연구	결과 해석
①	달에 대한 지질학적 분석	스닉스가 달에서 오지 않았다.
②	금성의 중력과 대기 밀도 측정	스닉스가 금성에서 오지 않았다.
③	스닉스의 암석 성분 분석	스닉스가 소행성에서 오지 않았다.
④	스닉스에 포함된 산소 동위원소 구성비 분석	스닉스가 지구의 것이 아니다.
⑤	스닉스의 형성 연대 측정	스닉스가 우주에서 10억 년 동안 떠돌았다.

14. 다음은 '갑'국의 2018년 복지종합지원센터, 노인복지관, 자원봉사자, 등록노인 현황에 대한 자료이다. 이에 대한 설명 중 옳은 것들로만 바르게 짝지어진 것은?

(단위 : 개소, 명)

구분\지역	복지종합지원센터	노인복지관	자원봉사자	등록노인
A	20	1,336	8,252	397,656
B	2	126	878	45,113
C	1	121	970	51,476
D	2	208	1,388	69,395
E	1	164	1,188	59,050
F	1	122	1,032	56,334
G	2	227	1,501	73,825
H	3	362	2,185	106,745
I	1	60	529	27,256
전국	69	4,377	30,171	1,486,980

㉠ 전국의 노인복지관, 자원봉사자 중 A 지역의 노인복지관, 자원봉사자의 비중은 각각 25% 이상이다.
㉡ A ~ I 지역 중 복지종합지원센터 1개소당 노인복지관 수가 100개소 이하인 지역은 A, B, D, I이다.
㉢ A ~ I 지역 중 복지종합지원센터 1개소당 자원봉사자 수가 가장 많은 지역과 복지종합지원센터 1개소당 등록노인 수가 가장 많은 지역은 동일하다.
㉣ 노인복지관 1개소당 자원봉사자 수는 H 지역이 C 지역보다 많다.

① ㉠㉡
② ㉠㉢
③ ㉠㉣
④ ㉡㉢
⑤ ㉡㉣

15. 다음을 근거로 판단할 때, 도형의 모양을 옳게 짝지은 것은?

5명의 학생은 5개 도형 A~E의 모양을 맞히는 게임을 하고 있다. 5개의 도형은 모두 서로 다른 모양을 가지며 각각 삼각형, 사각형, 오각형, 육각형, 원 중 하나의 모양으로 이루어진다. 학생들에게 아주 짧은 시간 동안 5개의 도형을 보여준 후 도형의 모양을 2개씩 진술하게 하였다. 학생들이 진술한 도형의 모양은 다음과 같고, 모두 하나씩만 정확하게 맞혔다.

〈진술〉

甲 : C = 삼각형, D = 사각형
乙 : B = 오각형, E = 사각형
丙 : C = 원, D = 오각형
丁 : A = 육각형, E = 사각형
戊 : A = 육각형, B = 삼각형

① A＝육각형, D＝사각형
② B＝오각형, C＝삼각형
③ A＝삼각형, E＝사각형
④ C＝오각형, D＝원
⑤ D＝오각형, E＝육각형

16. 다음은 영업사원인 甲씨가 오늘 미팅해야 할 거래처 직원들과 방문해야 할 업체에 관한 정보이다. 다음의 정보를 모두 반영하여 하루의 일정을 짠다고 할 때 순서가 올바르게 배열된 것은? (단, 장소 간 이동 시간은 없는 것으로 가정한다)

〈거래처 직원들의 요구 사항〉
• A거래처 과장 : 회사 내부 일정으로 인해 미팅은 10시~12시 또는 16~18시까지 2시간 정도 가능합니다.
• B거래처 대리 : 12시부터 점심식사를 하거나, 18시부터 저녁 식사를 하시죠. 시간은 2시간이면 될 것 같습니다.
• C거래처 사원 : 외근이 잡혀서 오전 9시부터 10시까지 1시간 만 가능합니다.
• D거래처 부장 : 외부일정으로 18시부터 저녁식사만 가능합니다.

〈방문해야 할 업체와 가능시간〉
• E서점 : 14~18시, 소요시간은 2시간
• F은행 : 12~16시, 소요시간은 1시간
• G미술관 관람 : 하루 3회(10시, 13시, 15시), 소요시간은 1시간

① C거래처 사원 - A거래처 과장 - B거래처 대리 - E서점 - G미술관 - F은행 - D거래처 부장

② C거래처 사원 - A거래처 과장 - F은행 - B거래처 대리 - G미술관 - E서점 - D거래처 부장

③ C거래처 사원 - G미술관 - F은행 - B거래처 대리 - E서점 - A거래처 과장 - D거래처 부장

④ C거래처 사원 - A거래처 과장 - B거래처 대리 - F은행 - G미술관 - E서점 - D거래처 부장

⑤ C거래처 사원 - A거래처 과장 - F은행 - G미술관 - E서점 - B거래처 대리 - D거래처 부장

17. 다음 중 '자료', '정보', '지식'의 관계에 대한 설명으로 올바르지 않은 것은 어느 것인가?

① 객관적 실제의 반영이며, 그것을 전달할 수 있도록 기호화한 것을 자료라고 한다.

② 특정 상황에서 그 가치가 평가된 데이터를 정보와 지식이라고 말한다.

③ 데이터를 집적하고 체계화하여 장래의 일반적인 사항에 대비해 보편성을 갖도록 한 것을 지식이라고 한다.

④ 자료를 가공하여 이용 가능한 정보로 만드는 과정, 자료처리(data processing)라고도 하며 일반적으로 컴퓨터가 담당한다.

⑤ 업무 활동을 통해 알게 된 세부 데이터를 컴퓨터로 일목요연하게 정리해 내었다면 그것은 지식이라고 불린다.

18. 다음 '갑' 기업과 '을' 기업에 대한 설명 중 적절하지 않은 것은 어느 것인가?

'갑' 기업은 다양한 사외 기관, 단체들과의 상호 교류 등 업무가 잦아 관련 업무를 전담하는 조직이 갖춰져 있다. 전담 조직의 인원이 바뀌는 일은 가끔 있지만, 상설 조직이 있어 매번 발생하는 유사 업무를 효율적으로 수행한다.
'을' 기업은 사내 당구 동호회가 구성되어 있어 동호회에 가입한 직원들은 정기적으로 당구장을 찾아 쌓인 스트레스를 풀곤 한다. 가입과 탈퇴가 자유로우며 당구를 좋아하는 직원은 누구든 참여가 가능하다. 당구 동호회에 가입한 직원은 직급이 아닌 당구 실력으로만 평가 받으며, 언제 어디서 당구를 즐기든 상사의 지시를 받지 않아도 된다.

① '갑' 기업의 상설 조직은 의도적으로 만들어진 집단이다.

② '갑' 기업 상설 조직의 임무는 보통 명확하지 않고 즉흥적인 성격을 띤다.

③ '을' 기업 당구 동호회는 공식적인 임무 이외에도 다양한 요구들에 의해 구성되는 경우가 많다.

④ '갑' 기업 상설 조직의 구성원은 인위적으로 참여한다.

⑤ '을' 기업 당구 동호회의 활동은 자발적이며 행위에 대한 보상은 '보람'이다.

19. 다음 글을 읽고 빈칸에 들어갈 알맞은 진술로 가장 적합한 것은?

'실은 몰랐지만 넘겨짚어 시험의 정답을 맞힌' 경우와 '제대로 알고 시험의 정답을 맞힌' 경우를 구별할 수 있을까? 또 무작정 외워서 쓴 경우와 제대로 이해하고 쓴 경우는 어떤가? 전자와 후자는 서로 다르게 평가받아야 할까, 아니면 동등한 평가를 받는 것이 마땅한가?

선택형 시험의 평가는 오로지 답안지에 표기된 선택지가 정답과 일치하는가의 여부에만 달려 있다. 이는 위의 첫 번째 물음이 항상 긍정으로 대답되지는 않으리라는 사실을 말해준다. 그러나 만일 시험관이 답안지를 놓고 응시자와 면담할 기회가 주어진다면, 시험관은 응시자에게 그가 정답지를 선택한 근거를 물음으로써 그가 과연 문제에 관해 올바른 정보와 추론 능력을 가지고 있었는지 검사할 수 있을 것이다.

예를 들어 한 응시자가 '대한민국의 수도가 어디냐?'는 물음에 대해 '서울'이라고 답했다고 하자. 그렇게 답한 이유가 단지 '부모님이 사시는 도시라 이름이 익숙해서'였을 뿐, 정작 대한민국의 지리나 행정에 관해서는 아는 바 없다는 사실이 면접을 통해 드러났다고 하자. 이 경우에 시험관은 이 응시자가 대한민국의 수도에 관한 올바른 정보를 갖고 있다고 인정하기 어려울 것이다. 이 예는 응시자가 올바른 답을 제시하는데 필요한 정보가 부족한 경우이다.

그렇다면, 어떤 사람이 문제의 올바른 답을 추론해내는 데 필요한 모든 정보를 갖고 있었고 실제로도 정답을 제시했다는 것이, 그가 문제에 대한 올바른 추론 능력을 가지고 있다고 할 필요충분조건이라고 할 수 있는가?

어느 도난사건을 함께 조사한 홈즈와 왓슨이 사건의 모든 구체적인 세부사항, 예컨대 범행 현장에서 발견된 흙발자국의 토양 성분 등에 관한 정보뿐 아니라 올바른 결론을 내리는 데 필요한 모든 일반적 정보, 예컨대 영국의 지역별 토양의 성분에 관한 정보 등을 똑같이 갖고 있었고, 실제로 동일한 용의자를 범인으로 지목했다고 하자. 이 경우 두 사람의 추론을 동등하게 평가해야 하는가? 그렇지 않다. 예컨대 왓슨은 모든 정보를 완비하고 있었음에도 불구하고, 이름에 모음의 수가 가장 적다는 엉터리 이유로 범인을 지목했다고 하자. 이런 경우에도 우리는 왓슨의 추론에 박수를 보낼 수 있을까? 아니다. 왜냐하면 _____

① 왓슨은 일반적으로 타당한 개인적 경험을 토대로 추론했기 때문이다.
② 왓슨은 올바른 추론의 방법을 알고 있었음에도 불구하고 요행을 우선시했기 때문이다.
③ 왓슨은 추론에 필요한 전문적인 훈련을 받지 못해서 범인을 잘못 골랐기 때문이다.
④ 왓슨은 올바른 추론에 필요한 정보를 가지고 있긴 했지만 그 정보와 무관하게 범인을 지목했기 때문이다.
⑤ 왓슨은 올바른 추론에 필요한 논리적 능력은 갖추고 있음에도 불구하고 범인을 추론하는 데 필요한 관련 정보가 부족했기 때문이다.

20. 다음은 2019년 5월과 2020년 5월 한 달 동안의 요일별 인천공항 운항 통계이다. 이에 대한 설명으로 옳은 것은?

〈2019. 5월〉

(단위 : 편, 명, 톤)

요일	운항			여객			화물		
	도착	출발	합계	도착	출발	합계	도착	출발	합계
월요일	2,173	2,159	4,332	401,234	383,752	784,986	11,514	9,412	20,926
화요일	2,132	2,151	4,283	355,311	336,667	691,978	13,406	13,536	26,942
수요일	2,767	2,774	5,541	443,481	457,383	900,864	20,623	20,149	40,771
목요일	2,751	2,801	5,552	431,058	471,167	902,225	20,093	20,531	40,625
금요일	2,812	2,770	5,582	467,817	500,072	967,889	19,504	18,569	38,073
토요일	2,204	2,228	4,432	377,973	387,202	765,175	15,837	16,353	32,191
일요일	2,263	2,222	4,485	412,144	395,119	807,263	15,488	13,940	29,428
합계	17,102	17,105	34,207	2,889,018	2,931,362	5,820,380	116,465	112,490	228,955

〈2020. 5월〉

(단위 : 편, 명, 톤)

요일	운항			여객			화물		
	도착	출발	합계	도착	출발	합계	도착	출발	합계
월요일	407	372	779	9,813	3,745	13,558	11,283	9,553	20,836
화요일	451	499	950	8,380	3,286	11,666	12,006	14,457	26,463
수요일	546	506	1,052	11,943	4,183	16,126	14,689	15,142	29,831
목요일	538	558	1,096	11,780	4,544	16,324	15,445	15,373	30,817
금요일	688	708	1,396	20,661	13,880	34,541	18,446	19,175	37,621
토요일	666	607	1,273	17,938	4,600	22,538	17,505	17,279	34,784
일요일	580	621	1,201	14,371	8,800	23,171	20,838	18,580	39,418
합계	3,876	3,871	7,747	94,886	43,038	137,924	110,212	109,559	219,772

※ 도착 출발은 인천 공항 기준

① 2019년 5월과 2020년 5월 모두 도착 및 출발한 화물량이 가장 많았던 요일은 수요일이다.
② 2019년 5월과 2020년 5월 모두 인천공항을 출발한 여객의 수가 가장 적었던 요일은 월요일이다.
③ 2020년 5월 한 달 동안 도착 및 출발한 여객 중 주말에 도착 및 출발한 여객이 차지하는 비중은 33%를 넘지 않는다.
④ 2019년 5월 대비 2020년 5월 항공기 운항 편 수의 감소율이 가장 높은 요일은 월요일이다.
⑤ 2019년 5월에 비해 2020년 5월 화물기 운항 편 수는 증가했다.

21. 다음 글을 근거로 유추할 경우 옳은 내용만을 바르게 짝지은 것은?

◎ 9명의 참가자는 1번부터 9번까지의 번호 중 하나를 부여받고, 동시에 제비를 뽑아 3명은 범인, 6명은 시민이 된다.

◎ '1번의 오른쪽은 2번, 2번의 오른쪽은 3번, …, 8번의 오른쪽은 9번, 9번의 오른쪽은 1번'과 같이 번호 순서대로 동그랗게 앉는다.

◎ 참가자는 본인과 바로 양 옆에 앉은 사람이 범인인지 시민인지 알 수 있다.

◎ "옆에 범인이 있다."라는 말은 바로 양 옆에 앉은 2명 중 1명 혹은 2명이 범인이라는 뜻이다.

◎ "옆에 범인이 없다."라는 말은 바로 양 옆에 앉은 2명 모두 범인이 아니라는 뜻이다.

◎ 범인은 거짓말만 하고, 시민은 참말만 한다.

㉠ 1, 4, 6, 7, 8번의 진술이 "옆에 범인이 있다."이고, 2, 3, 5, 9번의 진술이 "옆에 범인이 없다."일 때, 8번이 시민임을 알면 범인들을 모두 찾아낼 수 있다.

㉡ 만약 모두가 "옆에 범인이 있다."라고 진술한 경우, 범인이 부여받은 번호의 조합은 (1, 4, 7) / (2, 5, 8) / (3, 6, 9) 3가지이다.

㉢ 한 명만이 "옆에 범인이 없다."라고 진술한 경우는 없다.

① ㉡

② ㉢

③ ㉠㉡

④ ㉠㉢

⑤ ㉠㉡㉢

22. O회사에 근무하고 있는 채과장은 거래 업체를 선정하고자 한다. 업체별 현황과 평가기준이 다음과 같을 때, 선정되는 업체는?

〈업체별 현황〉

업체명	시장매력도	정보화수준	접근가능성
	시장규모(억 원)	정보화순위	수출액(백만 원)
A업체	550	106	9,103
B업체	333	62	2,459
C업체	315	91	2,597
D업체	1,706	95	2,777
E업체	480	73	3,888

〈평가기준〉

• 업체별 종합점수는 시장매력도(30점 만점), 정보화수준(30점 만점), 접근가능성(40점 만점)의 합계(100점 만점)로 구하며, 종합점수가 가장 높은 업체가 선정된다.

• 시장매력도 점수는 시장매력도가 가장 높은 업체에 30점, 가장 낮은 업체에 0점, 그 밖의 모든 업체에 15점을 부여한다. 시장규모가 클수록 시장매력도가 높다.

• 정보화수준 점수는 정보화순위가 가장 높은 업체에 30점, 가장 낮은 업체에 0점, 그 밖의 모든 업체에 15점을 부여한다.

• 접근가능성 점수는 접근가능성이 가장 높은 업체에 40점, 가장 낮은 업체에 0점, 그 밖의 모든 업체에 20점을 부여한다. 수출액이 클수록 접근가능성이 높다.

① A ② B
③ C ④ D
⑤ E

23. 소프트웨어는 사용권(저작권)에 따라 분류될 수 있다. 다음 중 이에 따라 분류된 소프트웨어의 특징에 대한 설명으로 올바르지 않은 것은 어느 것인가?

① Shareware – 배너 광고를 보는 대가로 무료로 사용하는 소프트웨어

② Freeware – 무료 사용 및 배포, 기간 및 기능에 제한이 없는 누구나 사용할 수 있는 소프트웨어

③ 베타(Beta) 버전 – 정식 버전이 출시되기 전에 프로그램에 대한 일반인의 평가를 받기 위해 제작된 소프트웨어

④ 상용 소프트웨어 – 사용 기간의 제한 없이 무료 사용과 배포가 가능한 프로그램

⑤ 데모(Demo) 버전 – 정식 프로그램의 기능을 홍보하기 위해 기능 및 기간을 제한하여 배포하는 프로그램

24. 직무만족에 대한 다음 글을 참고할 때, 직무만족의 중요성과 영향 요인에 대한 적절한 설명이 아닌 것은 어느 것인가?

기업성과의 한 지표로서 직무만족은 기업 운영의 관점에서 특히 중요하다. 직무만족이 기업의 원활한 운영에 주요기준이 될 수 있었던 것은 직무만족은 조직종업원의 측면에서 보면 사람의 가치관에 중요한 부분이고, 기업의 입장에서 본다면 직무만족이 기업성과를 유발하기 때문에 주요한 의미를 갖기 때문이다.

직무만족에 대한 정의는 매우 다양하다. 일반적으로 직무란 조직의 종업원에게 각각 구분된 직무의 기술적 단위 또는 직무의 총체이고, 만족이란 선택된 대체안에 대해서 선택자의 신념과 어느 정도 맞는가에 대한 평가이다. 직무만족(job satisfaction)은 직무의 다양한 측면에 대한 정서적 또는 감정적 반응이다. 이러한 정의는 직무만족이 동일한 개념이 아님을 말한다. 사람들은 업무의 한 측면에 대해서는 만족하면서도 다른 측면에 대해서는 불만족할 수 있다.

---

① 가치 판단적인 면에서 중요성을 갖는다.
② 정신 건강적인 측면에서 파급효과를 갖는다.
③ 신체적 건강에도 밀접한 관계를 갖게 된다.
④ 개인의 경력을 개발하는 데에 효과적이다.
⑤ 업무 생산성 향상에 많은 도움이 된다.

25. 다음은 인천국제공항공사 출입증 발급 및 사용에 관한 규정의 일부이다. 이에 대한 설명으로 옳은 것은?

〈출입증 발급 및 사용〉

제29조(인원정규출입증)
① 인원정규출입증은 다음에서 정하는 자에 대하여 발급한다.
　㉠ 인천공항에 상주하고 있는 기관, 항공사, 업체의 소속직원으로 보호구역 내에서 상시적으로 업무를 수행하는 자
　㉡ 보호구역내 공항운영, 유지보수, 건설공사 등을 위하여 3개월 이상 상주하고 공사 및 상주기관(업체)과 계약을 통하여 업무를 수행하는 업체의 소속직원으로 보호구역 내에서 상시적으로 업무를 수행하는 자
　㉢ 주한공관원(외교관 신분증, 특별 신분증 소지자에 한함)으로서 보호구역에서 업무를 수행하는 자
　㉣ 공사 소속 직원으로서 보호구역에서 업무를 수행할 필요성이 있는 자
　㉤ 합동회의에서 출입증 발급이 필요하다고 인정된 자

제30조(인원임시출입증)
① 인원임시출입증은 상주임시출입증, 비상주임시출입증, 순찰임시출입증 및 비표로 구분되며, 업무상 보호구역 출입이 필요하다고 사장이 인정하거나 위원회 또는 합동회의에서 승인한 자에 대하여 발급한다.

---

② 상주임시출입증은 다음의 어느 하나에 해당하는 경우에 발급하며, 특별한 사유가 없는 경우에는 1회 발급 시 90일을 초과할 수 없다. 다만, ㉢에 해당하는 자에 대해서는 사용기간을 형사 사건(재판)이나 처분이 확정될 때까지로 한다.
　㉠ 신원조사 완료된 자가 공항운영 및 시설공사 등의 목적으로 보호구역 출입이 필요한 경우
　㉡ 정규출입증 소지자로서 허가구역 이외의 구역을 출입하고자 하는 경우
　㉢ 정규출입증 발급이 제한된 경우
　㉣ 위원회 또는 합동회의에서 심의·의결한 경우
③ 비상주임시출입증은 인원정규출입증 및 상주임시출입증 발급요건을 충족하지 못한 자에게 발급하며, 사용기간은 업무상 소요기간 이내로 하되, 90일을 초과할 수 없다.
④ 순찰임시출입증은 감사, 점검 등 항공보안 및 안전의 확보를 위하여 공무상 필요한 경우 해당 인원 또는 차량에 대하여 발급할 수 있다. 다만, 정규출입증 소지자가 순찰 임시출입증을 발급받을 경우에는 관리부서 책임 하에 정규출입증과 순찰출입증의 반납 및 발급에 대한 기록을 유지하여야 한다.
⑤ 비표는 훈련, 취재, 교육, 국가 행사 등 필요하다고 사장이 인정한 경우에 한하여 제한적으로 발급한다. 다만, 정부에서 직접 주관하여 비표를 발급할 경우에는 사전에 사장과 협의하여야 하며, 협의 후 확인된 비표에 한하여 사용이 가능하다.

제32조(방문 출입증)
① 사장은 다음의 어느 하나에 해당하는 경우 심사를 통하여 방문 출입증(이하 "방문증"이라 한다)을 발급한다.
　㉠ 공항 업무를 위하여 보호구역내 방문이 필요하다고 사장이 인정한 경우
　㉡ 기타의 목적으로 보호구역내 방문이 필요하다고 사장이 인정한 경우

〈출입증 발급 및 반납 관련 기간〉

출입증 종류		처리절차	신청업체 준수기간	출입증 발급 소요기간	출입증 신청 기준일	비고
인원	정규출입증	신원조사		10일 이내	발급 15일 전	출입증발급 소요기간은 공휴일제외
		심사		5일 이내		
		보안교육	10일 이내			
		사진촬영				
		발급		7일 이내		
		수령	10일 이내			
		반납	7일 이내			
	임시출입증	심사		3일 이내	발급 3일 전	
		발급		3일 이내		
		수령	10일 이내			
		반납	7일 이내			
	방문증	심사		당일	발급 전	
		발급		당일		
		반납	당일			

① 인천공항에 상주하고 있는 업체의 소속직원으로 보호구역 내에서 상시적으로 업무를 수행해야 하는 甲의 경우 상주임시출입증을 발급 3일 전에 신청해야 한다.

② 국가 행사에 필요한 경우 사장과 협의가 없더라도 정부에서 직접 주관하여 비표를 발급할 수 있다.

③ 정규출입증 발급이 제한된 乙에게 상주임시출입증을 발급할 경우에는 1회 발급 시 90일을 초과할 수도 있다.

④ 丙이 공항 안전 점검 등의 이유로 순찰임시출입증을 발급받아야 한다면 발급 3일전 신청하면 된다.

⑤ 공항 업무를 위하여 보호구역내 방문이 필요하다고 사장이 인정하여 방문증을 발급받은 丁은 방문증을 7일 이내 반납하여야 한다.

26. 다음은 2015 ~ 2019년 A국의 예산 및 세수입 실적과 2019년 세수입항목별 세수입 실적에 관한 자료이다. 이에 대한 설명으로 옳지 않은 것은?

〈2015~2019년 A국의 예산 및 세수입 실적〉

(단위 : 십억 원)

연도 \ 구분	예산액	징수결정액	수납액	불납결손액
2015	175,088	198,902	180,153	7,270
2016	192,620	211,095	192,092	8,200
2017	199,045	208,745	190,245	8
2018	204,926	221,054	195,754	2,970
2019	205,964	237,000	208,113	2,321

〈2019년 A국의 세수입항목별 세수입 실적〉

(단위 : 십억 원)

세수입항목 \ 구분	예산액	징수 결정액	수납액	불납 결손액
총 세수입	205,964	237,000	208,113	2,321
내국세	183,093	213,585	185,240	2,301
교통·에너지·환경세	13,920	14,110	14,054	10
교육세	5,184	4,922	4,819	3
농어촌특별세	2,486	2,674	2,600	1
종합부동산세	1,281	1,709	1,400	6

※ 미수납액 = 징수결정액 − 수납액 − 불납결손액

$$※ 수납비율(\%) = \frac{수납액}{예산액} \times 100$$

※ 단, 계산 값은 소수점 둘째 자리에서 반올림한다.

① 미수납액이 가장 큰 연도는 2019년이다.

② 2019년 내국세 미수납액은 총 세수입 미수납액의 95% 이상을 차지한다.

③ 2019년 세수입항목 중 수납비율이 가장 높은 항목은 종합부동산세이다.

④ 2019년 교통·에너지·환경세 미수납액은 교육세 미수납액보다 크다.

⑤ 수납비율이 가장 높은 연도는 2015년이다.

27. A, B 두 개의 건물로 이뤄진 ○○회사가 있다. A 건물에서 일하는 남사원은 참말만 하고 여사원은 거짓말만 한다. B 건물에서 일하는 남사원은 거짓말만 하고 여사원은 참말만 한다. ○○회사에서 일하는 사원은 남자거나 여자이다. A 건물에 사원 두 명과 B 건물에 사원 두 명이 다음과 같이 대화하고 있을 때, 보기에서 반드시 참인 것을 모두 고르면?

甲 : 나는 B 건물에서 일해.

乙 : 나는 B 건물에서 일해. 甲은 남사원이야.

丙 : 乙은 B 건물에서 일해. 乙은 남사원이야.

丁 : 乙은 A 건물에서 일해. 丙은 A 건물에서 일해.

〈보기〉

㉠ 甲과 乙은 다른 건물에서 일한다.

㉡ 乙과 丙은 같은 건물에서 일한다.

㉢ 乙, 丙, 丁 가운데 둘은 B 건물에서 일한다.

㉣ 이 대화에 참여하고 있는 이들은 모두 여사원이다.

① ㉠

② ㉡

③ ㉢㉣

④ ㉠㉡㉢

⑤ ㉠㉡㉣

▌28~29▐ 다음은 G사 영업본부 직원들의 담당 업무와 다음 달 주요 업무 일정표이다. 다음을 참고로 이어지는 물음에 답하시오.

〈다음 달 주요 업무 일정〉

일	월	화	수	목	금	토
		1 사업계획 초안 작성(2)	2	3	4 사옥 이동 계획 수립(2)	5
6	7	8 인트라넷 요청사항 정리(2)	9 전 직원 월간회의	10	11 TF팀 회의(1)	12
13	14 법무실무 담당자 회의(3)	15	16	17 신제품 진행과정 보고(1)	18	19
20	21 매출부진 원인분석 (2)	22	23 홍보자료 작성 (3)	24 인사고과 (2)	25	26
27	28 매출 집계(2)	29 부서경비 정리(2)	30	31		

* ( )안의 숫자는 해당 업무 소요 일수

〈담당자별 업무〉

담당자	담당업무
갑	부서 인사고과, 사옥 이동 관련 이사 계획 수립, 내년도 사업계획 초안 작성
을	매출부진 원인 분석, 신제품 개발 진행과정 보고
병	자원개발 프로젝트 TF팀 회의 참석, 부서 법무실무 교육 담당자 회의
정	사내 인트라넷 구축 관련 요청사항 정리, 대외 홍보자료 작성
무	월말 부서 경비집행 내역 정리 및 보고, 매출 집계 및 전산 입력

28. 위의 일정과 담당 업무를 참고할 때, 다음 달 월차 휴가를 사용하기에 적절한 날짜를 선택한 직원이 아닌 것은 어느 것인가?

① 갑 – 23일　　　　　　② 을 – 8일
③ 병 – 4일　　　　　　④ 정 – 25일
⑤ 무 – 24일

29. 갑작스런 해외 거래처의 일정 변경으로 인해 다음 달 넷째 주에 영업본부에서 2명이 일주일 간 해외 출장을 가야 한다. 위에 제시된 5명의 직원 중 담당 업무에 지장이 없는 2명을 뽑아 출장을 보내야 할 경우, 출장자로 적절한 직원은 누구인가?

① 갑, 병　　　　　　　② 을, 정
③ 정, 무　　　　　　　④ 을, 병
⑤ 병, 무

30. 다음은 '데이터 통합'을 실행하기 위한 방법을 설명하고 있다. 〈보기〉에 설명된 실행 방법 중 올바른 설명을 모두 고른 것은 어느 것인가?

〈보기〉
㉠ 원본 데이터가 변경되면 자동으로 통합 기능을 이용해 구한 계산 결과가 변경되게 할지 여부를 선택할 수 있다.
㉡ 여러 시트에 입력되어 있는 데이터들을 하나로 통합할 수 있으나 다른 통합 문서에 입력되어 있는 데이터를 통합할 수는 없다.
㉢ 통합 기능에서는 표준편차와 분산 함수도 사용할 수 있다.
㉣ 다른 원본 영역의 레이블과 일치하지 않는 레이블이 있는 경우에도 통합 기능을 수행할 수 있다.

① ㉡, ㉢　　　　　　　② ㉠, ㉢
③ ㉠, ㉡, ㉣　　　　　④ ㉠, ㉢, ㉣
⑤ ㉡, ㉢, ㉣

31. 다음은 조직문화의 구성 요소를 나타낸 7S 모형이다. ⊙과 ⓒ에 들어갈 요소를 올바르게 짝지은 것은 어느 것인가?

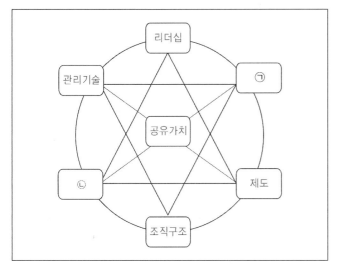

	⊙	ⓒ
①	구성원	전략
②	구성원	만족도
③	용이성	단절성
④	전략	응답성
⑤	전략	유용성

32. 신재생 에너지의 보급과 관련된 다음 글을 참고할 때, 밑줄 친 '솔루션'이 갖추어야 할 특성으로 가장 거리가 먼 것은?

신재생 에너지란 태양, 바람, 해수와 같이 자연을 이용한 신에너지와 폐열, 열병합, 폐열 재활용과 같은 재생에너지가 합쳐진 말이다. 현재 신재생 에너지는 미래 인류의 에너지로서 다양한 연구가 이루어지고 있다. 특히 과거에는 이들의 발전 효율을 높이는 연구가 주로 이루어졌으나 현재는 이들을 관리하고 사용자가 쉽게 사용하도록 하는 연구와 개발이 많이 진행되고 있다. 신재생 에너지는 화석 연료의 에너지 생산 비용에 근접하고 있으며 향후에 유가가 상승되고 신재생 에너지 시스템의 효율이 높아짐에 따라 신재생 에너지의 생산 비용이 오히려 더 저렴해질 것으로 보인다.

따라서 미래의 신재생 에너지의 보급은 지금 보다 훨씬 광범위하게 다양한 곳에서 이루어 질 것이며 현재의 전력 공급 체계를 변화시킬 것이다. 현재 중앙 집중식으로 되어있는 전력 공급의 체계가 미래에는 다양한 곳에서 발전이 이루어지는 분산형으로 변할 것으로 보인다. 분산형 전원 시스템 체계에서 가장 중요한 기술인 스마트 그리드는 전력과 IT가 융합한 형태로서 많은 연구가 이루어지고 있다.

스마트 그리드 기반의 분산형 전원 보급이 활발해질 미래에는 곳곳에 중소규모의 신재생 에너지 시스템이 설치될 것으로 예상하며, 따라서 이들을 통합적으로 관리하고 정보 교환 기술을 갖춘 다양한 솔루션이 등장할 것으로 보인다.

신재생 에너지 시스템의 보급은 인류의 에너지 문제를 해결하는 유일한 방안이지만 화석 에너지와 달리 발전량을 쉽게 제어할 수 없는 문제점을 가지고 있다. 또한 같은 시스템일지라도 지역의 환경에 따라 발전량이 서로 다르게 될 것이기 때문에 스마트 그리드를 기반으로 한 마이크로 그리드 시스템이 구축될 때 정보 처리 기술은 신재생 에너지 시스템 관리 측면에서 중요한 인자가 될 것이다.

신재생 에너지 시스템을 관리하기 위해선 에너지 데이터 처리가 중요할 것으로 보인다. 특히 미래 신재생 에너지 관리 시스템은 관리가 체계적으로 되어 있을 발전단지보다는 비교적 관리 체계가 확립되기 힘든 주택, 빌딩 등에서 필요할 것으로 보인다. 다시 말해 주택, 빌딩에 신재생 에너지 시스템이 설치가 되면 이들을 관리할 수 있는 <u>솔루션</u>이 함께 설치해야 하며 이들을 운용하기 위한 애플리케이션도 함께 등장해야 한다.

① 소비자가 에너지의 생산과 소비를 모두 고려할 수 있는 지능형 에너지 서비스

② 잉여 에너지가 발생되지 않도록 수요와 공급에 맞는 발전량 자동 조절 기능

③ 다양한 OS로 기능을 구현할 수 있는 웹 서비스 기반의 범호환적인 플랫폼 기술

④ 생성된 에너지 데이터를 종합 · 분석하여 맞춤형 서비스를 제공

⑤ 모니터링 및 제어가 가능한 모바일 컨트롤 기능

〈연도별 대기오염물질 배출량 현황〉

(단위 : 톤)

구분	황산화물	일산화탄소	질소산화물	미세먼지	유기화합물질
2010	401,741	766,269	1,061,210	116,808	866,358
2011	433,959	718,345	1,040,214	131,176	873,108
2012	417,645	703,586	1,075,207	119,980	911,322
2013	404,660	696,682	1,090,614	111,563	913,573
2014	343,161	594,454	1,135,743	97,918	905,803

33. 다음 중 각 대기오염물질의 연도별 증감 추이가 같은 것끼리 짝지어진 것은?

① 일산화탄소, 유기화합물질

② 황산화물, 질소산화물

③ 미세먼지, 유기화합물질

④ 황산화물, 미세먼지

⑤ 일산화탄소, 질소산화물

34. 다음 중 2010년 대비 2014년의 총 대기오염물질 배출량의 증감률로 올바른 것은?

① 약 4.2%

② 약 3.9%

③ 약 2.8%

④ 약 -3.9%

⑤ 약 -4.2%

35. 다음 자료를 바탕으로 판단할 때, 사장이 한 번에 최대금액을 갖는 가장 빠른 달과 그 금액은?

- A기업에서는 사장과 65명의 직원들이 매달 66만 원을 나누어 가지려고 한다. 매달 사장은 66만 원을 누구에게 얼마씩 나누어 줄지 제안할 수 있으며, 매달 그 방법을 새롭게 제안할 수 있다. 나누어 갖게 되는 돈은 만 원 단위이며, 그 총합은 매달 항상 66만 원이다.
- 매달 65명의 직원들은 사장의 제안에 대해 각자 찬성, 반대, 기권할 수 있다. 직원들은 그 달 자신의 몫에만 관심이 있다. 직원들은 자신의 몫이 전월보다 늘어나는 제안에는 찬성표를 행사하지만, 줄어드는 제안에는 반대표를 행사한다. 자신의 몫이 전월과 동일하면 기권한다.
- 찬성표가 반대표보다 많으면 사장이 제안한 방법은 그 달에 시행된다. 재투표는 없으며, 사장의 제안이 시행되지 않아 66명 모두가 돈을 갖지 못하는 달은 없다.
- 첫 번째 달에는 직원 33명이 각각 2만 원을 받았다.
- 두 번째 달부터 사장은 한 번에 최대금액을 가장 빨리 받기 위하여 합리적으로 행동한다.

	가장 빠른 달	최대금액
①	7번째 달	62만 원
②	7번째 달	63만 원
③	8번째 달	62만 원
④	8번째 달	63만 원
⑤	8번째 달	64만 원

36. 홍보팀장은 다음 달 예산안을 정리하며 예산 업무 담당자에게 간접비용이 전체 직접비용의 30%를 넘지 않게 유지되도록 관리하라는 지시를 내렸다. 홍보팀의 다음과 같은 예산안에서 빈칸 A와 B에 들어갈 수 있는 금액으로 적당한 것은 어느 것인가?

〈예산안〉

- 원재료비 : 1억 3천만 원
- 보험료 : 2천 5백만 원
- 장비 및 시설비 : 2억 5천만 원
- 시설 관리비 : 2천 9백만 원
- 출장비 : (A)
- 광고료 : (B)
- 인건비 : 2천 2백만 원
- 통신비 : 6백만 원

① A : 6백만 원, B : 7천만 원

② A : 8백만 원, B : 6천만 원

③ A : 1천만 원, B : 7천만 원

④ A : 5백만 원, B : 7천만 원

⑤ A : 5백만 원, B : 8천만 원

37.
37. 다음 그림에서 A6 셀에 수식 '=$A$1+$A2'를 입력한 후 다시 A6 셀을 복사하여 C6와 C8에 각각 붙여넣기를 하였을 경우, (A)와 (B)에 나타나게 되는 숫자의 합은 얼마인가?

	A	B	C	D
1	7	2	8	
2	3	3	8	
3	1	5	7	
4	2	5	2	
5				
6			(A)	
7				
8			(B)	
9				

① 10

② 12

③ 14

④ 16

⑤ 19

38.
38. 다음과 같은 문서 결재 양식을 보고 알 수 있는 사항이 아닌 것은 어느 것인가?

출장보고서					
결재	담당	팀장	본부장	부사장	사장
	박 사원 서명	강 팀장 서명	전결		본부장

① 박 사원 출장을 다녀왔으며, 전체 출장 인원수는 알 수 없다.

② 출장자에 강 팀장은 포함되어 있지 않다.

③ 팀장 이하 출장자의 출장보고서 전결권자는 본부장이다.

④ 부사장은 결재할 필요가 없는 문서이다.

⑤ 본부장은 가장 오른쪽 결재란에 서명을 하게 된다.

39.
39. 다음 중 주어진 글에서 언급되지 않은 내용은?

우리나라의 합계 출산율은 OECD 회원국 중 가장 낮은 수준으로 2016년 합계 출산율은 1.17명에 불과하다. 저출산·고령화의 심화로 인한 노동공급 감소, 노동 생산성 저하 등에 대응하고 지속가능한 발전을 위해서는 여성의 노동시장 참여가 절실히 요구되고 있다. 우리나라의 여성경제활동 참가율은 2008년 54.7%, 2009년 53.9%로 계속 낮아지다가 2010년 54.5%, 2011년 54.9%, 2012년 55.2%, 2013년 55.6%, 2014년 57.0%, 2015년 57.9%, 2016년 58.4%로 상승하여 2000년 이후 가장 높은 수준을 보이고 있으나 선진국에 비하여 여전히 낮은 수준이다.

정부는 저출산 위기를 극복하고 여성의 경제활동 참여를 증진하기 위해 '일·가정 양립'을 핵심개혁과제로 선정하여 여성고용률 제고 및 일·가정 양립 문화 확산을 적극적으로 추진하였고 이러한 범국가적 정책방향은 제3차 저출산·고령사회 기본계획('15.12월)에도 반영되었다. 정부는 우선 여성의 경제활동 참여를 촉진하기 위해 시간선택제 일자리를 확산하는 한편, 여성이 경력단절 없이 계속 일할 수 있는 여건 조성을 위하여 아빠의 달 기간 확대(1개월→3개월), 둘째 자녀부터 아빠의 달 상한액 인상(월 150→200만), 임신기 근로시간 단축제도 전 사업장 확대 등 법·제도를 개선하였다.

또한 중소기업의 직장어린이집 설치를 유도하기 위해 산업단지 등 중소기업 밀집지역에 입주한 사업주 단체 등이 직장어린이집을 설치하는 경우 지원 수준을 최대 20억 원까지 지원할 수 있도록 제도를 확대하였다.

우리나라 청년 고용률(15~24세 기준)은 OECD 회원국 중 낮은 수준으로 '15년 기준 OECD 평균은 38.7%인 반면, 한국의 청년 고용률은 26.9%이며, OECD 34개국 중 27위이다. 그러나 한국의 청년 고용률은 '13년 24.2%, '14년 25.8%으로 매년 조금씩 상승하고 있지만 '00년 29.4%에 비하면 낮은 수준을 못 벗어나고 있다. 아울러 청년층이 노동시장에 진입하는 연령이 점차 늦춰지고 있는 것을 감안해서 청년층을 15~29세로 확대해서 살펴보면 '15년 OECD 평균 고용률은 51.4%이고 한국은 41.5%로서, 15~24세의 OECD 평균 고용률의 격차 11.8%보다는 작은 9.9%의 차이를 보이고 있다.

이처럼 우리나라 청년 고용률이 낮은 이유는 높은 대학 진학률과 함께 제한된 일자리에 선호가 집중됨에 따라 과도한 스펙 쌓기로 인해 노동시장 진입이 늦어지는 등 15~24세 비경제활동 인구가 증가함에 따른 것으로 볼 수 있다. 저출산 고령화 사회 우리경제의 지속성장을 위해 대규모 은퇴가 예정되어 있는 베이비부머를 청년층이 대체할 필요가 심각함에도 불구하고, 청년층의 취업시기의 지연은 임금소득 감소 및 불안정한 고용상태로 귀착될 우려가 있다. 따라서 청년층의 교육·직업훈련, 구직·취업, 직장유지 및 이동 등 전 단계에 대한 실태분석을 통해 맞춤형 대책을 중점 추진할 필요가 있다.

① 연도별 우리나라 여성의 경제활동 참가율

② 여성의 경제활동 참여를 위한 정부의 구체적인 지원정책

③ 청년층에 대한 중소기업 지원 유인책 제시

④ 청년층 범위 규정에 따른 OECD 회원국과의 고용률 차이

⑤ 우리나라의 낮은 청년 고용률에 대한 원인

〈국민해외관광객〉

(단위 : 백만 명)

구분	국민해외관광객
2012년	13.7
2013년	14.8
2014년	16.1
2015년	19.3
2016년	22.4
2017년	26.5

〈한국관광수지〉

(단위 : 백만 달러, 달러)

구분	관광수입	1인당 관광수입($)	관광지출
2012년	13,357	1,199	16,495
2013년	14,525	1,193	17,341
2014년	17,712	1,247	19,470
2015년	15,092	1,141	21,528
2016년	17,200	998	23,689
2017년	13,324	999	27,073

※ 1인당 관광수입＝관광수입 ÷ 방한외래관광객

※ 1인당 관광지출＝관광지출 ÷ 국민해외관광객

※ 관광수지＝관광수입－관광지출

40. 다음 중 2012년의 1인당 관광 지출로 알맞은 것은? (소수점 이하 버림으로 처리함)

① 1,155달러
② 1,180달러
③ 1,204달러
④ 1,288달러
⑤ 1,358달러

41. 다음 중 연간 관광수지가 가장 높은 해와 가장 낮은 해의 관광수지 차액은 얼마인가?

① 11,991백만 달러
② 12,004백만 달러
③ 12,350백만 달러
④ 12,998백만 달러
⑤ 13,045백만 달러

42. 다음 글의 내용이 참일 때 반드시 참인 것만을 〈보기〉에서 모두 고르면?

A 부서에서는 새로운 프로젝트를 진행할 예정이다. A 부서는 남자 사원 경호, 수호, 민호, 영호 4명과 여자 사원 경지, 수지, 민지 3명으로 구성되어 있다.

아래의 조건을 지키면서 이들 가운데 4명을 뽑아 새로운 프로젝트의 전담팀을 꾸리고자 한다.

• 남자 사원 가운데 적어도 한 사람은 뽑아야 한다.
• 여자 사원 가운데 적어도 한 사람은 뽑지 말아야 한다.
• 경호, 수호 중 적어도 한 사람을 뽑으면 영호와 민지도 뽑아야 한다.
• 민호를 뽑으면, 경지와 수지는 뽑지 말아야 한다.
• 민지를 뽑으면, 경지도 뽑아야 한다.

〈보기〉

㉠ 남녀 동수로 팀이 구성된다.
㉡ 민호와 수지 둘 다 팀에 포함되지 않는다.
㉢ 영호와 경지 둘 다 팀에 포함된다.

① ㉠
② ㉡
③ ㉠㉡
④ ㉡㉢
⑤ ㉠㉡㉢

43. 다음 자료를 참고할 때, B7 셀에 '=SUM(B2:CHOOSE(2,B3, B4,B5))'의 수식을 입력했을 때 표시되는 결과값으로 올바른 것은 어느 것인가?

	A	B	C
1	이름	성과 점수	
2	오○○	85	
3	민○○	90	
4	백○○	92	
5	최○○	88	
6			
7	부분 합계		
8			

① 175
② 355
③ 267
④ 177
⑤ 265

44. '경영전략'은 많은 기업들이 경영활동에 참고하는 지침이 되고 있다. 마이클 포터의 경영전략을 설명하는 다음 글에서 빈 칸 (A), (B), (C)에 들어갈 적절한 말을 찾아 순서대로 나열한 것은 어느 것인가?

> 조직의 경영전략은 경영자의 경영이념이나 조직의 특성에 따라 다양하다. 이 중 대표적인 경영전략으로 마이클 포터(Michael E. Porter)의 본원적 경쟁전략이 있다. 본원적 경쟁전략은 해당 사업에서 경쟁우위를 확보하기 위한 전략이며 다음과 같다.
>
> (A) 전략은 조직의 생산품이나 서비스를 고객에게 가치가 있고 독특한 것으로 인식되도록 하는 전략이다. 이러한 전략을 활용하기 위해서는 연구개발이나 광고를 통하여 기술, 품질, 서비스, 브랜드 이미지를 개선할 필요가 있다. (B) 전략을 위해서는 대량생산을 하거나 새로운 생산기술을 개발할 필요가 있다. 여기에는 70년대 우리나라의 섬유업체나 신발업체, 가발업체 등이 미국시장에 진출할 때 취한 전략이 해당한다.
>
> (C) 전략은 특정 시장이나 고객에게 한정된 전략으로, 다른 전략이 산업 전체를 대상으로 하는 것에 비해 특정 산업을 대상으로 한다는 특징이 있다. 즉, 경쟁조직들이 소홀히 하고 있는 한정된 시장을 차별화된 전략을 써서 집중적으로 공략하는 방법이다.

① 차별화, 집중화, 원가우위
② 집중화, 차별화, 원가우위
③ 집중화, 원가우위, 차별화
④ 차별화, 원가우위, 집중화
⑤ 원가우위, 차별화, 집중화

┃45~46┃ 다음 글을 읽고 이어지는 물음에 답하시오.

> (가) 당뇨병 환자가 밤잠을 잘 못 이룬다면 합병증의 신호일 수 있어 주의를 해야 한다. 당뇨병 환자가 가장 많이 겪는 합병증인 '당뇨병성 신경병증'이 있는 경우 다리 화끈거림 등의 증상으로 수면장애를 겪는 경우가 많기 때문이다. 당뇨병성 신경병증은 높은 혈당에 의해 말초신경이 손상돼 생기며, 당뇨병 합병증 중에 가장 먼저 생기는 질환이다. 그 다음이 당뇨병성 망막병증, 당뇨병성 콩팥질환 순으로 발병한다. 2013년 자료에 따르면, 전체 당뇨병 환자의 14.4%가 당뇨병성 신경병증을 앓고 있다.
>
> (나) 통증(Pain)잡지에 발표된 논문에 따르면 당뇨병성 신경병증은 일반적으로 아침에 가장 통증이 적고 오후시간이 되면서 통증이 점차 증가해 밤 시간에 가장 극심해진다. 또한 당뇨병성 신경병증은 통증 등의 증상이 누워있을 때 악화되는 경우도 많아 수면의 질에 큰 영향을 미친다. 실제로 당뇨병성 신경병증 통증을 갖고 있는 환자 1,338명을 대상으로 수면장애 정도를 조사한 결과, 수면의 질을 100
>
> 점으로 했을 경우 '충분히 많이 잠을 잤다'고 느끼는 경우는 32.69점, '일어났을 때 잘 쉬었다'고 느끼는 경우는 38.27점에 머물렀다. '삶의 질'에 대한 당뇨병성 신경병증 환자의 만족도 역시 67.65점에 머물러 합병증이 없는 당뇨병 환자 74.29점보다 낮았다. 이는 일반인의 평균점수인 90점에는 크게 못 미치는 결과이다.
>
> (다) 당뇨병성 신경병증은 당뇨병 진단 초기에 이미 환자의 6%가 앓고 있을 정도로 흔하다. 당뇨병 진단 10년 후에는 20%까지 증가하고, 25년 후에는 50%에 달해 당뇨병 유병기간이 길수록 당뇨병성 신경병증에 걸릴 확률이 크게 높아진다. 따라서 당뇨병을 오래 앓고 있는 사람은 당뇨병성 신경병증의 신호를 잘 살펴야 한다. 당뇨병 진단을 처음 받았거나 혈당 관리를 꾸준히 잘 해온 환자 역시 당뇨병성 신경병증 위험이 있으므로 증상을 잘 살펴야 한다.
>
> (라) 당뇨병성 신경병증의 4대 증상은 찌르는 듯한 통증, 스멀거리고 가려운 이상감각, 화끈거리는 듯한 작열감, 저리거나 무딘 무감각증이다. 환자에 따라 '화끈거린다', '전기자극을 받는 것 같다', '칼로 베거나 찌르는 듯하다', '얼어버린 것 같다'는 등의 증상을 호소하는 경우가 많다. 당뇨병성 신경병증의 가장 큰 문제는 피부 감각이 둔해져 상처를 입어도 잘 모르는데, 상처를 입으면 치유가 잘 되지 않아 궤양, 감염이 잘 생긴다는 것이다. 특히 발에 궤양·감염이 잘 생기는데, 심하면 발을 절단해야 하는 상황에까지 이르게 된다. 실제로 족부 절단 원인의 절반은 당뇨병으로 인한 것이라는 연구 결과도 있다. 따라서 당뇨병 환자는 진단받은 시점부터 정기적으로 감각신경·운동신경 검사를 받아야 한다.
>
> (마) 모든 당뇨병 합병증과 마찬가지로 당뇨병성 신경병증 또한 혈당조절을 기본으로 한다. 혈당 조절은 당뇨병성 신경병증의 예방뿐만 아니라 당뇨병성 망막병증 같은 눈의 합병증, 당뇨병성 콩팥질환 같은 콩팥 합병증이 생기는 것도 막을 수 있다. 그러나 이미 신경병증으로 인해 통증이 심한 환자의 경우에는 통증에 대한 약물 치료가 필요한 경우도 있다. 치료제로는 삼환계항우울제, 항경련제, 선택적 세로토닌/노르아드레날린 재흡수억제제, 아편유사제, 국소도포제 등이 처방되고 있다. 다만 약제 선택 시 통증 이외에도 수면장애 등 동반되는 증상까지 고려하고, 다른 약물과의 상호작용이 적은 약제를 선택해야 한다. 말초 혈액순환을 원활하게 하는 것도 중요하다. 그래야 말초 신경 손상이 악화되는 것을 예방할 수 있다. 말초 혈액순환을 원활히 하기 위해서는 금연이 중요하다. 당뇨병 환자가 금연을 하면 당뇨병성 신경병증이 악화되는 것은 물론, 눈·콩팥 등 다른 합병증도 예방할 수 있다.

45. 윗글의 각 단락별 내용을 참고할 때, 다음과 같은 글이 삽입되기에 가장 적절한 단락은 어느 것인가?

> 대다수가 앓고 있는 제2형 당뇨병의 경우는 발병 시점이 명확하지 않기 때문에 당뇨병을 얼마나 앓았는지 모르는 경우가 많다. 당장 당뇨병성 신경병증이 없더라도 대한당뇨병학회는 당뇨병 환자라면 매년 한 번씩 진찰을 받으라고 권하고 있다.

① (가)
② (나)
③ (다)
④ (라)
⑤ (마)

46. 윗글에서 필자가 논점을 전개하는 방식에 대한 설명 중 적절한 것은?

① 특정 환자들의 사례를 구체적으로 제시하여 논리의 근거를 마련하였다.
② 각 증상별 차이를 비교 분석하여 질환의 정도를 설명하였다.
③ 해당 병증을 앓고 있는 환자들의 통계를 분석하여 일반화된 정보를 추출하였다.
④ 의학계의 전문가 소견을 참고로 논리를 정당화시켰다.
⑤ 각 단락이 모두 유기적인 인과관계를 통하여 기승전결의 구성을 완성하였다.

47. 형인 갑과 동생 을의 올해 나이의 합은 31이다. 갑이 을의 나이였던 해의 갑과 을의 나이의 합은 올해 갑의 나이의 $\frac{7}{6}$이었다. 올해 을의 나이는 얼마인가?

① 7세
② 9세
③ 11세
④ 13세
⑤ 15세

48. 다음 조건을 바탕으로 을순이의 사무실과 어제 갔던 식당이 위치한 곳을 올바르게 짝지은 것은?

• 갑동, 을순, 병호는 각각 10동, 11동, 12동 중 한 곳에 사무실이 있으며 서로 같은 동에 사무실이 있지 않다.
• 이들 세 명은 어제 각각 자신의 사무실이 있는 건물이 아닌 다른 동에 있는 식당에 갔으며, 서로 같은 동의 식당에 가지 않았다.
• 병호는 12동에서 근무하며, 갑동이와 을순이는 어제 11동 식당에 가지 않았다.
• 을순이는 병호가 어제 갔던 식당이 있는 동에서 근무한다.

	사무실	식당
①	11동	10동
②	10동	11동
③	12동	12동
④	11동	12동
⑤	10동	11동

49~50 다음 자료를 보고 이어지는 물음에 답하시오.

〈입장료 안내〉

좌석명	입장권가격		K팀 성인회원		K팀 어린이회원	
	주중	주말/공휴일	주중	주말/공휴일	주중	주말/공휴일
프리미엄석	70,000원					
테이블석	40,000원					
블루석	12,000원	15,000원	10,000원	13,000원	6,000원	7,500원
레드석	10,000원	12,000원	8,000원	10,000원	5,000원	6,000원
옐로석	9,000원	10,000원	7,000원	8,000원	4,500원	5,000원
그린석(외야)	7,000원	8,000원	5,000원	6,000원	무료입장	

〈S카드 할인〉

구분	할인내용	비고
K팀 S카드	3,000원/장 할인	청구 시 할인 (카드명세서 청구 시 반영)
K팀 L카드	3,000원/장 할인	결제 시 할인
S카드	2,000원/장 할인	청구 시 할인 (카드명세서 청구 시 반영)
L카드	2,000원/장 할인	결제 시 할인

주말 가격은 금/토/일 및 공휴일 경기에 적용됩니다.(임시 공휴일 포함)

2. 어린이 회원은 만 15세 이하이며, 본인에 한해 할인이 적용됩니다.(매표소에서 회원카드 제시)

3. 국가유공자, 장애우, 경로우대자(65세 이상)는 국가유공자증, 복지카드 및 신분증 제시 후 본인에 한하여 외야석 50% 할인됩니다. On-line 인증 문제로 예매 시에는 혜택이 제공되지 않습니다.

4. 우천 취소 시 예매 및 카드구입은 자동 결제 취소되며, 현장 현금 구매분은 매표소에서 환불 받으실 수 있습니다.

5. 보호자 동반 미취학 아동(7세 이하)은 무료입장이 가능하나, 좌석은 제공되지 않습니다.

6. 암표 구입 시 입장이 제한됩니다.

※ 올 시즌 변경사항(취소수수료 청구)
→ 다양한 회원들의 관람을 위해 금년부터 예매 익일 취소할 경우 결제금액의 10%에 해당하는 취소수수료가 청구됩니다.(최소 취소수수료 1,000원 청구) 단, 예매일과 취소일이 같을 경우 취소수수료는 청구되지 않습니다.

49. 다음 중 위의 안내 사항에 대한 올바른 판단이 아닌 것은?

① "내일 경기 관람을 위해 오늘 예매한 입장권을 수수료 없이 취소하려면 오늘 중에 취소해야 하는 거구나."

② "여보, 우리 애는 5살이니까 당신이 데려 가면 무료입장도 가능하네요. 외야 자리만 가능하다니까 그린석으로 당신 표 얼른 예매하세요."

③ "다음 주 월요일이 공휴일이니까 연속 4일 간은 주말 요금이 적용되겠구나."

④ "난 K팀 L카드가 있는 성인회원이니까, 주중에 레드석에서 관람하려면 5,000원밖에 안 들겠구나."

⑤ "K팀 성인회원은 블루석 이하는 언제 가든 일반 입장권보다 2,000원이 싼 가격이네."

50. 김 과장은 여름 휴가철을 맞아 아이들과 함께 평소 좋아하던 K팀의 야구 경기를 보러가려 한다. 다음 인원이 함께 야구 관람을 할 경우, 카드 결제를 해야 할 전 인원의 총 입장료 지불 금액은 얼마인가?

- 관람일 15일 금요일, 전원 블루석에서 관람 예정
- 김 과장(K팀 성인회원), 김 과장 아내(비회원), 김 과장 노부(72세, 비회원)
- 큰 아들(18세, 비회원), 작은 아들(14세, K팀 어린이 회원)
- 작은 아들 친구 2명(K팀 어린이 회원)
- 김 과장의 가족 5인은 김 과장이 K팀 L카드로 결제하며, 작은 아들의 친구 2명은 각각 S카드로 결제함.

① 58,000원

② 60,000원

③ 61,000원

④ 63,000원

⑤ 65,500원

51. 다음은 엑셀의 사용자 지정 표시 형식과 그 코드를 설명하는 표이다. ㉠~㉤중 올바른 설명이 아닌 것은 어느 것인가?

년	yy	연도를 뒤의 두 자리로 표시
	yyyy	연도를 네 자리로 표시
월	m	월을 1~12로 표시
	mm	월을 01~12로 표시
	mmm	월을 001~012로 표시 → ㉠
	mmmm	월을 January~December로 표시
일	d	일을 1~31로 표시
	dd	일을 01~31로 표시 → ㉡
요일	ddd	요일을 Sun~Sat로 표시
	dddd	요일을 Sunday~Saturday로 표시
	aaa	요일을 월~일로 표시
	aaaa	요일을 월요일~일요일로 표시 → ㉢
시	h	시간을 0~23으로 표시
	hh	시간을 00~23으로 표시 → ㉣
분	m	분을 0~59로 표시 → ㉤
	mm	분을 00~59로 표시
초	s	초를 0~59로 표시
	ss	초를 00~59로 표시

① ㉠

② ㉡

③ ㉢

④ ㉣

⑤ ㉤

52. 다음 ㉠~㉢ 중 조직 경영에 필요한 요소에 대한 설명을 모두 고른 것은 어느 것인가?

㉠ 조직의 목적 달성을 위해 경영자가 수립하는 것으로 보다 구체적인 방법과 과정이 담겨있다.

㉡ 조직에서 일하는 구성원으로, 경영은 이들의 직무수행에 기초하여 이루어지기 때문에 이들의 배치 및 활용이 중요하다.

㉢ 생산자가 상품 또는 서비스를 소비자에게 유통시키는 데 관련된 모든 체계적 경영활동이다.

㉣ 특정의 경제적 실체에 관해 이해관계에 있는 사람들에게 합리적이고 경제적인 의사결정을 하는 데 있어 유용한 재무적 정보를 제공하기 위한 것으로, 이러한 일련의 과정 또는 체계를 뜻한다.

㉤ 경영을 하는 데 사용할 수 있는 돈으로 이것이 충분히 확보되는 정도에 따라 경영의 방향과 범위가 정해지게 된다.

㉥ 조직이 변화하는 환경에 적응하기 위하여 경영활동을 체계화하는 것으로 목표달성을 위한 수단이다.

① ㉠, ㉢, ㉤

② ㉡, ㉢, ㉣

③ ㉠, ㉢, ㉣, ㉥

④ ㉠, ㉡, ㉢, ㉣

⑤ ㉠, ㉡, ㉤, ㉥

53. 15% 소금물 400g에서 100g의 물을 증발 시켰더니 x% 소금물이 되었고, 15% 소금물 400g에서 100g의 물을 넣었더니 y% 소금물이 되었다고 한다면 $x-y$의 값은 얼마인가?

① 5

② 6

③ 7

④ 8

⑤ 9

54. 다음 설명을 참고할 때, 대출금 지급이 조기에 만료되는 경우를 〈보기〉에서 모두 고른 것은? (단, 모두 주택연금 대출자로 가정한다)

[대출금 지급의 조기 만료]

주택담보노후연금대출을 받고 본인에게 다음 각 항목의 사유 중 하나라도 발생한 경우 은행으로부터 독촉, 통지 등이 없어도 본인은 당연히 은행에 대한 당해 채무의 기한의 이익을 상실하여 곧 이를 갚아야 할 의무를 지며, 대출 기한일과 관계없이 대출금 지급이 조기에 종료됩니다.

- 본인 및 배우자가 모두 사망한 경우
- 본인이 사망한 후 배우자가 6월 이내에 담보주택의 소유권이 전등기 및 채권자에 대한 보증부대출 채무의 인수를 마치지 아니한 경우
- 본인 및 배우자 담보주택에서 다른 장소로 이사한 경우
- 본인 및 배우자가 1년 이상 계속하여 담보주택에서 거주하지 아니한 경우. 다만, 입원 등 은행이 정하여 인터넷 홈페이지에 공고하는 불가피한 사유로 거주하지 아니한 경우는 제외한다.
- 본인이 담보주택의 소유권을 상실한 경우
- 주택담보노후연금대출 원리금이 근저당권의 설정 최고액을 초과할 것으로 예상되는 경우로서 채권자의 설정 최고액 변경 요구에 응하지 아니하는 경우
- 그밖에 은행의 주택금융운영위원회가 정하는 일정한 사유가 발생한 경우

〈보기〉

㈎ 7개월 전 대출 명의자인 남편이 사망하였으며, 은행에 보증부대출 채무 인수를 두 달 전 완료하여 소유권이전등기는 하지 않은 배우자 A씨

㈏ 5/1일부터 이듬해 4/30일까지의 기간 중 본인 및 배우자 모두 병원 입원 기간이 각각 1년을 초과하는 B씨 부부

㈐ 주택연금대출을 받고 3개월 후 살고 있던 집을 팔고 더 큰 집을 사서 이사한 C씨

㈑ 연금 대출금과 수시 인출금의 합이 담보주택에 대해 은행에서 행사할 수 있는 근저당권 최고금액을 초과하여 은행의 설정 최고액 변경 요구에 따라 필요한 절차를 수행하고 있는 D씨

① ㈎, ㈐
② ㈏, ㈑
③ ㈎, ㈏, ㈑
④ ㈎, ㈐, ㈑
⑤ ㈏, ㈐, ㈑

‖55~56‖ 다음은 A, B 두 경쟁회사의 판매제품별 시장 내에서의 기대 수익을 표로 나타낸 자료이다. 이를 보고 이어지는 물음에 답하시오.

〈판매 제품별 수익체계〉

		B회사		
		P제품	Q제품	R제품
A회사	P 제품	(5, −1)	(3, −1)	(−6, 3)
	Q 제품	(−1, 3)	(−3, 2)	(3, 2)
	R 제품	(−2, 6)	(4, −1)	(−1, −2)

- 괄호 안의 숫자는 A회사와 B회사의 제품으로 얻는 수익(억 원)을 뜻한다.(A회사 월 수익 액, B회사의 월 수익 액)
- ex) A회사가 P제품을 판매하고 B회사가 Q제품을 판매하였을 때 A회사의 월 수익 액은 3억 원이고, B회사의 월 수익 액은 −1억 원이다.

〈분기별 소비자 선호 품목〉

구분	1분기	2분기	3분기	4분기
선호 품목	Q제품	P제품	R제품	P, R제품

- 제품별로 분기에 따른 수익의 증감률을 의미한다.
- 시기별 해당 제품의 홍보를 진행하면 월 수익의 50%가 증가, 월 손해의 50%가 감소된다.

55. 다음 중 4분기의 A회사와 B회사의 수익의 합이 가장 클 경우는 양사가 각각 어느 제품을 판매하였을 때인가?

① A회사 : Q제품, B회사 : Q제품
② A회사 : R제품, B회사 : Q제품
③ A회사 : Q제품, B회사 : P제품
④ A회사 : P제품, B회사 : R제품
⑤ A회사 : R제품, B회사 : P제품

56. 1분기와 2분기에 모두 양사가 소비자 선호 제품을 홍보하였을 때, 1분기로부터 변동된 2분기의 수익 현황에 대하여 바르게 설명한 것은?

① A회사는 R제품을 판매할 때의 수익 현황에 변동이 있다.
② 1분기와 2분기에 가장 많은 수익이 발생하는 양사 제품의 조합은 동일하다.
③ 1분기와 2분기에 동일한 수익 구조가 발생하는 양사 제품의 조합은 없다.
④ B회사는 1분기에 Q제품을 판매하는 것이 2분기에 Q제품을 판매하는 것보다 더 유리하다.
⑤ B회사는 R제품을 판매할 때의 수익액이 더 감소한다.

57. 조직문화는 흔히 관계지향 문화, 혁신지향 문화, 위계지향 문화, 과업지향 문화의 네 가지로 분류된다. 다음 글에서 제시된 ㉠~㉤과 같은 특징 중 과업지향 문화에 해당하는 것은 어느 것인가?

> ㉠ A팀은 무엇보다 엄격한 통제를 통한 결속과 안정성을 추구하는 분위기이다. 분명한 명령계통으로 조직의 통합을 이루는 일을 제일의 가치로 삼는다.
> ㉡ B팀은 업무 수행의 효율성을 강조하며 목표 달성과 생산성 향상을 위해 전 조직원이 산출물 극대화를 위해 노력하는 문화가 조성되어 있다.
> ㉢ C팀은 자율성과 개인의 책임을 강조한다. 고유 업무뿐 아니라 근태, 잔업, 퇴근 후 시간활용 등에 있어서도 정해진 흐름을 배제하고 개인의 자율과 그에 따른 책임을 강조한다.
> ㉣ D팀은 직원들 간의 응집력과 사기 진작을 위한 방안을 모색 중이다. 인적자원의 가치를 개발하기 위해 직원들 간의 관계에 초점을 둔 조직문화가 D팀의 특징이다.
> ㉤ E팀은 직원들에게 창의성과 기업가 정신을 강조한다. 또한, 조직의 유연성을 통해 외부 환경에의 적응력에 비중을 둔 조직문화를 가지고 있다.

① ㉠
② ㉡
③ ㉢
④ ㉣
⑤ ㉤

58. 다음에 제시된 9개의 단어 중 관련된 3개의 단어를 통해 유추할 수 있는 것은?

> 인터넷, 계산기, 밀가루, 비타민, 제과점, 단팥, 휴대폰, 캐릭터, 달력

① 빵
② 농구
③ 소풍
④ 김밥
⑤ 장미

59. 민준이는 탁구장을 운영하기 위해 300원짜리 연습구와 500원짜리 시합구를 구매하려고 한다. 연습구와 시합구를 합쳐 탁구공 총 100개를 35,000원 이내로 구매하려고 한다면 시합구는 최대 몇 개까지 구매할 수 있는가?

① 17개
② 19개
③ 21개
④ 23개
⑤ 25개

60. 업무를 수행할 때는 업무지침과 활용자원을 확인하여 구체적인 업무수행 계획을 수립하게 된다. 이러한 업무수행을 계획하는 다음과 같은 형식의 자료를 지칭하는 이름은 어느 것인가?

업 무	6월	7월	8월	9월
설계				
자료수집	▓▓			
기본설계		▓		
타당성 조사 및 실시설계			▓	
시공				
시공			▓	
결과 보고				▓

① 워크 플로 시트(work flow sheet)
② 간트 차트(Gantt chart)
③ 체크리스트(check list)
④ 대차대조표
⑤ 타당성 조사표

1. 다음의 기사를 읽고 보기에 제시된 유추 가능한 내용들 중 가장 바르지 않은 것을 고르면?

광주 지역 백화점들이 빅데이터 등을 접목한 CRM (Customer Relationship Management : 고객관계관리)마케팅에 한층 열을 올리고 있다. 점포 내에 배치된 전담인력을 활용, 전국 단위 마케팅 전략과는 별개로 해당 지역의 고객군을 분석해 최적화된 DM을 전송하거나 기획행사를 진행하는 한편 온·오프라인을 연계하는 맞춤 영업을 강화하고 있다.

백화점 CRM의 기반은 자사 멤버십카드에 가입한 고객 정보를 데이터화한 자료다. 고객이 백화점에서 상품을 구매하고 멤버십카드를 내밀면 해당 고객의 성별이나 혼인 여부 등의 정보가 데이터베이스로 쌓인다. 그 고객이 어떤 상품군을 주로 사는지, 선호하는 브랜드는 무엇인지 등을 파악해 DM, 할인 쿠폰 등의 발급에 반영한다.

지난 2014년부터 2년간 롯데백화점 광주 점에서 CRM 업무를 맡았던 롯데백화점 광주점 아웃도어 관리 매니저는 "전국의 롯데백화점이 기본적으로 진행하는 홍보 방향과 함께 지점별 고객군 특성을 파악, 마케팅에 활용하고 있다"며 "고객에게 발송하는 DM 중 20% 정도는 각 지점이 지점별 데이터를 바탕으로 독자적으로 수립해 진행한다"고 말했다. 백화점 성장세가 꺾이고 고객군이 다변화하면서 마케팅의 IT화는 더욱 속도가 붙을 것이라는 전망이다.

실제 롯데백화점 광주점은 지난 2014년부터 해외 명품 오프라인 직구 매장들을 본격 개장했다. 이후 부족했던 젊은 층의 수요를 끌어올려 지난해 20~30대 기준 매출 신장률이 전국 지점 중 1위를 기록했다. 고객이 모바일·온라인에서 상품을 구매하면 이를 오프라인에서 상품을 찾아가는 '스마트 픽 배송 서비스'도 젊은 층을 중심으로 하루 평균 10여건 꾸준히 접수되고 있다. 현재 롯데그룹은 롯데쇼핑 산하 계열사 간 '스마트 픽' 상품 상호 수령도 추진 중이다. DM도 기존 종이 쿠폰 북에 모바일 앱 (에플리케이션)을 추가로 적극 활용하는 고객들이 많아지고 있다. 실내 위치기반서비스인 비콘을 활용해 백화점 안에서 특정 장소를 지나가면 스마트폰 앱에서 자주 찾는 매장이나 선호하는 브랜드 등 주변 매장들의 할인 쿠폰 알림을 보내주는 형태의 서비스도 시행 중이다. 롯데백화점 온라인 홈페이지에서도 DM쿠폰 북과 eco전단 등을 확인할 수 있고 최근 롯데 유통 계열사가 합작해 만든 포인트 제도인 'L.point'를 활용하는 고객들도 많다.

광주신세계도 마찬가지다. 신세계는 삼성카드, 시티카드 2개사에서 발급하는 '신세계 삼성카드', '신세계 시티카드' 등을 통해 고객 데이터를 추출한다. 전국 단위의 대규모 행사를 제외한 나머지를 100% 자체적으로 분석, 활용한다. 스마트폰 앱인 '신세계백화점', 'SSG.COM' 등을 통해 쿠폰을 받거나 사용할 수도 있다. 아직 비콘을 활용한 서비스는 시행하고 있지 않다.

다만 종이 DM이 온라인으로 전면 전환하는 데엔 다소 시간이 걸릴 것으로 예측된다. 주요 고객들이 온라인보다 오프라인에 친숙한 40대 이상이기 때문이다. 이종성 광주신세계 홍보과장은 "광주·전남 지역의 인구 비중 자체가 고연령층이 상대적으로 많지만 아직 우리 백화점과는 많은 연관관계가 있는 고객이 아니다"라고 말하며 "현재 종이 쿠폰 북 활용도가 높지만 최근 들어선 젊은 층뿐 아니라 우리 백화점에 비고객층인 중장년층도 스마트폰 등으로 할인 혜택을 누리면서 향후 데이터를 마케팅에 활용하는 사례는 점차 많아지고 자점과의 관계를 통해 충성고객이 될 것이다"라고 말했다.

① 최상의 서비스를 제공하는 등 고객들마다 선별적인 관계를 형성한다.

② 고객 데이터 세분화를 실시함으로써 적극적으로 관리하고 유도하며 고객의 가치를 극대화시킬 수 있는 전략이다.

③ 고객들의 욕구를 파악한 후에 이를 뒷받침할 수 있는 기술적인 솔루션을 제공함으로써 고객과의 관계가 긴밀하게 유지될 수 있는 것이다.

④ 고객의 니즈를 찾아 이를 만족시켜 줄 수 있도록 하며, 그로 인해 자사의 이익을 창출하게 된다.

⑤ 신규고객의 확보를 위한 전략은 CRM의 대상이라고 할 수 없다.

2. 경로 갈등은 유통경로 상 같은 단계의 구성원끼리 또는 다른 단계의 구성원 사이에서 각자가 이익 극대화를 위해 활동하는 과정에서 벌이는 갈등. 특정 구성원이 자기의 목표를 달성하는 데 다른 구성원이 방해하거나 해롭게 하고 있다고 여기는 상태를 의미하는데 다음 중 이에 대한 설명으로 가장 옳지 않은 것은?

① 수직적 갈등은 서로 다른 단계의 경로 사이에서 갈등이 발생되어지는 것을 말한다.

② 수평적 갈등은 유통경로 상의 동일한 단계에서 발생되어지는 갈등을 말한다.

③ 역기능적 갈등은 경로 성과에 있어 부정적 영향을 가져다주는 갈등을 말한다.

④ 순기능적 갈등은 경로갈등을 통해서 경로 내의 문제를 발견하고 이러한 문제들을 해결함으로써 경로성과의 향상을 가져다주는 갈등을 말한다.

⑤ 중립적 갈등은 경로성과에 영향을 끼치지 않는 것으로 경로구성원들 간 상호의존 정도가 상당히 낮을 경우에 발생하게 된다.

3. 아래 그림에 관련한 설명으로 가장 거리가 먼 것은 무엇인가?

① 자사의 제품판매 증대를 위해 중간상들에게 동기부여를 제공하기에는 다소 어려운 부분이 있다.

② 이러한 점포들이 많아질수록 통제하기가 어려워질 수 있다.

③ 가장 대표적인 형태로 선매품이 주로 활용된다.

④ 구매의 편의성을 제공한다.

⑤ 충동구매를 증가시킨다.

4. High/Low 가격 전략에 관한 내용으로 적절하지 않은 것을 고르면?

① 세일은 재고를 줄이는 효과를 가져다 준다.

② 세일은 소비자들을 흥분시키는 효과를 발생시킨다.

③ 주로 대형 할인마트에서 활용하는 가격결정방법이다.

④ 소비자들은 가격이 제품의 품질을 결정짓는 척도라 인지하며, 이로 인해 제품에 대한 품질의 신뢰성을 가질 수 있다.

⑤ 동일한 제품으로 인해 다양한 소비자들의 특성에 소구할 수 있다.

5. 아래의 기사를 읽고 전문가들이 말하는 월마트의 성공 핵심에 관련한 내용으로 가장 옳지 않은 것을 고르면?

> '세계 최고'라는 수식어가 어색하지 않은 세계 최대 유통업체 월마트
>
> 월마트는 매년 미국 주요 경제전문지가 선정하는 최고 기업 리스트에서 1, 2위 자리를 놓치지 않는다. 포춘이 선정한 글로벌 500대 기업 순위에서 지난해 1위 자리는 월마트의 차지였다. 월마트는 현재 전 세계 1만 132개 매장과 220만 명이 넘는 종업원을 거느린 '유통 공룡'이다. 2011 회계연도 매출은 전년보다 5.9% 증가한 4439억 달러였다. 이는 미국 기업 중 최고 실적이다.
>
> 매출 규모를 기준으로 월마트를 지난해 글로벌 500대 기업 중 맨 처음에 올렸다. 포춘은 총 매출을 공개한 모든 기업을 대상으로 글로벌 500대 기업을 선정한다. 월마트에 대해서는 가장 미국적인 기업으로 평가되는 한편 열악한 복리후생제도와 과도한 저가정책이 지역 경제에 악영향을 미친다는 비판도 만만치 않게 받고 있다. 하지만 '최소의 비용으로 최대의 만족을 준다'는 샘 월튼의 경영철학은 오늘날의 월마트를 있게 한 원동력이다. 이는 경쟁사들이 저가 공세를 펴고 있는 사이 저렴하고 품질 좋은 제품을 팔고 있다는 인식이 소비자들 사이에 확산하면서 불황 속에서도 선전하는 밑거름이 되고 있다.
>
> 월마트의 성공 핵심은 'EDLP(Every Day, Low Price)'에 있다고 전문가들은 입을 모으고 있다.
>
> 월마트는 2차 세계대전 후 미국 경제가 급성장하던 1962년 7월2일 미국 아칸소 주 로저스에 1호점을 열었다. 저가를 앞세운 월마트는 소도시에서 돌풍을 일으키며 무섭게 성장했다. 당시 개인 상점과 소규모 슈퍼마켓뿐이던 미국에서 월마트의 저가 전략은 혁명이나 다름없었다. 이후 월마트는 푸에르토리코 캐나다 아르헨티나 브라질에 이어 1996년에는 중국에도 합작 방식으로 진출했다. 현재 월마트 매장이 가장 많은 나라는 멕시코(2088) 영국(541) 브라질(512) 등의 순이다.

① 가격경쟁 압박 감소의 효과가 있다.

② 효율적인 물류시스템의 구축이 가능하다.

③ 광고비 증가라는 문제점에 봉착하게 된다.

④ 대형마트 등에서 주로 활용하는 가격결정 방식이다.

⑤ 재고관리 개선의 효과가 있다.

6. 매트릭스 조직에 관한 설명으로 가장 바르지 않은 것은?

① 효율성 목표와 유연성 목표를 동시에 달성하고자 하는 의도에서 발생하였다.

② 조직의 경영자가 프로젝트와 같은 구체적인 목적을 효율적으로 달성하기 위한 조직구조를 만들고자 할 때 사용되는 부문화 방법이라 할 수 있다.

③ 매트릭스 조직의 경우 프로젝트 조직과는 달리 영구적인 조직이다.

④ 고도로 복잡한 임무를 수행하는 우주산업·연구개발 사업·건설회사·광고대행업 등의 대규모 기업에서 널리 활용되고 있는 형태의 조직구조이다.

⑤ 매트릭스 조직에서 작업자는 3중 명령체계를 갖는다.

7. 다음 경제적 주문량의 기본가정으로 보기 어려운 것은?

① 재고부족이 허용된다.

② 계획기간 중 해당품목의 수요량은 항상 일정하며, 알려져 있다.

③ 연간 단위재고 유지비용은 수량에 관계없이 일정하다.

④ 주문량이 일시에 입고된다.

⑤ 단위구입비용이 주문수량에 관계없이 일정하다.

8. 다음 중 성격이 다른 하나는?

① Convenience Sampling

② Judgement Sampling

③ Stratified Sampling

④ Quota Sampling

⑤ Snowball Sampling

9. 다음 중 의사결정지원 시스템의 특징으로 가장 옳지 않은 것은?

① 의사결정지원 시스템은 의사결정이 이루어지는 동안에 발생 가능한 환경의 변화를 반영할 수 있도록 유연하게 설계되어야 한다.

② 의사결정지원 시스템에서 처리되어 나타난 결과 및 대안은 문제해결의 답으로 활용된다.

③ 의사결정지원 시스템의 분석기법에는 What-if 분석법, 민감도 분석법, 목표추구 분석법, 최적화 분석법 등이 있다.

④ 의사결정지원 시스템은 다양한 원천으로부터 데이터를 획득해서 의사결정에 필요한 정보처리를 할 수 있도록 해야 한다.

⑤ 의사결정지원 시스템은 분석 모델의 구성요소의 변경이나 또는 완전하게 새로운 분석모델 개발 시 즉각적으로 시스템에 반영시켜 의사결정을 이루도록 해야 한다.

10. 다음의 내용을 읽고 괄호 안에 들어갈 말을 순서대로 바르게 나열한 것은?

(㉠)는 물자가 조달처로부터 운송되어서 매입물자의 보관 창고에 입고 및 관리되어 생산 공정에 투입되기 직전까지의 물류활동에 따른 물류비, 생산 공정투입 직전까지 실시한 하역, 검수, 입출고, 보관 등의 관련 제비용 등을 포함하며 하역, 운송, 검수, 입고, 보관, 출고 등의 조달물류과정에서 발생한 비용을 말하고, (㉡)는 생산 공정 투입시점에서부터 생산과정 중의 공정 및 공정 간의 원재료나 또는 반제품의 운송, 보관활동 및 생산된 완제품을 창고에 보관하기 직전까지의 물류활동에 따른 물류비를 말하며, (㉢)는 완제품 또는 매입한 상품 등을 창고에 보관하는 활동부터 그 이후의 모든 물류활동에 따른 물류비를 말한다.

① ㉠ 사내물류비, ㉡ 판매물류비, ㉢ 조달물류비

② ㉠ 조달물류비, ㉡ 사내물류비, ㉢ 판매물류비

③ ㉠ 조달물류비, ㉡ 폐기물류비, ㉢ 반품물류비

④ ㉠ 판매물류비, ㉡ 조달물류비, ㉢ 폐기물류비

⑤ ㉠ 판매물류비, ㉡ 폐기물류비, ㉢ 반품물류비

11. A사는 1억 원을 투자하여 연간 15%의 수익률을 올리는 것을 목표로 새로운 택배서비스를 시작하였다. 이때, 택배서비스의 목표 수입가격은 얼마가 적당한가? (단, 예상 취급량 30,000개/연, 택배 서비스 취급원가 1,500원/개)

① 1,000원

② 1,500원

③ 2,000원

④ 2,500원

⑤ 3,000원

12. 다음 중 JIT(Just In Time) 시스템의 운영 특성에 관한 설명으로 옳지 않은 것은?

① 생산소요시간 감소 및 각 공정 간 작업부하의 균일화를 위해 소롯트(lot)가 요구된다.

② 재고를 최소로 유지하기 위해서는 불량 없는 품질관리가 중요하다.

③ 공급되는 부품의 품질, 수량, 납품시기 측면에서 공급업체와의 신뢰성 구축과 긴밀한 협조체제가 요구된다.

④ 원활한 활동을 위해 노동력의 유연성과 팀워크가 요구된다.

⑤ 재고수준이 일정할 필요가 없으며 상황에 따라 변하는 예측수요 등에 바탕을 둔 재고관리가 요구된다.

13. 상품판매의 목적을 숨기고 설문조사 등을 빙자하여 판매하는 수법은?

① 러브콜

② 캐치세일

③ 감성마케팅

④ 스팟세일

⑤ 니치마케팅

14. 아래의 그림과 연관된 수송수단에 관한 설명으로 가장 옳지 않은 것을 고르면?

① 화물의 수취에 있어 부수적인 운송을 필요로 한다.

② 계획운송이 가능하고 전국적인 네트워크가 있다.

③ 비교적 전천후적인 운송수단이다.

④ 원거리 대량운송에 적합한 수단이다.

⑤ 중거리 및 장거리의 운송 시 운임이 고가이다.

15. 다음 중 친환경 녹색물류에 관한 설명으로 옳지 않은 것은?

① 녹색물류 활동을 통한 비용절감이 가능하며, 기업의 사회적 이미지가 제고된다.

② 조달·생산 → 판매 → 반품·회수·폐기(reverse) 상의 과정에서 발생하는 환경오염을 감소시키기 위한 제반 물류활동을 의미한다.

③ 우리나라에서는 폐기물을 다량 발생시키고 있는 생산자에게 폐기물을 감량 및 회수하고, 재활용 할 의무를 부여하는 생산자책임 재활용제도를 운영하고 있다.

④ 기업에서는 비용과 서비스에 상관없이 환경을 고려한 물류시스템을 도입해야 한다.

⑤ 물류활동을 통하여 발생되는 제품 및 포장재의 감량과 폐기물의 발생을 최소화하는 방법 등을 말한다.

16. 다음 유통기업집단의 형태 중 금융적 방법에 의한 기업집중의 형태이며 독점의 최고 형태는 무엇인가?

① 다각화
② 아웃소싱
③ 콘체른
④ 카르텔
⑤ 트러스트

17. 아래 글상자에서 설명하고 있는 추종상표의 마케팅 전략은 어떤 소비자 구매행동 유형에 가장 적합한지 고르면?

> • 시장선도 상표는 넓은 진열면적을 점유하며, 재고부족을 없애고 빈번한 광고를 통하여 소비자로 하여금 습관적 구매를 유도하는 전략을 사용하는 것이 유리하다.
> • 추종상표는 낮은 가격, 할인 쿠폰, 무료샘플 등을 활용하여 시장 선도제품을 사용하고 있는 소비자들로 하여금 상표전환을 유도하는 전략을 사용하는 것이 유리하다.

① 다양성 추구 구매행동
② 습관적 구매행동
③ 복잡한 구매행동
④ 고관여 구매행동
⑤ 태도지향적 구매행동

18. 비교 광고(comparative advertising)란 동일한 제품군이나 서비스 군에 속한 둘 또는 그 이상의 특정한 브랜드명을 자사의 광고 내에 등장시켜서 비교하는 광고를 의미하는데, 다음 중 비교 광고의 효과에 대한 내용으로 가장 바르지 않은 것은?

① 경쟁브랜드에 높은 선호도를 가진 소비자에게는 효과가 작다.
② 고관여 제품의 경우 비교 광고의 새로운 내용이 소비자의 주의를 끄는데 더욱 효과적이므로 보다 적합하다.
③ 기존 제품에 비해 두드러진 장점을 가지고 있으나 아직 충분히 알려지지 않은 신규 브랜드에서 더욱 효과적이다.
④ 일반적으로 인지적이며 감정적인 동기가 동시에 일어날 때 그리고 소비자들이 세부적이며 분석적인 상태에서 광고를 처리하는 경우에 효과가 최상으로 발휘된다.
⑤ 과학적인 실험을 통하여 검증된 내용을 근거로 비교 광고가 실행될 때 그 효과가 더욱 크다.

19. 최근에 들어 수 많은 유통기업들은 자사의 성과를 향상시키기 위한 방법으로 소비자심리를 파악하여 구매동기나 구매 욕구를 자극하고 있다. 다음 중 이와 관련된 이론적 설명으로 가장 올바르지 않은 것은 무엇인가?

① Freud에 의하면 소비자는 특별한 상표를 검토할 때 이미 기업이 주장한 그 상표의 능력뿐만 아니라 기타 무의식적인 단서에 반응하므로 형태, 크기, 무게, 자재, 색상 및 상표명 등으로 동기를 부여하여야 한다.
② Maslow는 소비자들이 특정한 시기에 특정한 욕구에 의해 움직인다는 것을 욕구단계설로 주장하였다.
③ Maslow는 욕구단계설에서 예를 들어 배고픈 사람은 예술 세계의 최근 동향, 다른 사람들에게 어떻게 보일까하는 문제, 자기가 깨끗한 공기를 마시고 있는지에 관해서는 관심이 없다는 것을 주장하였다.
④ Herzberg는 동기부여 이론에서 불만족 요인과 만족 요인을 개발하였는데, 불만족 요인이 없다는 것으로도 충분히 구매동기를 부여할 수 있다고 판단함으로써 기업들은 불만족 요인의 제거를 통해 구매동기를 부여할 수 있다고 주장하였다.
⑤ 이러한 동기부여이론들은 욕구가 강렬하고 충분한 수준으로 일어나면 구매동기가 된다고 주장한다는 점에서 공통점이 있다.

20. BCG 매트릭스는 미국의 보스턴 컨설팅 그룹에서 개발한 전략평가 기법이며 성장–점유율 매트릭스라고도 하는데, 다음 중 이러한 사업포트폴리오 분석에 대한 설명으로 올바른 것을 모두 고르면?

> a. BCG매트릭스는 시장성장률과 절대적 시장점유율을 두 축으로 총 4개의 사업영역으로 분류한다.
> b. BCG매트릭스의 자금 젖소영역에서는 현상유지 또는 수확 전략을 취한다.
> c. BCG매트릭스의 문제아 영역은 시장성장률은 낮지만 절대적 시장점유율이 높은 전략사업단위를 지칭한다.
> d. BCG매트릭스가 시장점유율을 사업단위의 경쟁적 지표로 취한 것은 경험곡선효과 때문이다.
> e. GE & Mckinsey의 사업매력도–사업강점분석은 BCG매트릭스보다 각 차원별로 여러 구성요인을 반영하여 사업영역을 9개로 구분한다.

① a, b, e
② a, c, d
③ b, d, e
④ b, c, d
⑤ c, d, e

21. 원모는 백상아리가 인간의 수명연장에 도움이 된다는 것을 파악하고 이를 양식화하고 시장에 진입하여 점차적으로 이익이 생기면서 시장 내 입지를 굳혀가게 되었다. 하지만 그로 인한 경쟁상대도 조금씩 늘어나게 되었다. 이 때 원모가 하고 있는 백상아리 양식업이 제품수명주기 상 성장기에 해당된다고 했을 시에 원모가 취할 수 있는 보편적인 전략으로 가장 적합한 것은 무엇인가?

① 새로운 소비자를 찾거나 기존 소비자를 위한 제품의 새로운 용도를 개발한다.
② 기존 제품의 품질이나 특성 등을 수정하여 신규고객을 유인하거나 기존 고객의 사용빈도를 늘인다.
③ 시장점유율을 증대시키기 위해 가능한 한 점포 수를 확장한다.
④ 판촉활동의 강화에 주력한다.
⑤ 기존 마케팅믹스를 수정하여 가격할인을 시도하거나 공격적인 비교 광고를 시행한다.

22. 다음 중 인터넷상의 가격설정 전략에 관한 설명 중 가장 거리가 먼 것은?

① 기업은 마케팅목표를 달성하기 위한 전체적인 전략을 개발하고 이 전략을 기초로 각 상품군이나 시장에 대한 가격전략을 개발하고 계획 및 조정해야 한다.
② 가격설정 전략에 영향을 미치는 요소는 마케팅 목표, 상품원가, 상품수요, 경쟁환경, 정부규제의 영향 등을 들 수 있다.
③ 인터넷 상품의 가격인하 압력요인으로 최저가격 검색기능, 브랜드 확립 우선의 가격결정, 상품의 독자성, 인터넷 판매의 낮은 경비 등을 들 수 있다.
④ 인터넷 판매는 물류비 및 고객관리비용의 상승을 초래한다. 예를 들어 주문처리 비용의 상승, 재고비용의 상승, 높은 출점비용과 유통센터 운영비용, 카탈로그 인쇄 및 광고 판촉물에 대한 배포비용, 높은 고객서비스 비용 등을 들 수 있다.
⑤ 인터넷 상품의 가격상승 요인으로 운송경비와 소비자의 불만, 경매고객끼리의 경쟁에 의한 물품가격의 상승, 웹사이트의 개발비용과 유지관리비, 무료상품 및 샘플제공, 높은 인터넷마케팅과 광고비 등을 들 수 있다.

23. 고객 커뮤니케이션 방법들(광고, 홍보, 판매원, 구전, 웹사이트 등)의 상대적 비교로 가장 올바른 것을 고르면? (단, 통제력은 광고주가 커뮤니케이션 메시지에 대한 통제의 정도이고, 유연성은 개별 고객에 맞춘 커뮤니케이션의 유연한 정도이며, 신뢰성은 고객이 커뮤니케이션의 원천에 대해 신뢰하는 정도를 의미함)

① 광고는 통제력과 유연성이 높은 데 비하여 신뢰성은 낮다.
② 홍보는 유연성이 낮은데 비해 통제력과 신뢰성은 높다.
③ 매장의 판매원은 통제력과 유연성이 높은데 비하여 신뢰성이 낮다.
④ 구전은 신뢰성과 유연성이 높은 데 비하여 통제력은 낮다.
⑤ 자사 웹사이트는 통제력과 신뢰성이 높은 데 비하여 유연성은 낮다.

24. 아래 박스의 내용을 읽고 고객관계관리(CRM)의 영역·범위에 관한 설명 중 올바른 것을 모두 모아놓은 것은 무엇인가?

> 가. 초기 CRM의 관심영역의 핵심은 고객유지이다.
> 나. 우량고객을 어떻게 유지할 것인가와 이탈고객의 이탈 이유는 무엇이며 어떻게 이탈을 막을 것인가에 대한 고민이 바로 고객유지의 핵심이다.
> 다. CRM의 관심영역의 확장내용으로 고객확보와 고객발굴을 들 수 있다.
> 라. 고객확보의 핵심은 어떤 특성을 가진 잠재고객이 우량고객으로 될 가능성이 높은가, 잠재고객은 어디에 있으며 어떤 니즈를 가지고 있는가에 대한 질문으로부터 출발한다.
> 마. 고객의 잠재적 구매니즈는 무엇이며 어떻게 하면 고객의 이용률을 높일 수 있을까에 대한 고민과 과제가 바로 고객발굴의 핵심이다.
> 바. CRM은 고객과의 첫 만남에서 헤어짐에 이르는 전 과정에서 기업과 고객의 관계강화를 목표로 한다.

① 가, 나, 다, 바
② 나, 다, 라, 마, 바
③ 나, 라, 마, 바
④ 가, 나, 다, 라, 마, 바
⑤ 다, 라, 마, 바

25. 통상적으로 고객서비스는 재화나 서비스 상품을 구입한 고객에게 제공하는 관리 서비스를 의미하는데, 이러한 고객서비스의 주요 구성요소에는 거래 전 요소, 거래 중 요소, 거래 후 요소가 있다. 이에 대한 설명으로 가장 옳지 않은 것을 고르면?

① 거래 전 고객서비스 요소는 물적 유통과 직접적인 관련은 없지만 대고객 서비스관점에서 상당히 중요한 역할을 한다.

② 거래 전 고객서비스 요소에는 주문 시스템의 정확성, 발주의 편리성 등을 들 수 있다.

③ 거래 중 고객서비스 요소는 물적 유통기능을 수행하는데 직접적으로 관련이 있는 고객서비스 변수로서, 예를 들어 상품 및 배달의 신뢰성 등을 말한다.

④ 거래 후 고객서비스 요소는 사용 중인 제품에 대한 지원과 관련된 고객서비스 변수를 말한다.

⑤ 거래 후 고객서비스 요소에는 제품보증, 부품 및 수선서비스, 고객 불만 처리절차 등을 들 수 있다.

26. 보통 재고비용은 크게 재고유지비용, 주문비용, 재고부족비용으로 구성되어지는데 다음 중 재고부족비용에 영향을 미치는 요인들로만 바르게 묶은 것은?

① 재고품의 가치, 이자비용, 창고비용, 취급비용, 보험, 세금

② 진부화, 매출채권 회수절차, 주문 주기 당 수요변동정도, 주문주기 당 수행시간 변화정도

③ 주문량, 매 주문 당 비용, 매 주문 당 생산가동비용, 백오더에 의한 비용발생(중복주문처리, 과다커뮤니케이션, 판매노력의 낭비, 판매상실에 미치는 영향정도)

④ 안전재고량, 연간주문 주기횟수, 주문주기 당 수요변동정도, 주문주기 당 수행시간 변화정도, 제품대체성

⑤ 진부화, 매출채권 회수절차, 외상매입금 지불절차, 주문주기시간

27. 재고는 기업이 수요에 신속하게 응하기 위해 보유하고 있는 물품을 의미하는데, 다음 중 재고와 관련된 설명으로 가장 올바르지 않은 것을 고르면?

① 적정 재주문량은 재고유지비, 주문비용, 재고부족비를 함께 고려하여 결정하는데 총재고비용이 최소가 되는 점이 최적주문량이 된다.

② 판매기간 중 재고의 결품이 발생하지 않도록 하여야 하나 보완품목군의 경우 재고팽창에 유의하여 엄중히 점검할 필요가 있다.

③ 제시품목군은 초고급, 초고가격인 상품으로 원칙적으로 매장에 재고를 두고 창고에 보관하지 않으며 진열장, 매장 내의 전략적 위치에 진열한다.

④ 촉진품목군 상품은 가격을 대폭 인하한 상품으로 행사기간 중에 처분하기 위해 행사장 내에 특가품 코너에 집중 진열하며 원칙적으로 재발주하지 않는다.

⑤ 기간품목군 상품은 유행주기 상 도입단계에 위치하는 제품군으로 특정 기간에 집중적 판매를 위해 원칙적으로 매장에만 재고를 두고 창고에 보관하지 않는다.

28. 소매업체들의 경영 및 영업성과에 대한 측정을 위해 소위 '전략적 수익모델'을 활용할 수 있다. 전략적 수익모델에서 활용되는 항목이 다음과 같을 때, 재고회전율은 얼마인가?

• 총비용 : 20,000	• 순매출액 : 240,000
• 순이익 : 50,000	• 평균상품재고액 : 80,000

① 1.5

② 2.3

③ 3

④ 4.2

⑤ 5.7

29. 최근 정년퇴직을 한 규호는 점포를 얻어 사과 장사를 시작했다. 아래의 표를 참조하여 목표로 하는 이익을 얻기 위해 매월 어느 정도의 판매량과 판매액을 달성해야 하는가?

〈표〉
• 점포 월 임대료 : ₩3,000,000(고정비 성격)
• 사과 1박스 ₩50,000에 구입
• 사과 1박스 ₩70,000에 판매
• A가 원하는 자신의 목표이익 : ₩3,000,000
• 다른 비용은 없는 것으로 가정함

① 300박스 - ₩21,000,000

② 400박스 - ₩21,000,000

③ 450박스 - ₩25,000,000

④ 500박스 - ₩27,000,000

⑤ 600박스 - ₩31,000,000

30. 다음 중 마케팅 조사에서 표본선정에 관한 설명으로 가장 적절하지 않은 것은?

① 표본추출과정은 '모집단의 설정-표본프레임의 결정-표본추출방법의 결정-표본크기의 결정-표본추출'의 순서로 이루어진다.

② 표본의 크기가 커질수록 조사비용과 조사시간이 증가하며, 표본오류 또한 증가한다.

③ 비표본오류에는 조사현장의 오류, 자료기록 및 처리의 오류, 불포함 오류, 무응답오류가 있다.

④ 층화표본추출은 확률표본추출로 모집단을 서로 상이한 소집단들로 나누고 이들 각 소집단들로부터 표본을 무작위로 추출하는 방법이다.

⑤ 표본프레임은 모집단에 포함된 조사대상자들의 명단이 수록된 목록을 의미한다.

31. 다음 중 판매촉진에 대한 설명으로 가장 올바르지 않은 것은?

① 단기적인 소비자의 구매유도가 아닌 장기적인 고객관계 향상을 위한 판매촉진의 경우 유통점에서의 구매시점 판촉 또는 프리미엄과 같은 소매상 판매촉진이 효과적이다.

② 주요 소비자 판촉도구에는 샘플, 쿠폰, 현금 환불, 가격할인, 프리미엄, 단골고객 보상, 구매시점 진열과 시연, 콘테스트, 추첨 등이 있다.

③ 중간상 판매촉진의 목표는 소매상들이 제조사의 신규품목 취급, 적정재고의 유지, 소매환경에서의 제품광고 또는 더 넓은 공간을 할당하도록 유도하는 데 있다.

④ 영업사원 판매촉진의 목표는 기존 제품 및 신제품에 대한 영업사원의 노력 및 지원을 더 많이 확보하거나 영업사원으로 하여금 신규 거래처를 개발하도록 유도하는 데 있다.

⑤ 판매촉진은 광고, 인적판매 또는 다른 촉진믹스 도구들과 함께 사용하는 것이 일반적인데, 중간상 판매촉진과 영업사원 판매촉진은 주로 인적판매과정을 지원한다.

32. 아래 내용이 설명하고 있는 가격결정방식이 무엇인지 고르면?

좋은 품질과 서비스를 잘 결합하여 적정가격에 제공하는 것을 말한다. 많은 경우 이러한 가격결정은 시장기반이 확립된 유명 브랜드 제품들이 상대적으로 저렴한 제품들을 시장에 새로이 도입할 때 사용된다. 또 다른 경우로는 기존 가격에서 더 나은 품질을 제공하거나 더 저렴한 가격으로 동일한 품질을 제공하도록 기존 브랜드를 재설계할 때이다.

① 원가기반 가격결정(cost-based pricing)

② 고객가치기반 가격결정(customer value-based pricing)

③ 우수가치 상응 가격결정(good-value pricing)

④ 부가가치 가격결정(value-added pricing)

⑤ 경쟁우위 기반 가격결정 (competitive advantage-based pricing)

33. French & Raven(1959)은 유통경로에서 경로구성원 간에 발생하는 힘을 여러 유형으로 나누고, 각각 힘의 원천에 대한 예를 제시하였다. 다음 중 '준거적 힘(referent power)'의 원천에 해당하는 것으로만 묶인 것은?

① 유명업체와 거래한다는 긍지, 목표 공유, 관계지속 욕구

② 판매지원, 마진폭 확대, 할인제공, 독점권 제공

③ 보증금 인상, 지역권 철회

④ 특허권, 계약

⑤ 전문지식, 시장정보, 관리능력

34. 기업이 고객점유율을 높이는 방법 중 하나로 교차판매 또는 상승판매와 같은 CRM 프로그램을 이용할 수 있다. 가장 올바르지 않은 것은?

① 교차판매의 목적은 고객이 선호할 수 있는 추가 제안을 통해 고객의 구매를 유도하는 것이다.

② 상승판매는 동일한 분야로 분류될 수 있는 제품 중 보다 더 강화된 서비스나 상품을 구매하도록 유도하여 고객의 구매를 유도하는 방법이다.

③ 기존에 구축되어 있는 고객들에 대한 자료를 이용하여 분석한 후 필요한 상품이나 서비스를 선정한다.

④ 교차판매나 상승판매가 가능한 이유는 고객이 제안된 상품이나 서비스에 대해 그 이상의 가치를 찾을 수 있기 때문이다.

⑤ 대체재나 보완재가 없는 독점이나 과점상태의 상품 및 서비스인 경우에 교차판매나 상승판매가 더 효과적이다.

35. 다음과 같은 조건에서 손익분기점에 도달하기 위한 (주) 앗싸의 연간매출수량과 연간매출액을 구하면?

> (주) 앗싸는 (주) 대박이 생산한 PC를 유통하는 기업이다. 이 PC의 판매단가는 150만 원이고 단위당 변동비는 120만 원이다. 그리고 (주) 앗싸가 이 PC를 유통하는 데 있어 쓰이는 연간 고정비는 6억 원이라고 한다.

① 1,500대, 22.5억 원

② 2,000대, 30.0억 원

③ 2,500대, 37.5억 원

④ 3,000대, 45.0억 원

⑤ 3,500대, 52.5억 원

36. 통상적으로 보면 소매상은 상품의 다양성 및 전문성을 추구하는 정도에 따라 상품의 기획능력이 결정되고, 결과적으로 점포의 경영성과에 영향을 미치게 된다. 어떤 소매상이 다음 박스 안의 내용과 같은 특성을 추구한다면, 다양성과 전문성의 수준이 어떠하다고 평가할 수 있는지 고르면?

> • 편의지향고객을 목표로 한다.
> • 관리의 용이성을 추구할 수 있다.
> • 적은 투자비용을 기대할 수 있다.
> • 제한된 시장에서 점포를 운영하고자 한다.
> • 내점 빈도가 낮다는 단점을 감수하여야 한다.

① 높은 다양성 – 높은 전문성

② 낮은 다양성 – 높은 전문성

③ 높은 다양성 – 낮은 전문성

④ 낮은 다양성 – 낮은 전문성

⑤ 알 수 없음

37. 구두 가게에서의 구두끈이나 가전제품 및 자동차 제조업체에서의 볼트와 같은 부품 등은 이익의 공헌도가 다른 부품에 비해 적은 편이다. 그러나 이러한 부품의 재고가 부족할 경우 고객서비스 수준이 낮아지거나 제품 및 기업이미지가 나빠지기도 하기 때문에 재고관리를 소홀히 할 수 없다. 이러한 특성을 지닌 부품의 재고관리에 적용될 수 있는 기법을 무엇이라고 하는가?

① 고정주문량(q-system) 분석

② CVA(critical value analysis) 분석

③ 미니-맥시(mini-maxi) 분석

④ 경제적 주문량(EOQ) 분석

⑤ SWOT 분석

38. 정보통신산업에서는 생산량이 많을수록 한계비용이 급감하여 지속적 성장이 가능한 수확체증 현상이 나타나게 된다. 다음 중 정보통신산업 분야에서 수확체증 현상이 일어나는 이유 중 가장 옳지 않은 것은 무엇인가?

① 규모의 경제가 실현되기 때문이다.

② 범위의 경제가 실현되기 때문이다.

③ 네트워크 효과가 발생되기 때문이다.

④ 한계비용이 증가되기 때문이다.

⑤ 소비자 학습 효과가 발생되기 때문이다.

39. 다음은 가치사슬 전반에 걸쳐 있는 정보의 흐름을 관리하는 정보시스템을 도입하여 성공한 사례를 발췌한 내용이다. 해당 기업이 경쟁력을 확보하기 위해 선택한 정보시스템으로 가장 적절한 것은?

> 월마트와 P&G는 경쟁우위를 달성하기 위해 전략적 제휴와 동시에 정보기술을 도입하여 성공적인 결과를 낳고 있다. 월마트 고객이 P&G 제품을 구매하면, 이 시스템은 P&G 공장으로 정보를 보내고, P&G는 제품 재고를 조정한다. 이 시스템은 또한 월마트 유통센터에서 P&G의 재고가 일정 수준 이하가 되면 자동으로 발주를 하도록 되어있다.
> P&G는 이러한 실시간 정보를 이용하여 창고의 재고를 낮추면서 월마트의 요구사항을 효과적으로 충족시켜, 시스템을 통해 시간을 절약하고 재고를 줄이며 주문처리 비용의 부담을 줄일 수 있었고, 월마트도 제품을 할인된 가격으로 납품받을 수 있게 되었다.

① 공급사슬관리(Supply Chain Management)

② 고객관계관리(Customer Relationship Management)

③ 전사적 자원계획(Enterprise Resource Planning)

④ 비즈니스 인텔리전스(Business Intelligence)

⑤ 의사결정지원시스템(Decision Support System)

40. 칼스텐 솔하임은 '정보의 가치가 기업의 핸디캡을 줄일 수 있는 능력'이라고 한다. 기업이 정보를 이용하여 의사결정을 수행하는 데 있어 핸디캡을 줄이기 위해 정보시스템에 의존하는 경향과 가장 거리가 먼 것은?

① 대용량의 정보를 분석할 필요가 있다.

② 의사결정을 신속하게 내려야 한다.

③ 좋은 의사결정을 내리려면 모델링이나 예측 같은 정교한 분석기법을 이용해야 한다.

④ 정보시스템은 기업의 정보를 안전하게 보호하기 위한 보안장치를 제공한다.

⑤ 분석정보보다 거래처리 정보에 의존한 의사결정 문제가 자주 발생하게 된다.

41. 지난 수년 동안 인수 · 합병(M&A)을 통해 몸집을 불린 기업들이 금융위기를 맞아 잇달아 경영난에 봉착하면서 일부 기업은 워크아웃 등 기업회생절차에 들어가기도 했다. 이런 상황을 설명하는 용어는 다음 중 무엇인가?

① 신용파산 스와프(CDS)

② 신디케이트

③ 승자의 저주

④ 프리워크아웃

⑤ 법정관리

42. 다음 두 주장의 타당성을 검증하기 위해 공통적으로 파악해야 할 경제 정보로 가장 적절한 것은?

> • 작년에는 근로자의 평균 임금이 3% 상승하였으나 근로자들의 생활수준은 오히려 악화되었을 것으로 추론된다.
> • 퇴직금을 은행에 예금하고 이자를 받아 생활하는 사람들의 경우 작년에는 경제적으로 많은 어려움을 겪었을 것으로 예상된다.

① 실업률

② 물가 상승률

③ 투자 증가율

④ 명목 이자율

⑤ 경제 성장률

43. 외국 자본은 여러 가지 형태로 국내에 투자된다. 다음 중 전형적인 외국인 직접투자(FDI)에 해당하는 경우는?

① 외국인이 상장 주식에 투자한다.

② 외국인이 정부 채권을 매입한다.

③ 외국 기업이 국내 기업을 인수한다.

④ 외국 은행이 국내 은행의 채권을 매입한다.

⑤ 외국 은행이 국내 은행에 대출을 제공한다.

44. 미래 발전 가능성이 높아 세계 경제가 주목하고 있는 중국, 중동, 인도, 아프리카와 같은 국가들을 일컫는 신조어는?

① 브릭스

② 베네룩스

③ 나일론콩

④ 치미아

⑤ 친디아

45. LG텔레콤 · 데이콤 · 파워콤, 삼성SDS · 네트웍스, 한화리조트 · 한화개발 · 한화63시티 등 대기업들이 계열사를 합병하는 사례가 많다. 다음 중 이러한 사례의 이유로 적절하지 않은 것은?

① 규모의 경제를 통한 경쟁력 강화

② 경쟁을 통한 자원배분의 효율성 제고

③ 수직결합을 통한 독점력 제고

④ 혼합결합을 통한 영향력 확대

⑤ 거래비용의 절감

46. 실제로는 은행의 건전성에 큰 문제가 없지만 예금주들이 은행 건전성의 의문을 갖고 비관적으로 생각하는 경우 뱅크런(bank run)이 발생한다. 다음 중 이러한 뱅크런을 방지하기 위해 만들어진 제도로 가장 적절한 것은?

① BIS 규제

② 예금보험제도

③ 은행산업 허가제

④ 자본시장법

⑤ 통화안정 증권

47. 다음 글에 나타난 외부 효과에 대한 설명으로 옳은 것은?

> 자가용 차량의 운행으로 운전자 개인이 얻는 편익보다 사회 전체의 편익이 더 작다. 왜냐하면 자가용 차량의 운행으로 인한 교통 체증, 매연 등으로 제3자들이 고통을 받기 때문이다.

① 무임승차의 문제가 발생하게 된다.

② 사회적 최적 수준보다 적게 소비된다.

③ 소비 활동에서의 외부 불경제 상황이다.

④ 통행세를 징수하면 운전자 개인의 사적 편익은 증가한다.

⑤ 보조금을 지급하면 운전자 개인의 사적 편익은 감소한다.

48. 다음은 세금 A, B에 대한 설명이다. 이를 잘못 서술한 것은?

> A는 기업 이익에 대해 부과하는 세금으로 기업이 적자면 안 낼 수도 있다.
> B는 상품 가격을 기준으로 계산한 세금으로 대개 세율이 10%이다.

① A에는 주로 누진세율을 적용하고 있다.

② B의 세율 증가는 소비자의 후생을 감소시킬 수 있다.

③ A는 목적세, B는 보통세로 분류된다.

④ A에 비해 B는 일반적으로 조세 저항이 작다.

⑤ A와 달리 B는 납세자와 담세자가 일치하지 않는다.

49. 대형화·겸업화 된 투자은행(IB)의 출현기반을 마련해 주는 법률은?

① 자통법   ② 금산법

③ 금통법   ④ 지분법

⑤ 화의법

50. 경쟁자가 없는 시장의 새로운 소비자 계층을 뜻하는 신조어는?

① 디슈머   ② 프로슈머

③ 블루슈머   ④ 트윈슈머

⑤ 보테슈머

인천국제공항공사

사무분야(경영)

필기시험 모의고사

	영 역	직업기초능력평가, 직무수행능력평가(경영학)
제 3 회	문항수	110문항
	시 간	125분
	비 고	객관식 5지 택일형

SEOWONGAK

(주)서원각

✏️ **직업기초능력평가(60문항/65분)**

1. 다음 글을 비판하는 내용으로 적절하지 못한 것은?

사이버공간은 관계의 네트워크이다. 사이버공간은 광섬유와 통신위성 등에 의해 서로 연결된 컴퓨터들의 물리적인 네트워크로 구성되어 있다. 그러나 사이버공간이 물리적인 연결만으로 이루어지는 것은 아니다. 사이버공간을 구성하는 많은 관계들은 오직 소프트웨어를 통해서만 실현되는 순전히 논리적인 연결이기 때문이다. 양쪽 차원 모두에서 사이버공간의 본질은 관계적이다.

인간 공동체 역시 관계의 네트워크에 위해 결정된다. 가족끼리의 혈연적인 네트워크, 친구들 간의 사교적인 네트워크, 직장 동료들 간의 직업적인 네트워크 등과 같이 인간 공동체는 여러 관계들에 의해 중첩적으로 연결되어 있다.

사이버공간과 마찬가지로 인간의 네트워크도 물리적인 요소와 소프트웨어적 요소를 모두 가지고 있다. 예컨대 건강관리 네트워크는 병원 건물들의 물리적인 집합으로 구성되어 있지만, 동시에 환자를 추천해주는 전문가와 의사들 간의 비물질적인 네트워크에 크게 의존한다.

사이버공간을 유지하려면 네트워크 간의 믿을 만한 연결을 유지하는 것이 결정적으로 중요하다. 다시 말해, 사이버공간 전체의 힘은 다양한 접속점들 간의 연결을 얼마나 잘 유지하느냐에 달려 있다. 이것은 인간 공동체의 힘 역시 접속점 즉 개인과 개인, 다양한 집단과 집단 간의 견고한 관계 유지에 달려 있다는 점을 보여준다. 사이버공간과 마찬가지로 인간의 사회 공간도 공동체를 구성하는 네트워크의 힘과 신뢰도에 결정적으로 의존한다.

① 사이버공간의 익명성이 인간 공동체에 위협이 될 수도 있음을 지적한다.

② 유의미한 비교를 하기에는 양자 간의 차이가 너무 크다는 것을 보여준다.

③ 네트워크의 개념이 양자의 비교 근거가 될 만큼 명확하지 않다는 것을 보여준다.

④ 사이버공간과 인간 공동체 간에 있다고 주장된 유사성이 실제로는 없음을 보여준다.

⑤ 사이버공간과 인간 공동체의 공통점으로 거론된 네트워크라는 속성이 유비추리를 뒷받침할 만한 적합성을 갖추지 못했음을 보여준다.

2. 다음은 물품 A ~ E의 가격에 대한 자료이다. 아래 조건에 부합하는 물품의 가격으로 가장 가능한 것은?

(단위 : 원/개)

물품	가격
A	24,000
B	㉠
C	㉡
D	㉢
E	16,000

[조건]
- 갑, 을, 병의 가방에 담긴 물품은 각각 다음과 같다.
  - 갑 : B, C, D
  - 을 : A, C
  - 병 : B, D, E
- 가방에는 해당 물품이 한 개씩만 담겨 있다.
- 가방에 담긴 물품 가격의 합이 높은 사람부터 순서대로 나열하면 갑 > 을 > 병 순이다.
- 병의 가방에 담긴 물품 가격의 합은 44,000원이다.

	㉠	㉡	㉢
①	11,000	23,000	14,000
②	12,000	14,000	16,000
③	12,000	19,000	16,000
④	13,000	19,000	15,000
⑤	13,000	23,000	15,000

3. 다음 글에서 의열단 내의 변절자는 모두 몇 명인가?

> 일본 경찰의 지속적인 추적으로 인하여 다수의 의열단원이 체포되는 상황이 벌어졌다. 의열단의 단장인 약산 김원봉 선생은 의열단 내 변절자가 몇 명이나 되는지 알아보고자 세 명의 간부에게 물었다.
> 간부 1 : 서른 명 이상입니다.
> 간부 2 : 제 생각은 다릅니다. 서른 명보다는 적습니다.
> 간부 3 : 아닙니다. 적어도 한 명 이상입니다.
> 다만, 약산 김원봉 선생은 세 명의 간부는 모두 변절자가 아니지만, 오직 한 명만 상황을 정확히 파악하고 있다는 것을 알고 있다.

① 0명 ② 1명
③ 3명 ④ 5명
⑤ 30명 이상

4. N사 기획팀에서는 해외 거래처와의 중요한 계약을 성사시키기 위해 이를 담당할 사내 TF팀 인원을 보강하고자 한다. 다음 상황을 참고할 때, 반드시 선발해야 할 2명의 직원은 누구인가?

> 기획팀은 TF팀에 추가로 필요한 직원 2명을 보강해야 한다. 계약실무, 협상, 시장조사, 현장교육 등 4가지 업무는 새롭게 선발될 2명의 직원이 분담하여 모두 수행해야 한다.
> 4가지 업무를 수행하기 위해 필수적으로 갖추어야 할 자질은 다음과 같다.

업무	필요 자질
계약실무	스페인어, 국제 감각
협상	스페인어, 설득력
시장조사	설득력, 비판적 사고
현장교육	국제 감각, 의사 전달력

* 기획팀에서 1차로 선발한 직원은 오 대리, 최 사원, 남 대리, 조 사원 4명이며, 이들은 모두 3가지씩의 '필요 자질'을 갖추고 있다.
* 의사 전달력은 남 대리를 제외한 나머지 3명이 모두 갖추고 있다.
* 조 사원이 시장조사 업무를 제외한 모든 업무를 수행하려면, 스페인어 자질만 추가로 갖추면 된다.
* 오 대리는 계약실무 업무를 수행할 수 있고, 최 사원과 남 대리는 시장조사 업무를 수행할 수 있다.
* 국제 감각을 갖춘 직원은 2명이다.

① 오 대리, 최 사원 ② 오 대리, 남 대리
③ 최 사원, 조 사원 ④ 최 사원, 조 사원
⑤ 남 대리, 조 사원

5. 다양한 정보 중 어떤 것들은 입수한 그 자리에서 판단해 처리하고 미련 없이 버리는 것이 바람직한 '동적정보' 형태인 것들이 있다. 다음 중 이러한 동적정보에 속하지 않는 것은 어느 것인가?

① 각국의 해외여행 시 지참해야 할 물품을 기록해 둔 목록표
② 비행 전, 목적지의 기상 상태를 확인하기 위해 알아 본 인터넷 정보
③ 신문에서 확인한 해외 특정 국가의 질병 감염 가능성이 담긴 여행 자제 권고 소식
④ 입국장 검색 절차가 한층 복잡해졌음을 알리는 뉴스 기사
⑤ 각국의 환율과 그에 따른 원화가치 환산 그래프 자료

6. 다음 중 A사가 새롭게 도입하게 된 경영참가제도를 운영함에 있어 나타날 현상으로 보기에 적절하지 않은 것은 어느 것인가?

① 노사 양측의 공동 참여로 인해 신속하지만 부실한 의사결정 우려
② 근로자의 경영능력 부족에 따른 부작용
③ 노조의 고유 기능인 단체 교섭력 약화 우려
④ 제도에 참여하는 근로자가 모든 근로자의 권익을 효과적으로 대변할 수 있는 지 여부
⑤ 경영자 고유 권한인 경영권 약화 우려

7. 다음 글에 나타난 아우구스티누스의 주장에 대한 비판으로 가장 적절하지 않은 것은?

> 신은 전지(全知)·전능(全能)·전선(全善)한 존재라고 여겨진다. 만일 신이 전지하다면 세상에 존재하는 악에 대해 알고 있을 것이고, 그리고 전선하다면 이러한 악을 제거하길 원할 것이고, 또한 전능하다면 그렇게 할 수 있을 것이다. 그렇다면 도대체 왜 세상에 악이 존재하는 것일까? 중세 철학자 아우구스티누스는 이러한 악의 문제를 해결하기 위해 다음과 같이 주장한다. "의지는 스스로 의지하지 않는 한 결코 악해지지 않는다. 의지의 결함은 외부의 악에 의한 것이 아니라 그 자체가 악이다. 이는 신이 부여한 좋은 본성을 저버리고 나쁜 것을 선택했기 때문이다. 탐욕은 황금에 내재되어 있는 악이 아니라, 정의에 어긋나게 황금을 과도하게 사랑하는 사람에게 내재된 악이다. 사치는 아름답고 멋진 대상 자체에 내재된 악이 아니라, 보다 높은 차원의 기쁨을 주는 대상으로 우리를 인도해 주는 절제를 망각하고 과도하게 감각적 즐거움을 탐닉하는 마음의 잘못이다. 그리고 삼위일체에 의해 세상의 모든 사물은 최상의 상태로, 평등하게, 그리고 변하지 않는 선으로 창조됐다. 어떤 대상은 개별적으로 분리해 볼 때 마치 아름다운 그림 속의 어두운 색과 같이 그 자체는 추해 보일 수 있지만, 전체적으로 볼 때 멋진 질서와 아름다움을 갖고 있는 전체 우주의 일부분을 구성하기 때문에, 선한 것이다."

① 다른 사람의 악행의 결과로 고통받는 사람들이 많다.

② 갓 태어난 아기가 선천적 질병으로 죽는 경우가 비일비재하다.

③ 세상에 존재하는 악은 세상을 조화롭고 아름답게 하기에 적당한 정도라고 보기 어렵다.

④ 지진, 홍수, 가뭄과 같은 자연재해에 아무런 책임이 없는 사람들이 이러한 자연재해 때문에 고통받는 경우가 많다.

⑤ 많은 악행에도 불구하고 온갖 권력과 쾌락을 누리다가 죽는 사람들이 있다는 것은 선과 악의 내결에서 항상 선이 승리하는 것만은 아님을 보여 준다.

8. 다음 그림처럼 화살표에서 시작해서 시계방향으로 수와 사칙연산기호가 배열되어 있다. (?)에서 시작한 값이 마지막에 등호(=)로 연결되어 식을 완성한다. (?) 안에 알맞은 수로 옳은 것은? (단, 사칙연산기호의 연산순서는 무시하고, 그림에 있는 순서대로 계산한다)

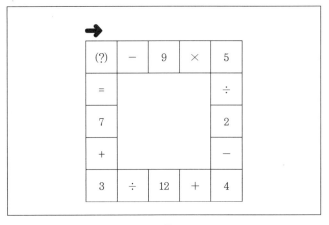

① 11

② 12

③ 13

④ 14

⑤ 15

9. 동건, 우성, 인성은 임의의 순서로 빨간색·파란색·노란색 지붕을 가진 집에 나란히 이웃하여 살고 있으며, 개·고양이·도마뱀이라는 서로 다른 애완동물을 기르며, 광부·농부·의사라는 서로 다른 직업을 갖고 있다. 알려진 정보가 다음과 같을 때 반드시 참이라고 할 수 없는 내용을 〈보기〉에서 모두 고른 것은?

> ㉮ 인성은 광부이다.
> ㉯ 가운데 집에 사는 사람은 개를 키우지 않는다.
> ㉰ 농부와 의사의 집은 서로 이웃해 있지 않다.
> ㉱ 노란 지붕 집은 의사의 집과 이웃해 있다.
> ㉲ 파란 지붕 집에 사람은 고양이를 키운다.
> ㉳ 우성은 빨간 지붕 집에 산다.

> 〈보기〉
> ㉠ 동건은 빨간 지붕 집에 살지 않고, 우성은 개를 키우지 않는다.
> ㉡ 노란 지붕 집에 사는 사람은 도마뱀을 키우지 않는다.
> ㉢ 동건은 파란 지붕 집에 살거나, 우성은 고양이를 키운다.
> ㉣ 동건은 개를 키우지 않는다.
> ㉤ 우성은 농부다.

① ㉠㉡

② ㉡㉢

③ ㉢㉣

④ ㉠㉡㉤

⑤ ㉠㉢㉤

〈대한 국제 회의장 예약 현황〉

행사구분	행사주체	행사일	시작시간	진행시간	예약인원	행사장
학술대회	A대학	3/10	10:00	2H	250명	전시홀
공연	B동아리	2/5	17:00	3H	330명	그랜드볼룸
학술대회	C연구소	4/10	10:30	6H	180명	전시홀
국제회의	D국 무역관	2/13	15:00	4H	100명	컨퍼런스홀
국제회의	E제품 바이어	3/7	14:00	3H	150명	그랜드볼룸
공연	F사 동호회	2/20	15:00	4H	280명	전시홀
학술대회	G학회	4/3	10:00	5H	160명	컨퍼런스홀
국제회의	H기업	2/19	11:00	3H	120명	그랜드볼룸

〈행사장별 행사 비용〉

	행사 비용
전시홀	350,000원(기본 2H), 1시간 당 5만 원 추가, 200명 이상일 경우 기본요금의 15% 추가
그랜드볼룸	450,000원(기본 2H), 1시간 당 5만 원 추가, 250명 이상일 경우 기본요금의 20% 추가
컨퍼런스홀	300,000원(기본 2H), 1시간 당 3만 원 추가, 150명 이상일 경우 기본요금의 10% 추가

10. 다음 중 대한 국제 회의장이 2월 중 얻게 되는 기본요금과 시간 추가 비용의 수익금은 모두 얼마인가? (인원 추가 비용 제외)

① 172만 원   ② 175만 원

③ 177만 원   ④ 180만 원

⑤ 181만 원

11. 다음 중 인원 추가 비용이 가장 큰 시기부터 순서대로 올바르게 나열된 것은 어느 것인가?

① 4월, 2월, 3월   ② 3월, 4월, 2월

③ 3월, 2월, 4월   ④ 2월, 3월, 4월

⑤ 2월, 4월, 3월

12. 국내에서 사용하는 인터넷 도메인(Domain)은 현재 2단계 도메인으로 구성되어 있다. 다음 중 도메인 종류와 해당 기관의 성격이 올바르게 연결되지 않은 것은 어느 것인가?

① re.kr – 연구기관

② pe.kr – 개인

③ kg.kr – 유치원

④ ed.kr – 대학

⑤ mil.kr – 국방

13. 다음과 같은 팀장의 지시 사항을 수행하기 위하여 업무협조를 구해야 할 조직의 명칭이 순서대로 올바르게 나열된 것은 어느 것인가?

> 다들 사장님 보고 자료 때문에 정신이 없는 모양인데 이건 자네가 좀 처리해줘야겠군. 다음 주에 있을 기자단 간담회 자료가 필요한데 옆 부서 박 부장한테 말해 두었으니 오전 중에 좀 가져다주게나. 그리고 내일 사장님께서 보고 직전에 외부에서 오신다던데 어디서 오시는 건지 일정 좀 확인해서 알려주고, 이틀 전 퇴사한 엄 차장 퇴직금 처리가 언제 마무리 될지도 알아봐 주게나. 아, 그리고 말이야, 자네는 아직 사원증이 발급되지 않았나? 확인해 보고 얼른 요청해서 걸고 다니게.

① 기획실, 경영관리실, 총무부, 비서실

② 영업2팀, 홍보실, 회계팀, 물류팀

③ 총무부, 구매부, 비서실, 인사부

④ 경영관리실, 회계팀, 기획실, 총무부

⑤ 홍보실, 비서실, 인사부, 총무부

14. 다음 글에서 추론할 수 있는 내용으로 옳은 것만을 고른 것은?

예술과 도덕의 관계, 더 구체적으로는 예술작품의 미적 가치와 도덕적 가치의 관계는 동서양을 막론하고 사상사의 중요한 주제들 중 하나이다. 그 관계에 대한 입장들로는 '극단적 도덕주의', '온건적 도덕주의', '자율성주의'가 있다. 이 입장들은 예술작품이 도덕적 가치판단의 대상이 될 수 있느냐는 물음에 각기 다른 대답을 한다.

극단적 도덕주의 입장은 모든 예술작품을 도덕적 가치판단의 대상으로 본다. 이 입장은 도덕적 가치를 가장 우선적인 가치이자 가장 포괄적인 가치로 본다. 따라서 모든 예술 작품은 도덕적 가치에 의해서 긍정적으로 또는 부정적으로 평가된다. 또한 도덕적 가치는 미적 가치를 비롯한 다른 가치들보다 우선한다. 이러한 입장을 대표하는 사람이 바로 톨스토이이다. 그는 인간의 형제애에 관한 정서를 전달함으로써 인류의 심적 통합을 이루는 것이 예술의 핵심적 가치라고 보았다.

온건적 도덕주의는 오직 일부 예술작품만이 도덕적 판단의 대상이 된다고 보는 입장이다. 따라서 일부의 예술작품들에 대해서만 긍정적인 또는 부정적인 도덕적 가치판단이 가능하다고 본다. 이 입장에 따르면, 도덕적 판단의 대상이 되는 예술작품의 도덕적 가치와 미적 가치는 서로 독립적으로 성립하는 것이 아니다. 그것들은 서로 내적으로 연결되어 있기 때문에 어떤 예술작품이 가지는 도덕적 장점이 그 예술작품의 미적 장점이 된다. 또한 어떤 예술작품의 도덕적 결함은 그 예술작품의 미적 결함이 된다.

자율성주의는 어떠한 예술작품도 도덕적 가치판단의 대상이 될 수 없다고 보는 입장이다. 이 입장에 따르면, 도덕적 가치와 미적 가치는 서로 자율성을 유지한다. 즉, 도덕적 가치와 미적 가치는 각각 독립적인 영역에서 구현되고 서로 다른 기준에 의해 평가된다는 것이다. 결국 자율성주의는 예술작품에 대한 도덕적 가치판단을 범주착오에 해당하는 것으로 본다.

㉠ 자율성주의는 극단적 도덕주의와 온건한 도덕주의가 모두 범주착오를 범하고 있다고 볼 것이다.

㉡ 극단적 도덕주의는 모든 도덕적 가치가 예술작품을 통해 구현된다고 보지만 자율성주의는 그렇지 않을 것이다.

㉢ 온건한 도덕주의에서 도덕적 판단의 대상이 되는 예술작품들은 모두 극단적 도덕주의에서도 도덕적 판단의 대상이 될 것이다.

① ㉠
② ㉡
③ ㉠㉢
④ ㉡㉢
⑤ ㉠㉡㉢

15. 다음은 학생들의 시험성적에 관한 자료이다. 순위산정방식을 이용하여 순위를 산정할 경우 옳은 설명만으로 바르게 짝지어진 것은?

학생들의 시험성적

(단위 : 점)

과목 학생	국어	영어	수학	과학
미연	75	85	90	97
수정	82	83	79	81
대현	95	75	75	85
상민	89	70	91	90

〈순위산정방식〉

• A방식 : 4개 과목의 총점이 높은 학생부터 순서대로 1, 2, 3, 4위로 하되, 4개 과목의 총점이 동일한 학생의 경우 국어 성적이 높은 학생을 높은 순위로 한다.

• B방식 : 과목별 등수의 합이 작은 학생부터 순서대로 1, 2, 3, 4위로 하되, 과목별 등수의 합이 동일한 학생의 경우 A방식에 따라 산정한 순위가 높은 학생을 높은 순위로 한다.

• C방식 : 80점 이상인 과목의 수가 많은 학생부터 순서대로 1, 2, 3, 4위로 하되, 80점 이상인 과목의 수가 동일한 학생의 경우 A방식에 따라 산정한 순위가 높은 학생을 높은 순위로 한다.

㉠ A방식과 B방식으로 산정한 대현의 순위는 동일하다.

㉡ C방식으로 산정한 상민의 순위는 2위이다.

㉢ 상민의 과학점수만 95점으로 변경된다면, B방식으로 산정한 미연의 순위는 2위가 된다.

① ㉠
② ㉡
③ ㉢
④ ㉠㉡
⑤ ㉠㉡㉢

16. 영식이는 자신의 업무에 필요하다고 생각하여 국제인재개발원에서 수강할 과목을 선택하려고 한다. 영식이가 선택할 과목에 대해 주변의 지인 A~E가 다음과 같이 진술하였는데 이 중 한 사람의 진술은 거짓이고 나머지 사람들의 진술은 모두 참인 것으로 밝혀졌다. 영식이가 반드시 수강할 과목만으로 바르게 짝지어진 것은?

> A : 영어를 수강할 경우 중국어도 수강한다.
> B : 영어를 수강하지 않을 경우, 일본어도 수강하지 않는다.
> C : 영어와 중국어 중 적어도 하나를 수강한다.
> D : 일본어를 수강할 경우에만 중국어를 수강한다.
> E : 일본어를 수강하지만 영어는 수강하지 않는다.

① 일본어

② 영어

③ 일본어, 중국어

④ 일본어, 영어

⑤ 일본어, 영어, 중국어

17. 근로자의 근로 여건에 대한 다음 자료를 바탕으로 〈보기〉에서 옳은 것을 모두 고르면?

〈근로자 근로시간 및 임금〉

(단위 : 일, 시간, 천 원)

구분	2014	2015	2016	2017
근로일수	21.3	21.1	20.9	21.1
근로시간	179.9	178.1	177.1	178.4
임금총액	3,178	3,299	3,378	3,490

〈보기〉

(가) 1일 평균 근로시간은 2016년이 가장 많다.
(나) 1일 평균 임금총액은 매년 증가하였다.
(다) 1시간 당 평균 임금총액은 매년 증가하였다.
(라) 근로시간이 더 많은 해에는 임금총액도 더 많다.

① (가), (나) ② (나), (다)

③ (다), (라) ④ (가), (나), (다)

⑤ (나), (다), (라)

18. 다음 중 필요한 정보를 효과적으로 수집하기 위하여 가져야 하는 정보 인식 태도에 대한 설명으로 적절하지 않은 것은 어느 것인가?

① 중요한 정보를 수집하기 위해서는 우선적으로 신뢰관계가 전제가 되어야 한다.

② 정보는 빨리 취득하는 것보다 항상 정보의 질과 내용을 우선시하여야 한다.

③ 단순한 인포메이션을 수집할 것이 아니라 직접적으로 도움을 줄 수 있는 인텔리전스를 수집할 필요가 있다.

④ 수집된 정보를 효과적으로 분류하여 관리할 수 있는 저장 툴을 만들어두어야 한다.

⑤ 정보수집용 하드웨어에만 의존하지 말고 머릿속에 적당한 정보 저장 공간을 마련한다.

19. 다음 그림과 같은 형태의 조직체계를 유지하고 있는 기업에 대한 설명으로 적절한 것은 어느 것인가?

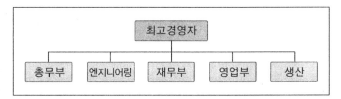

① 다양한 프로젝트를 수행해야 할 필요성이 커짐에 따라 조직 간의 유기적인 협조체제를 구축하였다.

② 의사결정 권한이 분산되어 더욱 전문적인 업무 처리가 가능하다.

③ 각 부서 간 내부 경쟁을 유발할 수 있다.

④ 조직 내 내부 효율성을 확보할 수 있는 조직 구조이다.

⑤ 의사결정까지 시간이 오래 걸리기 때문에 각 부서장의 역할이 매우 중요한 조직 구조이다.

20. 다음 글의 관점 A~C에 대한 평가로 적절한 것만을 고른 것은?

위험은 우리의 안전을 위태롭게 하는 실제 사건의 발생과 진행의 총체라고 할 수 있다. 위험에 대해 사람들이 취하는 태도에 대해서는 여러 관점이 존재한다.

관점 A에 따르면, 위험 요소들은 보편타당한 기준에 따라 계산 가능하고 예측 가능하기 때문에 객관적이고 중립적인 것으로 인식될 수 있다. 그 결과, 각각의 위험에 대해 개인이나 집단이 취하게 될 태도 역시 사고의 확률에 대한 객관적인 정보에 의해서만 결정된다. 하지만 이 관점은 객관적인 발생가능성이 높지 않은 위험을 민감하게 받아들이는 개인이나 사회가 있다는 것을 설명하지 못한다.

한편 관점 B는 위험에 대한 태도가 객관적인 요소뿐만 아니라 위험에 대한 주관적 인지와 평가에 의해 좌우된다고 본다. 예를 들어 위험이 발생할 객관적인 가능성은 크지 않더라도, 그 위험의 발생을 스스로 통제할 수 없는 경우에 사람들은 더욱 민감하게 반응한다. 그뿐만 아니라 위험을 야기하는 사건이 자신에게 생소한 것이어서 그에 대한 지식이 부족할수록 사람들은 그 사건을 더 위험한 것으로 인식하는 경향이 있다. 하지만 이것은 동일한 위험에 대해 서로 다른 문화와 가치관을 가지고 있는 사회 또는 집단들이 다른 태도를 보이는 이유를 설명하지 못한다.

이와 관련해 관점 C는 위험에 대한 태도가 개인의 심리적인 과정에 의해서만 결정되는 것이 아니라. 개인이 속한 집단의 문화적 배경에도 의존한다고 주장한다. 예를 들어 숙명론이 만연한 집단은 위험을 통제 밖의 일로 여겨 위험에 대해서 둔감한 태도를 보이게 되며, 구성원의 안전 문제를 다른 무엇보다도 우선시하는 집단은 그렇지 않은 집단보다 위험에 더 민감함 태도를 보이게 될 것이다.

㉠ 관점 A와 달리 관점 B는 위험에 대한 사람들의 태도가 객관적인 요소에 영향을 받지 않는다고 주장한다.

㉡ 관점 B와 관점 C는 사람들이 동일한 위험에 대해서 다른 태도를 보이는 사례를 설명할 수 있다.

㉢ 관점 A는 민주화 수준이 높은 사회일수록 사회 구성원들이 기후변화의 위험에 더 민감한 태도를 보인다는 것을 설명할 수 있지만, 관점 C는 그렇지 않다.

① ㉠   ② ㉡

③ ㉠㉢   ④ ㉡㉢

⑤ ㉠㉡㉢

---

21. 다음은 2020년 1월과 2020년 5월 한 달 동안의 인천공항 미주 운항 통계이다. 이에 대한 설명으로 가장 적절하지 않은 것은? (단, 계산 값은 소수점 이하 생략한다)

〈2020 1월〉

(단위 : 편, 명, 톤)

국가명	운항			여객			화물		
	도착	출발	합계	도착	출발	합계	도착	출발	합계
멕시코	36	37	73	4,542	5,693	10,235	545	557	1,102
미국	1,243	1,179	2,422	205,074	227,983	433,057	15,875	23,418	39,293
브라질	8	8	16	0	0	0	9	186	195
칠레	0	0	0	0	0	0	328	0	328
캐나다	110	112	222	27,358	28,852	56,210	1,729	833	2,562
페루	0	0	0	0	0	0	226	0	226
합계	1,397	1,336	2,733	236,974	262,528	499,502	18,711	24,994	43,705

〈2020 5월〉

(단위 : 편, 명, 톤)

국가명	운항			여객			화물		
	도착	출발	합계	도착	출발	합계	도착	출발	합계
멕시코	17	16	33	322	124	446	401	266	667
미국	1,398	1,203	2,601	30,122	12,283	42,405	18,443	34,516	52,959
브라질	9	9	18	0	0	0	63	295	358
칠레	0	0	0	0	0	0	262	0	262
캐나다	23	22	45	3,635	1,375	5,010	1,506	346	1,853
페루	0	0	0	0	0	0	134	0	134
합계	1,447	1,250	2,697	34,079	13,782	47,861	20,809	35,424	56,233

※도착 출발은 인천 공항 기준

① 1월과 5월에 인천공항에서 출발하여 페루로 이동한 여객은 없다.

② 5월에 인천공항에서 미국으로 출발한 여객기가 279대라면 1대당 44명이 탑승한 것이 된다.

③ 1월에 비해 5월에는 인천공항과 미국을 이동한 여객기 운항 편 수가 감소했음을 알 수 있다.

④ 1월 대비 5월의 여객 수 감소율은 멕시코가 가장 높다.

⑤ 인천공항과 미주 지역을 이동한 전체 화물량에서 인천공항과 미국을 이동한 화물량이 차지하는 비중은 1월과 5월 모두 90%를 넘는다.

22. 다음의 내용을 근거로 판단할 때 옳은 내용만을 바르게 짝지은 것은?

- 직원이 50명인 서원각은 야유회에서 경품 추첨 행사를 한다.
- 직원들은 1명당 3장의 응모용지를 받고, 1~100 중 원하는 수 하나씩을 응모용지별로 적어서 제출한다. 한 사람당 최대 3장까지 원하는 만큼 응모할 수 있고, 모든 응모용지에 동일한 수를 적을 수 있다.
- 사장이 1~100 중 가장 좋아하는 수 하나를 고르면 해당 수를 응모한 사람이 당첨자로 결정된다. 해당 수를 응모한 사람이 없으면 사장은 당첨자가 나올 때까지 다른 수를 고른다.
- 당첨 선물은 사과 총 100개이고, 당첨된 응모용지가 n장이면 응모용지 1장당 사과를 $\frac{100}{n}$개씩 나누어 준다.
- 만약 한 사람이 2장의 응모용지에 똑같은 수를 써서 당첨된다면 2장 몫의 사과를 받고, 3장일 경우는 3장 몫의 사과를 받는다.

- ㉠ 직원 갑과 을이 함께 당첨된다면 갑은 최대 50개의 사과를 받는다.
- ㉡ 직원 중에 갑과 을 두 명만이 사과를 받는다면 갑은 최소 25개의 사과를 받는다.
- ㉢ 당첨된 수를 응모한 직원이 갑 밖에 없다면, 갑이 그 수를 1장 써서 응모하거나 3장 써서 응모하거나 같은 개수의 사과를 받는다

① ㉠
② ㉢
③ ㉠, ㉡
④ ㉠, ㉢
⑤ ㉡, ㉢

---

23. J회사 관리부에서 근무하는 L씨는 소모품 구매를 담당하고 있다. 2020년 5월 중에 다음 조건 하에서 A4용지와 토너를 살 때, 총 비용이 가장 적게 드는 경우는? (단, 2020년 5월 1일에는 A4용지와 토너는 남아 있다고 가정하며, 다 썼다는 말이 없으면 그 소모품들은 남아있다고 가정한다)

- A4용지 100장 한 묶음의 정가는 1만 원, 토너는 2만 원이다 (A4용지는 100장 단위로 구매함).
- J회사와 거래하는 ◇◇오피스는 매달 15일에 전 품목 20% 할인 행사를 한다.
- ◇◇오피스에서는 5월 5일에 A사 카드를 사용하면 정가의 10%를 할인해 준다.
- 총 비용이란 소모품 구매가격과 체감비용(소모품을 다 써서 느끼는 불편)을 합한 것이다.
- 체감비용은 A4용지와 토너 모두 하루에 500원이다.
- 체감비용을 계산할 때, 소모품을 다 쓴 당일은 포함하고 구매한 날은 포함하지 않는다.
- 소모품을 다 쓴 당일에 구매하면 체감비용은 없으며, 소모품이 남은 상태에서 새 제품을 구입할 때도 체감비용은 없다.

① 3일에 A4용지만 다 써서 5일에 A사 카드로 A4용지와 토너를 살 경우

② 13일에 토너만 다 써서 당일 토너를 사고, 15일에 A4용지를 살 경우

③ 10일에 A4용지와 토너를 다 써서 15일에 A4용지와 토너를 같이 살 경우

④ 3일에 A4용지만 다 써서 당일 A4용지를 사고, 13일에 토너를 다 써서 15일에 토너만 살 경우

⑤ 4일에 A4용지와 토너를 다 써서 5일에 A사 카드로 A4용지와 토너를 살 경우

---

24. 다음 중 컴퓨터에서 사용되는 자료의 물리적 단위가 큰 것부터 순서대로 올바르게 나열된 것은 어느 것인가?

① Word – Byte – Nibble – Bit
② Byte – Word – Nibble – Bit
③ Word – Byte – Bit – Nibble
④ Word – Nibble – Byte – Bit
⑤ Bit – Byte – Nibble – Word

25. 다음 조직의 경영자에 대한 정의를 참고할 때, 경영자의 역할로 적절하지 않은 것은 어느 것인가?

> 조직의 경영자는 조직의 전략, 관리 및 운영활동을 주관하며, 조직구성원들과 의사결정을 통해 조직이 나아갈 방향을 제시하고 조직의 유지와 발전에 대해 책임을 지는 사람이며, 조직의 변화방향을 설정하는 리더이며, 조직구성원들이 조직의 목표에 부합된 활동을 할 수 있도록 이를 결합시키고 관리하는 관리자이다.

① 대외 협상을 주도하기 위한 자문위원을 선발한다.
② 외부환경 변화를 주시하며 조직의 변화 방향을 설정한다.
③ 우수한 인재를 뽑기 위한 구체적이고 개선된 채용 기준을 마련한다.
④ 미래전략을 연구하기 위해 기획조정실과의 회의를 주도한다.
⑤ 외국의 유사 기관 기관장 일행의 방문을 맞이하여 업무협약서 체결을 지시한다.

26. 다음 글의 논지 전개 방식과 관련한 서술상의 특징으로 적절하지 않은 것은?

> 생명은 탄생과 죽음으로 하나의 단위를 형성한다. 우리의 관심은 '잘 사는 것'과 '잘 죽는 것'으로 표현할 수 있다. 죽음은 인간의 총체를 형성하는 결정적인 요소이다. 이러한 요소 때문에 탄생보다는 죽음에 대한 철학적이고 문화적인 이해가 훨씬 더 많이 발달할 수밖에 없었다. 게다가 죽음이란 한 존재의 사멸, 부정의 의미이므로 여러 가지 인격을 갖고 살아가고 있는 현대인의 어떤 정체성을 부정하거나 사멸시키는 하나의 행위로서 은유적으로 사용되기도 한다. 이것은 죽음이 철학적 사변의 대상이 될 뿐만 아니라 어느 시대나 그 시대를 살아가는 문화적 관습의 근거가 되기도 하며 더 나아가 예술의 핵심을 형성하고 있다는 말이 된다. 그러한 물음을 모아보면 다음과 같은 것들을 꼽을 수 있다. 모든 인간 하나하나는 자신이 죽는다는 사실을 확실하게 아는가? 인간은 모든 인간은 죽는다는 사실을 확실하게 아는가? 죽는다는 사실은 나쁜 것인가?
>
> 많은 심리학자들은 죽음에 대한 이해는 인간이 타고나면서 저절로 알게 되는 것은 아니라고 한다. 그보다는 죽음이란 이 세상을 살아가면서 배워서 아는 것이라고 한다. 말하자면 어린이들은 죽음에 대한 개념이 없다가 점차 주변의 죽음을 이해하고 죽음에 대한 가르침을 통해서 죽음이란 무엇인가를 배운다는 것이다. 또 지금까지 많은 사람들이 죽었다고 해서 모든 사람들이 다 죽는다고 결론을 내릴 수 없다는 것은 상식이다. 죽음을 이겨낸 사람이 있다는 믿음을 가진 사람들이 있고 죽음이 필연적이라는 데 대해서 확고한 증거를 제시할 수도 없다.

> 생명의 출발로부터 시작해서 죽음에 이르는 긴 시간의 과정이 바로 삶의 전체이다. 하지만 생명의 출발에 대한 이해도 여러 가지의 국면으로 나누어 이해할 수 있다. 나 자신의 물질적인 근거, 생물학적인 존재로서 나의 출발이다. 수정되어 태아 상태를 거쳐 하나의 성체가 되기까지의 나의 존재의 기원을 물질주의적으로 생물학적으로 묻는다.
>
> 또 하나는 철학적, 목적적으로 묻는 일이다. 즉 나는 이 세상에 왜 태어났는가 하는 것이다. 나의 이 세상에서 살아야 하는 목적을 묻게 되면 필연적으로 그것은 철학적, 윤리적, 가치론적 입장이 되지 않을 수가 없다. 인간 종의 기원에 대한 물음도 물질주의적 생물학적인 근거를 추적하는 일과 존재론적인, 목적론적인 원인을 추적하는 일로 나누어 생각해볼 수 있다. 그래서 인간의 기원을 외부로부터 들어온 유기물이 원시 지구의 환경 속에서 성장한 것이라고 생각할 수도 있겠지만, 두루미나 호박벌이 가져온 골칫거리라고 생각할 수도 있다. 어느 것이 더 믿을 만하냐고 묻더라도 어떤 종류의 믿음을 말하느냐에 따라 달라진다.
>
> 이처럼 인간이라는 한 존재의 기원과 소멸까지는 단순히 하나의 분과 학문으로서만 이해할 수 있는 성질의 것은 아니다. 여러 학문, 특히 과학 기술적 접근과 인문주의적 접근이 동시에 이루어짐으로써 그것에 대하여 보다 풍성한 이해를 유도할 수 있다.

① 핵심 단어에 대한 정의를 찾아가며 논점을 전개하고 있다.
② 드러난 상식으로부터 새로운 가치를 도출하려는 시도를 하려고 한다.
③ 특정 현상을 다양한 각도에서 조명해 보고자 한다.
④ 일반적인 통념에 대한 심도 있는 고찰 방법을 제시하고 있다.
⑤ 반대되는 논거를 제시하여 절충된 가치를 통해 글의 주제에 접근하고 있다.

27. 다음은 甲국의 전기자동차 충전요금 산정기준과 계절별 부하 시간대에 대한 자료이다. 이에 대한 설명으로 옳은 것은?

〈전기자동차 충전요금 산정기준〉

월 기본요금 (원)	전력량 요율(원/kWh)		
	계절 시간대	여름 (6~8월)	봄(3~5월), 가을(9~10월)	겨울 (1~2월, 11~12월)
2,390	경부하	57.6	58.7	80.7
	중간부하	145.3	70.5	128.2
	최대부하	232.5	75.4	190.8

※ 월 충전요금(원) = 월 기본요금
　+(경부하 시간대 전력량 요율 × 경부하 시간대 충전 전력량)
　+(중간부하 시간대 전력량 요율 × 중간부하 시간대 충전 전력량)
　+(최대부하 시간대 전력량 요율 × 최대부하 시간대 충전 전력량)

※ 월 충전요금은 해당 월 1일에서 말일까지의 충전 전력량을 사용하여 산정한다.

※ 1시간에 충전되는 전기자동차의 전력량은 5kWh이다.

〈계절별 부하 시간대〉

계절 시간대	여름 (6~8월)	봄(3~5월), 가을(9~10월)	겨울 (1~2월, 11~12월)
경부하	00:00 ~ 09:00 23:00 ~ 24:00	00:00 ~ 09:00 23:00 ~ 24:00	00:00 ~ 09:00 23:00 ~ 24:00
중간부하	09:00 ~ 10:00 12:00 ~ 13:00 17:00 ~ 23:00	09:00 ~ 10:00 12:00 ~ 13:00 17:00 ~ 23:00	09:00 ~ 10:00 12:00 ~ 17:00 20:00 ~ 22:00
최대부하	10:00 ~ 12:00 13:00 ~ 17:00	10:00 ~ 12:00 13:00 ~ 17:00	10:00 ~ 12:00 17:00 ~ 20:00 22:00 ~ 23:00

① 모든 시간대에서 봄, 가을의 전력량 요율이 가장 낮다.

② 월 100kWh를 충전했을 때 월 충전요금의 최댓값과 최솟값 차이는 16,000원 이하이다.

③ 중간부하 시간대의 총 시간은 6월 1일과 12월 1일이 동일하다.

④ 22시 30분의 전력량 요율이 가장 높은 계절은 여름이다.

⑤ 12월 중간부하 시간대에만 100kWh를 충전한 월 충전요금은 14,210원이다.

┃28~29┃ 다음은 전기공급약관 세칙 중 계약전력 산정에 관한 내용의 일부이다. 자료를 읽고 물음에 답하시오.

제12조〈계약전력 산정〉

1. 계약전력산정을 위한 사용설비 용량은 다음과 같이 산정한다.

① 사용설비 용량이 출력만 표시된 경우에는 아래 표에 따라 입력으로 환산한다. 이때 전동기의 출력이 kW와 마력(HP) 두 가지로 표시된 경우에는 kW를 기준으로, 마력(HP)으로만 표시된 경우에는 1마력을 750W로 보고 kW로 환산한 후 해당 입력환산율을 적용하며, 특수기기는 당해 기기의 변압기용량을 기준으로 해당 입력환산율을 적용한다.

사용설비별		출력표시	입력(kW) 환산율
백열전등 및 소형기기		W	100%
전열기		kW	100%
특수기기 (전기용접기 및 전기로)		kW 또는 kVA	100%
전동기	저압	단상	kW	133%
		삼상	kW	125%
	고압, 특별고압		kW	118%

② 조명기구는 다음에 따라 사용설비의 용량을 계산한다.

　㉠ 형광등 : 형광등의 환산용량은 표시된 정격용량(W)의 125%로 한다.

　㉡ 수은등·메탈등·나트륨등 등의 방전등 : 방전등의 환산용량은 표시된 정격용량(W)의 115%로 한다.

　㉢ 고효율안정기를 설치한 조명기구 : 고효율안정기를 설치한 형광등, 메탈등, 나트륨등 등 고효율에너지기자재는 표시된 정격용량의 100%로 한다.

③ 소형기기(小型器機)의 수(數)가 콘센트의 수와 서로 다른 경우에는 다음에 따라 사용설비의 용량을 계산한다. 이 때 분기(分岐)소켓 등 고정적이지 않은 것은 콘센트로 보지 않는다.

　㉠ 소형기기의 수(數)가 콘센트의 수보다 많은 경우 : 소형기기의 용량이 큰 순서대로 콘센트 수에 해당하는 소형기기의 용량을 합한 것을 사용설비의 용량으로 한다.

　㉡ 소형기기의 수(數)가 콘센트의 수보다 적은 경우 : 소형기기의 수를 초과하는 콘센트의 수에 대하여 다음 기준에 따라 용량을 산출하고, 이를 소형기기의 합계용량에 가산한 것을 사용설비의 용량으로 한다.

　•주택, 독신자합숙소 등 주거용 시설 : 초과 1콘센트마다 50W

　•그 밖의 시설 : 초과 1콘센트마다 100W

④ 가로등(갑)은 사용설비에 따라 계약전력을 결정하며 단위는 와트(W)로 한다.

⑤ 주택용전력은 사용설비의 합계가 3kW 미만일 경우 계약전력을 3kW로 한다.

⑥ 정격소비전력이 표시된 전기기기는 소비전력 용량을 입력 용량으로 한다.

⑦ 보호장치나 계기용변압기는 계약전력 산정대상 사용설비나 변압기설비로 보지 않는다.

⑧ 명판에 따라 입력환산할 수 없는 전기기기의 용량은 한전의 입력시험(용량시험)에 따라 결정한다.

⑨ 회전위상변환기를 사용하는 고객의 계약전력은 변환기 2차측 사용설비에 따라 결정한다.

⑩ 수중전동기의 계약전력은 정격출력에 다음 표의 입력환산율을 적용한다.

구분			수중전동기 입력환산율
오·배수용	저압	단상	146%
		삼상	138%
	고압		129%
깊은 우물용	저압	단상	159%
		삼상	150%
	고압		141%

28. 다음 자료에 대한 설명으로 옳지 않은 것은? (단, 1kW = 1,000W이다)

① 50W 형광등의 사용설비 용량은 62.5W이다.

② 전열기의 출력표시는 kW이다.

③ 저압 삼상 전동기(2HP)의 경우 사용설비 용량은 1.995kW이다.

④ 주거용 시설에 콘센트의 수가 5개이며 소형기기의 수가 3개일 때 사용설비 용량은 소형기기의 합계용량에 100W를 가산한 값이다.

⑤ 주택용전력의 사용설비 합계가 2.8kW이면 계약전력은 3kW가 된다.

29. 다음 수중전동기의 계약전력으로 옳은 것은? (단, 1kW = 1,000W이다)

⊙ 정격출력이 2.2kW인 배수용 저압 단상 수중전동기
ⓒ 정격출력이 5마력인 배수용 저압 삼상 수중전동기
ⓒ 정격출력이 2,000kW인 깊은우물용 고압 수중전동기

	⊙	ⓒ	ⓒ
①	3.212kW	5.175kW	2760kW
②	3.212kW	5.175kW	2820kW
③	3.212kW	5.625kW	2820kW
④	3.036kW	5.625kW	2820kW
⑤	3.036kW	5.625kW	2760kW

▌30~31▐ D회사에서는 1년에 1명을 선발하여 해외연수를 보내주는 제도가 있다. 김부장, 최과장, 오과장, 홍대리, 박사원 5명이 지원한 가운데 〈선발 기준〉과 〈지원자 현황〉은 다음과 같다. 다음을 보고 물음에 답하시오.

〈선발 기준〉

구분	점수	비고
외국어 성적	50점	
근무 경력	20점	15년 이상이 만점 대비 100%, 10년 이상 15년 미만이 70%, 10년 미만이 50%이다. 단, 근무경력이 최소 5년 이상인 자만 선발 자격이 있다.
근무 성적	10점	
포상	20점	3회 이상이 만점 대비 100%, 1~2회가 50%, 0회가 0%이다.
계	100점	

〈지원자 현황〉

구분	김 부장	최 과장	오 과장	홍 대리	박 사원
근무경력	30년	20년	10년	3년	2년
포상	2회	4회	0회	5회	1회

※ 외국어 성적은 김 부장과 최 과장이 만점 대비 50%이고, 오 과장이 80%, 홍 대리와 박사원이 100%이다.

※ 근무 성적은 최 과장과 박 사원이 만점이고, 김 부장, 오 과장, 홍 대리는 만점 대비 90%이다.

30. 위의 선발 기준과 지원자 현황에 따를 때 가장 높은 점수를 받은 사람이 선발된다면 선발되는 사람은?

① 김부장   ② 최과장

③ 오과장   ④ 홍대리

⑤ 박사원

31. 회사 규정의 변경으로 인해 선발 기준이 다음과 같이 변경되었다면, 새로운 선발 기준 하에서 선발되는 사람은? (단, 가장 높은 점수를 받은 사람이 선발된다)

구분	점수	비고
외국어 성적	40점	
근무 경력	40점	30년 이상이 만점 대비 100%, 20년 이상 30년 미만이 70%, 20년 미만이 50%이다. 단, 근무경력이 최소 5년 이상인 자만 선발 자격이 있다.
근무 성적	10점	
포상	10점	3회 이상이 만점 대비 100%, 1~2회가 50%, 0회가 0%이다.
계	100점	

① 김부장

② 최과장

③ 오과장

④ 홍대리

⑤ 박사원

32. 다음은 그래픽(이미지) 데이터의 파일 형식에 대한 설명이다. 각 항목의 설명과 파일명을 올바르게 짝지은 것은 어느 것인가?

> ⊙ Windows에서 기본적으로 지원하는 포맷으로, 고해상도 이미지를 제공하지만 압축을 사용하지 않으므로 파일의 크기가 크다.
> ⓛ 사진과 같은 정지 영상을 표현하기 위한 국제 표준 압축 방식으로 24비트 컬러를 사용하여 트루 컬러로 이미지를 표현한다.
> ⓒ 인터넷 표준 그래픽 파일 형식으로, 256가지 색을 표현하지만 애니메이션으로도 표현할 수 있다.
> ⓔ Windows에서 사용하는 메타 파일 방식으로, 비트맵과 벡터 정보를 함께 표현하고자 할 경우 적합하다.
> ⓜ 데이터의 호환성이 좋아 응용프로그램 간 데이터 교환용으로 사용하는 파일 형식이다.
> ⓗ GIF와 JPEG의 효과적인 기능들을 조합하여 만든 그래픽 파일 포맷이다.

① ⓗ – BMP

② ⊙ – JPG(JPEG)

③ ⓔ – PNG

④ ⓛ – WMF

⑤ ⓒ – GIF

33. 다음과 같은 '갑'사의 위임전결규칙을 참고할 때, 다음 중 적절한 행위로 볼 수 없는 것은 어느 것인가?

업무내용(소요예산 기준)	전결권자				이사장
	팀원	팀장	국(실)장	이사	
가. 공사 도급					
3억 원 이상					○
1억 원 이상				○	
1억 원 미만			○		
1,000만 원 이하	○				
나. 물품(비품, 사무용품 등) 제조/구매 및 용역					
3억 원 이상					○
1억 원 이상				○	
1억 원 미만		○			
1,000만 원 이하		○			
다. 자산의 임(대)차 계약					
1억 원 이상					○
1억 원 미만				○	
5,000만 원 미만			○		
라. 물품수리					
500만 원 이상			○		
500만 원 미만		○			
마. 기타 사업비 예산집행 기본품의					
1,000만 원 이상			○		
1,000만 원 미만		○			

① 국장이 부재 중일 경우, 소요예산 5,000만 원인 공사 도급 계약은 팀장이 전결권자가 된다.

② 소요예산이 800만 원인 인쇄물의 구매 건은 팀장의 전결 사항이다.

③ 이사장이 부재 중일 경우, 소요예산이 2억 원인 자산 임대차 계약 건은 국장이 전결권자가 된다.

④ 소요예산이 600만 원인 물품수리 건은 이사의 결재가 필요하지 않다.

⑤ 기타 사업비 관련 품의서는 금액에 관계없이 국장이 전결권자가 된다.

34. 다음 글의 내용에 부합하지 않는 것은?

최근 환경부와 학계의 연구 결과에 의하면 우리나라 초미세먼지의 고농도 발생 시의 주된 성분은 질산암모늄인 것으로 알려졌다. 질산암모늄은 일반적으로 화석연료의 연소로부터 발생되는 질산화물(NO_X)의 영향과 농업, 축산, 공업 등으로부터 배출되는 암모니아(NH_3)의 주된 영향을 받는다고 할 수 있다. 황산화물(SO_X)이 주로 중국의 기원을 가리키는 지표물질이며, 질산암모늄과 같은 질소계열의 미세먼지는 국내영향을 의미하기 때문에 고농도 시에는 국내 배출의 영향을 받는다는 것을 알 수 있으며, 이 때문에 평소의 국내 질소계열의 오염물질 감소에 정책 우선순위를 두어야 한다.

우리나라 전국 배출 사업장(공장)의 수는 약 5만 8천 개에 이르고 있으나 자동 굴뚝측정망으로 실시간 감시가 되는 대형 사업장의 수는 전체 사업장의 10% 이하이다. 대다수를 차지하고 있는 중소 사업장의 배출량은 대형 사업장에 미치지 못하나 문제는 날로 늘어가고 있는 중소 사업장의 숫자이다. 이는 배출물질과 배출량의 파악을 갈수록 어렵게 하여 배출원 관리 문제와 미세먼지 증가를 유발할 수 있다는 점에서 이에 대한 철저한 관리 감독이 가능하도록 국가적 역량을 집중할 필요가 있다.

2000년대 이후 국내 경유 차량의 수가 크게 증가한 것도 미세먼지 관리가 어려운 이유 중 하나이다. 특히 육상 차량 중 초미세먼지 배출의 약 70%를 차지하고 있는 경유 화물차는 2009~2018년 사이 약 17%가 증가하여 현재 약 330만 대를 상회하고 있다. 이 중 약 1/4를 차지하고 있는 경유차가 'Euro3' 수준의 초미세먼지를 배출하고 있는데, 이러한 미세먼지와 질산화물을 과다배출하고 있는 노후 경유차에 대한 조기 폐차 유도, 친환경차 전환 지원, 저감장치 보급과 관리감독이 여전히 시급한 상황이다.

암모니아(NH_3)는 현재 국내 가장 중요한 국내 미세먼지 발생 원인으로 받아들여지고 있다. 암모니아의 가장 주요한 배출원은 농업과 축산분야인데 주로 비료사용과 가축 분뇨 등에 의해 대기 중에 배출되는 특성을 보이고 있으며, 비료사용이 시작되는 이른 봄과 따뜻한 온도의 영향을 주로 받는다.

우리나라는 2000년 이후 암모니아의 농도가 정체 혹은 소폭 증가하고 있는 경향을 보이고 있다. 또한 2010년 이후 암모니아 배출에 영향을 주고 있는 가축분뇨 발생량과 농약 및 화학비료 사용량도 줄지 않고 있는 정체 현상을 보이고 있다. 암모니아 배출량은 바람과 온습도, 강우 등 기상조건의 영향을 받는데 국내의 암모니아 배출량 산정은 이러한 물리적 조건을 반영하지 않고 있어 매우 불확실하다. 따라서 비료 및 가축분뇨 등이 미세먼지의 주요 원료인 만큼 환경부뿐 아니라 농림수산식품부 차원의 적극적인 관리 정책도 시급하다고 할 수 있다.

① 가축의 분뇨 배출량 증가는 고농도 초미세먼지 발생을 유발할 수 있다.

② 현재 약 80만 대 이상의 경유 화물차가 'Euro3' 수준의 초미세먼지를 배출하고 있다.

③ 유해 물질을 배출하는 전국의 사업장 중 실시간 감시가 가능한 사업장의 수는 계속 감소하고 있다.

④ 이른 봄은 다른 시기보다 농업 분야에서의 초미세먼지 원인 물질 배출이 더 많아진다.

⑤ 초미세먼지 관리에는 원인 물질 배출량뿐 아니라 기상조건의 변화에도 주의를 기울여야 한다.

35. 새로 정할 교칙 Y에 대하여 교사 甲~辛 8명은 찬성이나 반대 중 한 의견을 제시하였다. 이들의 찬반 의견이 다음 〈조건〉과 같다고 할 때, 반대 의견을 제시한 최소 인원 수는?

〈조건〉
• 甲이나 乙이 반대하면, 丙과 丁은 찬성하고 戊는 반대한다.
• 乙이나 丙이 찬성하면, 己 또는 庚 중 적어도 한 명이 찬성한다.
• 丁과 辛 중 한 명만이 찬성한다.
• 乙이나 丁 중 적어도 한 명이 반대하면, 戊가 반대하거나 辛이 찬성한다.
• 戊가 반대하면, 辛은 찬성한다.
• 丁은 찬성한다.

① 0명
② 1명
③ 2명
④ 3명
⑤ 4명

36. 대한은행이 출시한 다음 적금 상품에 대한 설명으로 올바르지 않은 것은?

구분	내용
	1. 상품특징
	■ 영업점 창구에서 가입 시보다 높은 금리(+0.3%p)가 제공되는 비대면 채널 전용상품
	2. 거래조건

구분	내용
가입자격	개인(1인 1계좌)
가입금액	초입금 5만 원 이상, 매회 1만 원 이상(계좌별), 매월 2천만 원 이내(1인당), 총 불입액 2억 원 이내(1인당)에서 자유적립(단, 계약기간 3/4 경과 후 월 적립 가능 금액은 이전 월 평균 적립금액의 1/2 이내)
가입기간	1년 이상 3년 이내 월 단위
적용금리	가입기간 / 1년 이상 / 2년 / 3년 기본금리(연%) / 2.18 / 2.29 / 2.41
우대금리	■ 가입일 해당월로부터 만기일 전월말까지 대한카드 이용실적이 100만 원 이상인 경우 : 0.2%p ■ 예금가입고객이 타인에게 이 상품을 추천하고 타인이 이 상품에 가입한 경우 : 추천 및 피추천계좌 각 0.1%p(최대 0.3%p)
예금자 보호	이 예금은 예금자보호법에 따라 예금보험공사가 보호하되, 보호한도는 본 은행에 있는 귀하의 모든 예금보호대상 금융상품의 원금과 소정의 이자를 합하여 1인당 최고 5천만 원이며, 5천만 원을 초과하는 나머지 금액은 보호하지 않습니다.

① 은행원의 도움을 직접 받아야 하는 어르신들이라도 창구를 직접 찾아가서 가입할 수 있는 상품이 아니다.

② 1년 계약을 한 가입자가 9개월이 지난 후 불입 총액이 90만 원이었다면, 10개월째부터는 월 5만 원이 적립 한도금액이 된다.

③ 가입기간이 길수록 우대금리가 적용되는 상품이다.

④ 상품의 특징을 활용하여 적용받을 수 있는 가장 높은 금리는 연리 2.71%이다.

⑤ 유사 시, 가입 상품에 불입한 금액의 일부를 잃게 될 수도 있다.

37. 다음과 같은 네 명의 카드 사용실적에 관한 자료를 토대로 한 함수식의 결과값이 동일한 것을 〈보기〉에서 모두 고른 것은 어느 것인가?

	A	B	C	D	E	F
1		갑	을	병	정	
2	1일 카드사용 횟수	6	7	3	5	
3	평균 사용금액	8,500	7,000	12,000	10,000	
4						

〈보기〉
㉠ =COUNTIF(B2:E2,"◇"&E2)
㉡ =COUNTIF(B2:E2,">3")
㉢ =INDEX(A1:E3,2,4)
㉣ =TRUNC(SQRT(C2),2)

① ㉠, ㉡, ㉢
② ㉠, ㉡, ㉣
③ ㉠, ㉢, ㉣
④ ㉡, ㉢, ㉣
⑤ ㉠, ㉡, ㉢, ㉣

38. 조직체제 안에는 조직을 이루는 여러 집단이 있다. 다음 중 '집단'의 특징을 적절하게 설명하지 못한 것은 어느 것인가?

① 비공식적으로 구성된 집단은 조직구성원들의 요구에 따라 자발적으로 형성되었으며, 봉사활동 동아리, 친목 동호회 등이 있다.

② 조직 내에서는 한정된 자원을 가지고 상반된 목표를 추구하기 때문에 경쟁이 발생하기도 한다.

③ 조직 내 집단은 일반적으로 이익 집단과 감독 집단으로 나뉜다.

④ 집단 간의 적절한 갈등은 응집성이 강화되고 집단의 활동이 더욱 조직화되는 장점이 있다.

⑤ 직업인들은 자신이 속한 집단에서 소속감을 느끼며, 필요한 정보를 획득하고, 인간관계를 확장하는 등의 요구를 충족할 수 있게 된다.

39. 다음 글을 통해 알 수 있는 내용으로 옳지 않은 것은?

우리의 공간은 태초부터 존재해 온 기본 값으로서 3차원으로 비어 있다. 우리가 일상 속에서 생활하는 거리나 광장의 공간이나 우주의 비어 있는 공간은 똑같은 공간이다. 우리가 흐린 날 하늘을 바라보면 검은색으로 깊이감이 없어 보인다. 마찬가지로 우주왕복선에서 찍은 사진 속의 우주 공간도 무한한 공간이지만 실제로는 잘 인식이 되지 않는다. 하지만 거기에 별과 달이 보이기 시작하면 공간감이 생겨나기 시작한다. 이를 미루어 보아 공간은 인식 불가능하지만 그 공간에 물질이 생성되고 태양빛이 그 물질을 때리게 되고 특정한 파장의 빛만 반사되어 우리 눈에 들어오게 되면서 공간은 인식되기 시작한다는 것을 알 수 있다. 인류가 건축을 하기 전에도 지구상에는 땅, 나무, 하늘의 구름 같은 물질에 의지해서 공간이 구획된다. 그 빈 땅 위에 건축물이 들어서게 되면서 건물과 건물 사이에 거리라는 새로운 공간이 구축되고 우리는 인식하게 된다. 그리고 이 거리는 주변에 들어선 건물의 높이와 거리의 폭에 의해서 각기 다른 형태의 보이드 공간(현관, 계단 등 주변에 동선이 집중된 공간과 대규모 홀, 식당 등 내부 구성에서 열려 있는 빈 공간)을 갖게 된다. 우리는 정지된 물리량인 도로와 건물을 만들고, 그로 인해서 만들어지는 부산물인 비어 있는 보이드 공간을 사용한다. 그리고 그 빈 공간에 사람과 자동차 같은 움직이는 객체가 들어가게 되면서 공간은 비로소 쓰임새를 가지며 완성이 된다. 이처럼 도로와 건물 같은 물리적인 조건 이외에 거리에서 움직이는 개체도 거리의 성격을 규정하는 한 요인이 된다. 움직이는 개체들이 거리라는 공간에 에너지를 부여하기 때문에 움직이는 개체의 속도가 중요하다. 왜냐하면 물체의 속도는 그 물체의 운동에너지($E = \frac{1}{2}mv^2$, m은 질량, v는 속력)를 결정하는 요소이기 때문이다.

이처럼 공간은 움직이는 개체가 공간에 쏟아 붓는 운동에너지에 의해서 크게 변한다. 이와 비슷한 현상은 뉴욕의 록펠러 센터의 선큰가든에서도 일어난다. 록펠러 센터 선큰가든은 여름에는 정적인 레스토랑으로 운영되고, 겨울에는 움직임이 많은 스케이트장으로 운영이 된다. 같은 물리적인 공간이지만 그 공간이 의자에 앉아 있는 레스토랑 손님으로 채워졌을 때와 스케이트 타는 사람으로 채워졌을 때는 느낌이 달라진다.

① 공간은 건축물에 의해서만 우리 눈에 인식되는 것은 아니다.
② 거리에 차도보다 주차장 면적이 넓을수록 공간 에너지는 줄어들게 된다.
③ 록펠러 센터의 선큰가든은 여름보다 겨울에 공간 내의 에너지가 더 많다.
④ 거리의 사람들의 움직이는 속력이 평균 1km/h에서 8km/h로 빨라지면 공간 에너지는 16배 많아진다.
⑤ 공간은 어떠한 행위자로 채워지느냐에 따라 그 공간의 느낌과 성격이 달라진다.

40. 다음과 같은 분석 내용에 부합하는 그래프는 어느 것인가?

미국과 중국의 상호 관세 부과의 영향으로 양국의 수출에는 모두 타격이 가해졌다. 그러나 우리나라의 대미, 대중 수출은 상반된 모습을 보였다. 대미 수출은 미중 간 교역 감소에 따른 중간재 수요 하락, 미국의 성장둔화 등에 따른 수출 감소 효과에도 불구하고 무역전환 효과에 힘입어 제재품목에 대한 미국의 대한국 수입은 크게 증가했다. 반면, 중국의 대한국 수입은 중국 경기둔화 및 중간재 수요 감소에 따른 영향이 더 크게 작용하면서 크게 감소했다.

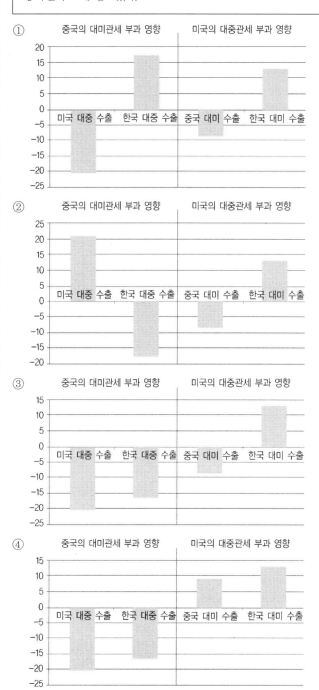

⑤

중국의 대미관세 부과 영향   미국의 대중관세 부과 영향

41. 한국전자는 영업팀 6명의 직원(A~F)과 관리팀 4명의 직원(갑~정)이 매일 각 팀당 1명씩 총 2명이 당직 근무를 선다. 2일 날 A와 갑 직원이 당직 근무를 서고 팀별 순서(A~F, 갑~정)대로 돌아가며 근무를 선다면, E와 병이 함께 근무를 서는 날은 언제인가? (단, 근무를 서지 않는 날은 없다고 가정한다)

① 10일   ② 11일

③ 12일   ④ 13일

⑤ 14일

42. 다음은 A씨가 알아본 여행지의 관광 상품 비교표이다. 월요일에 A씨 부부가 여행을 갈 경우 하루 평균 가격이 가장 비싼 여행지부터 순서대로 올바르게 나열한 것은? (단, 출발일도 일정에 포함, 1인당 가격은 할인 전 가격이며, 가격 계산은 버림 처리하여 정수로 표시한다)

관광지	일정	1인당 가격	비고
갑지	5일	599,000원	–
을지	6일	799,000원	주중 20% 할인
병지	8일	999,000원	동반자 20% 할인
정지	10일	1,999,000원	동반자 50% 할인

① 을지 – 갑지 – 병지 – 정지

② 정지 – 병지 – 갑지 – 을지

③ 정지 – 갑지 – 을지 – 병지

④ 정지 – 갑지 – 병지 – 을지

⑤ 갑지 – 정지 – 병지 – 을지

43. 다음 중 'D10'셀에 '셔츠' 판매금액의 평균을 계산하는 수식으로 적절한 것은 어느 것인가?

	A	B	C	D	E
1	제품명	단가	수량	판매 금액	
2	셔츠	26,000	10	260,000	
3	바지	32,000	15	480,000	
4	셔츠	28,000	12	336,000	
5	신발	52,000	20	1,040,000	
6	신발	58,000	18	1,044,000	
7	바지	35,000	20	700,000	
8	셔츠	33,000	24	792,000	
9					
10	셔츠 판매금액의 평균				
11					

① =DCOUNT(A1:D8,D1,A1:A2)

② =DAVERAGE(A1:D8,D1,A1:A2)

③ =AVERAGE(A1:D8,D1,A1:A2)

④ =DCOUNT(A1:D8,A1:A2)

⑤ =DAVERAGE(A1:D8,A1:A2,D1)

44. 다음 그림과 같은 두 개의 조직도 ㈎, ㈏의 특징을 적절하게 설명하지 못한 것은 어느 것인가? (전체 인원수는 같다고 가정함)

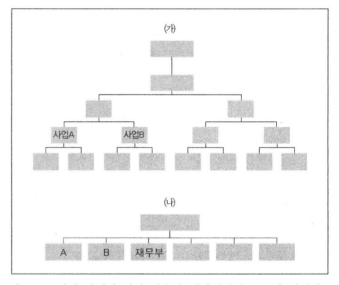

① ㈎는 결재 단계가 많아 신속한 의사결정이 ㈏보다 어렵다.

② ㈏는 중간 관리자층이 얇아 다양한 검증을 거친 의견 수렴이 ㈎보다 어렵다.

③ 동일한 방식으로 여러 종류의 아이템을 생산하는 조직은 ㈏와 같은 구조를 많이 활용한다.

④ ㈎는 소집단만의 조직문화가 형성될 수 있어 조직 간 경쟁체제를 유지할 수 있다.

⑤ ㈏는 회사가 안정적이거나 일상적인 기술을 사용할 때 혹은 조직의 내부 효율성을 중요시하며 기업의 규모가 작을 때 주로 볼 수 있는 기능적인 구조이다.

45. 다음 글의 이후에 이어질 만한 내용으로 가장 거리가 먼 것은?

철도교통의 핵심 기능인 정거장의 위치 및 역간거리는 노선, 열차평균속도, 수요, 운송수입 등에 가장 큰 영향을 미치는 요소로 고속화, 기존선 개량 및 신선 건설시 주요 논의의 대상이 되고 있으며, 과다한 정차역은 사업비를 증가시켜 철도 투자를 저해하는 주요 요인으로 작용하고 있다.

한편, 우리나라의 평균 역간거리는 고속철도 46km, 일반철도 6.7km, 광역철도 2.1km로 이는 외국에 비해 59~84% 짧은 수준이다. 경부고속철도의 경우 천안·아산역~오송역이 28.7km, 신경주역~울산역이 29.6km 떨어져 있는 등 1990년 기본계획 수립 이후 오송, 김천·구미, 신경주, 울산역 등 다수의 역 신설로 인해 운행 속도가 저하되어 표정속도가 선진국의 78% 수준이며, 경부선을 제외한 일반철도의 경우에도 표정속도가 45~60km/h 수준으로 운행함에 따라 타 교통수단 대비 속도경쟁력이 저하된 실정이다. 또한, 추가역 신설에 따른 역간거리 단축으로 인해 건설비 및 운영비의 대폭 증가도 불가피한 바, 경부고속철도의 경우 오송역 등 4개 역 신설로 인한 추가 건설비는 약 5,000억 원에 달한다. 운행시간도 당초 서울~부산 간 1시간 56분에서 2시간 18분으로 22분 지연되었으며, 역 추가 신설에 따른 선로분기기, 전환기, 신호기 등 시설물이 추가로 설치됨에 따라 유지보수비 증가 등 과잉 시설의 한 요인으로 작용했다. 이러한 역간 거리와 관련하여 도시철도의 경우 도시철도건설규칙에서 정거장 간 거리를 1km 이상으로 규정함으로써 표준 역간거리를 제시하고 있으나, 고속철도, 일반철도 및 광역철도의 정거장 위치와 역간 거리는 교통수요, 정거장 접근거리, 운행속도, 여객 및 화물열차 운행방법, 정거장 건설 및 운영비용, 선로용량 등 단일 차량과 단일 정차패턴이 기본인 도시철도에 비해 복잡한 변수를 내포함으로써 표준안을 제시하기가 용이하지 않았으며 관련 연구가 매우 부족한 상황이다.

① 외국인 노선별 역간 거리 비교
② 역간 거리가 철도 운행 사업자에게 미치는 영향 분석
③ 역간 거리 연장을 어렵게 하는 사회적인 요인 파악
④ 신설 노선 적정 역간 거리 유지 시 기대효과 및 사회적 비용 절감 요소 분석
⑤ 역세권 개발과 부동산 시장과의 상호 보완요인 파악

46. ◇◇전시회의 관람료는 1인당 어른은 15,000원, 어린이는 6,000원이라고 한다. 총 12명이 전시회를 관람했을 때, 관람료로 108,000원 이내의 비용이 소요되었다고 한다면 어른은 최대 몇 명인가?

① 2명
② 3명
③ 4명
④ 5명
⑤ 6명

47. 영업팀 직원인 갑, 을, 병 3명은 어젯밤 과음을 한 것으로 의심되고 있다. 이에 대한 이들의 진술이 다음과 같을 때, 과음을 한 것이 확실한 직원과 과음을 하지 않은 것이 확실한 직원을 순서대로 바르게 짝지은 것은? (단, 과음을 한 직원은 거짓말을 하고, 과음을 하지 않은 직원은 사실을 말하였다)

갑 : "우리 중 1명만 거짓말을 하고 있습니다."
을 : "우리 중 2명이 거짓말을 하고 있습니다."
병 : "갑, 을 중 1명만 거짓말을 하고 있습니다."

① 갑, 을
② 을, 아무도 없음
③ 갑, 아무도 없음
④ 갑과 을, 병
⑤ 아무도 없음, 을

48. 다음 네 명의 임원들은 회의 참석차 한국으로 출장을 오고자 한다. 이들의 현지 이동 일정과 이동 시간을 참고할 때, 한국에 도착하는 시간이 빠른 순서대로 바르게 나열한 것은?

구분	출발국가	출발시각(현지시간)	소요시간
H상무	네덜란드	12월 12일 17:20	13시간
P전무	미국 동부	12월 12일 08:30	14시간
E전무	미국 서부	12월 12일 09:15	11시간
M이사	터키	12월 12일 22:30	9시간

※ 현지시간 기준 한국은 네덜란드보다 8시간, 미국 동부보다 14시간, 미국 서부보다 16시간, 터키보다 6시간이 빠르다. 예를 들어, 한국이 11월 11일 20시일 경우 네덜란드는 11월 11일 12시가 된다.

① P전무 – E전무 – M이사 – H상무
② E전무 – P전무 – H상무 – M이사
③ E전무 – P전무 – M이사 – H상무
④ E전무 – M이사 – P전무 – H상무
⑤ H상무 – P전무 – M이사 – E전무

49~50 다음 H상사의 물류 창고별 책임자와 각 창고 내 재고 물품의 코드 목록을 보고 이어지는 질문에 답하시오.

책임자	코드번호	책임자	코드번호
정 대리	11082D0200400135	강 대리	11056N0401100030
오 사원	12083F0200901009	윤 대리	11046O0300900045
권 사원	11093F0200600100	양 사원	11053G0401201182
민 대리	12107P0300700085	박 사원	12076N0200700030
최 대리	12114H0601501250	변 대리	12107Q0501300045
엄 사원	12091C0200500835	이 사원	11091B0100200770
홍 사원	11035L0601701005	장 사원	12081B0100101012

예시) 2011년 8월에 독일 액손 사에서 생산된 검정색 원단의 500번째 입고 제품

→ 1108 − 4H − 02005 − 00500

생산연월	생산지		물품 코드		입고품 수량
	원산지 코드	제조사 코드	분야 코드	세부 코드	
예시; 2011년 10월 − 1110 2009년 1월 − 0901	1 미국	A 스카이	01 소품	001 폴리백	00001부터 다섯 자리 시리얼 넘버가 부여됨.
		B 영스		002 포스터	
		C 세븐럭		003 빨강	
	2 일본	D 히토리	02 원단	004 노랑	
		E 노바라		005 검정	
	3 중국	F 왕청		006 초록	
		G 메이		007 외장재	
	4 독일	H 액손	03 철제	008 내장재	
		I 바이스		009 프레임	
		J 네오	04 플라스틱	010 이음쇠	
	5 영국	K 페이스		011 공구	
		L S-10		012 팻치	
		M 마인스	05 포장구	013 박스	
	6 태국	N 홍차		014 스트링	
		O 덕흥		015 라벨지	
	7 베트남	P 비엣퐁	06 라벨류	016 인쇄물	
		Q 웅산		017 내지	

49. 재고물품 중 2011년 영국 '페이스' 사에서 생산된 철제 프레임의 코드로 알맞은 것은 어느 것인가?

① 11035K0300901201

② 12025K0300800200

③ 11055K0601500085

④ 12074H0501400100

⑤ 11035K030070001723

50. 다음 중 생산지(국가)가 동일한 물품을 보관하는 물류 창고의 책임자들로 알맞게 짝지어진 것은 어느 것인가?

① 엄 사원, 변 대리

② 정 대리, 윤 대리

③ 오 사원, 양 사원

④ 민 대리, 박 사원

⑤ 최 대리, 양 사원

51. 경영참가는 경영자의 권한인 의사결정 과정에 근로자 또는 노동조합이 참여하는 것을 말한다. 다음 중 경영참가 제도의 특징으로 보기 어려운 것은 어느 것인가?

① 근로자들의 참여권한이 점차 확대되면 노사 간 서로 의견을 교환하여 토론하며 협의하는 단계를 거친다. 이 단계에서 이루어진 협의결과에 대한 시행은 경영자들에게 달려있다.

② 근로자와 경영자가 공동으로 결정하고 결과에 대하여 공동의 책임을 지는 결정참가 단계에서는 경영자의 일방적인 경영권은 인정되지 않는다.

③ 경영참가는 본래 경영자와 근로자의 공동 권한인 의사결정과정에 근로자 또는 노동조합이 참여하는 것이다.

④ 제대로 운영되지 못할 경우 경영자의 고유한 권리인 경영권을 약화시키고, 오히려 경영참가제도를 통해 분배문제를 해결함으로써 노동조합의 단체교섭 기능이 약화될 수 있다.

⑤ 경영능력이 부족한 근로자가 경영에 참여할 경우 의사결정이 늦어지고 합리적인 의사결정이 일어날 수 없다.

52. 다음 글을 바탕으로 '자유무역이 가져다주는 이득'으로 추론할 수 있는 내용이 아닌 것은?

> 오늘날 세계경제의 개방화가 진전되면서 국제무역이 계속해서 크게 늘어나고 있다. 국가 간의 무역 규모는 수출과 수입을 합한 금액이 국민총소득(GNI)에서 차지하는 비율로 측정할 수 있다. 우리나라의 2014년 '수출입의 대 GNI 비율'은 99.5%로 미국이나 일본 등의 선진국과 비교할 때 매우 높은 편에 속한다.
>
> 그렇다면 국가 간의 무역은 왜 발생하는 것일까? 가까운 곳에서 먼저 예를 찾아보자. 어떤 사람이 복숭아를 제외한 여러 가지 과일을 재배하고 있다. 만약 이 사람이 복숭아가 먹고 싶을 때 이를 다른 사람에게서 사야만 한다. 이와 같은 맥락에서 나라 간의 무역도 부존자원의 유무와 양적 차이에서 일차적으로 발생할 수 있다. 헌데 이러한 무역을 통해 얻을 수 있는 이득이 크다면 왜 선진국에서조차 완전한 자유무역이 실행되고 있지 않을까? 세계 각국에 자유무역을 확대할 것을 주장하는 미국도 자국의 이익에 따라 관세 부과 등의 방법으로 무역에 개입하고 있는 실정이다. 그렇다면 비교우위에 따른 자유무역이 교역 당사국 모두에게 이익을 가져다준다는 것은 이상에 불과한 것일까?
>
> 세계 각국이 보호무역을 취하는 것은 무엇보다 자국 산업을 보호하기 위한 것이다. 비교우위가 없는 산업을 외국기업과의 경쟁으로부터 어느 정도의 경쟁력을 갖출 때까지 일정 기간 보호하려는 데 그 목적이 있는 것이다.
>
> 우리나라의 경우 쌀 농업에서 특히 보호주의가 강력히 주장되고 있다. 우리의 주식인 쌀을 생산하는 농업이 비교우위가 없다고 해서 쌀을 모두 외국에서 수입한다면 식량안보 차원에서 문제가 될 수 있으므로 국내 농사를 전면적으로 포기할 수 없다는 논리이다.
>
> 교역 당사국 각자는 비교우위가 있는 재화의 생산에 특화해서 자유무역을 통해 서로 교환할 경우 기본적으로 거래의 이득을 보게 된다. 자유무역은 이러한 경제적 잉여의 증가 이외에 다음과 같은 측면에서도 이득을 가져다준다.

① 각국 소비자들에게 다양한 소비 기회를 제공한다.
② 비교우위에 있는 재화의 수출을 통한 규모의 경제를 이루어 생산비를 절감할 수 있다.
③ 비교우위에 의한 자유무역의 이득은 결국 한 나라 내의 모든 경제주체가 누리게 된다.
④ 경쟁을 활성화하여 경제 전체의 후생 수준을 높일 수 있다.
⑤ 각국의 기술 개발을 촉진해주는 긍정적인 파급 효과를 발휘하기도 한다.

53. 5분 동안 6.25km를 달릴 수 있는 전기 자동차와 3분 동안 750m를 달릴 수 있는 자전거가 오전 8시에 동시에 서울역에서 대전역으로 이동하려고 한다. 전기 자동차와 자전거 간의 거리가 140km 차이가 날 때의 시간으로 옳은 것은?

① 오전 10시 10분
② 오전 10시 15분
③ 오전 10시 20분
④ 오전 10시 25분
⑤ 오전 10시 30분

54. 다음은 항공사업법상 과태료 부과기준에 대한 내용이다. 이에 대한 설명으로 옳지 않은 것은?

> 1. 일반기준
>
> ㉠ 위반행위의 횟수에 따른 과태료의 가중된 부과기준은 최근 1년간 같은 위반행위로 과태료 부과처분을 받은 경우에 적용한다. 이 경우 기간의 계산은 위반행위에 대하여 과태료 부과처분을 받은 날과 그 처분 후 다시 같은 위반행위를 하여 적발된 날을 기준으로 한다.
>
> ㉡ ㉠에 따라 가중된 부과처분을 하는 경우 가중처분의 적용 차수는 그 위반행위 전 부과처분 차수(㉠에 따른 기간 내에 과태료 부과처분이 둘 이상 있었던 경우에는 높은 차수를 말한다)의 다음 차수로 한다.
>
> ㉢ 부과권자는 다음의 어느 하나에 해당하는 경우에는 개별기준에 따른 과태료 금액의 2분의 1만큼 그 금액을 줄일 수 있다. 다만, 과태료를 체납하고 있는 위반행위자의 경우에는 그렇지 않다.
> • 위반행위가 사소한 부주의나 오류로 인한 것으로 인정되는 경우
> • 위반행위자가 법 위반상태를 시정하거나 해소하기 위하여 노력한 것이 인정되는 경우
> • 그 밖에 위반행위의 정도, 위반행위의 동기와 그 결과 등을 고려하여 감경할 필요가 있다고 인정되는 경우
>
> ㉣ 부과권자는 다음의 어느 하나에 해당하는 경우에는 개별기준에 따른 과태료 금액의 2분의 1만큼 그 금액을 늘릴 수 있다.
> • 위반의 내용·정도가 중대하여 공중에 미치는 영향이 크다고 인정되는 경우
> • 위반상태의 기간이 6개월 이상인 경우
> • 그 밖에 위반행위의 정도, 위반행위의 동기와 그 결과 등을 고려하여 가중할 필요가 있다고 인정되는 경우

2. 개별기준

(단위 : 만 원)

위반행위	과태료 금액		
	1차 위반	2차 위반	3차 이상 위반
㉠ 항공운송사업자가 자료를 제출하지 않거나 거짓의 자료를 제출한 경우			
• 자료를 제출하지 않은 경우	150	300	500
• 거짓의 자료를 제출한 경우	250	375	500
㉡ 항공운송사업자가 사업개선 명령을 이행하지 않은 경우	1,000	1,500	2,000
㉢ 항공운송사업자가 지연사유 및 진행 상황을 알리지 않은 경우	400	500	500
㉣ 항공교통이용자가 항공기에 탑승한 상태로 이동지역에서 항공기를 머무르게 하는 시간이 2시간을 초과하게 되었으나 항공운송사업자가 음식물을 제공하지 않거나 보고를 하지 않은 경우	400	500	500
㉤ 항공운송사업자가 운송약관을 신고 또는 변경신고하지 않은 경우	250	375	500
㉥ 항공운송사업자가 요금표 등을 갖춰 두지 않거나 거짓 사항을 적은 요금표 등을 갖춰 둔 경우			
• 요금표 등을 갖춰 두지 않은 경우	150	300	500
• 거짓 사항을 적은 요금표 등을 갖춰 둔 경우	250	375	500
㉦ 항공운임 등 총액을 제공하지 않거나 거짓으로 제공한 경우			
• 국제항공운송사업자 및 외국인 국제항공운송사업자인 경우	400	500	500
• 국내항공운송사업자, 소형항공운송사업자, 항공운송총대리점업자 및 여행업자인 경우	250	375	500

① 항공운송사업자가 자료를 제출하지 않았지만 위반행위가 사소한 부주의에 의한 것이며 처음으로 위반 행위를 한 것이라면 부과권자는 75만 원의 과태료를 부과할 수 있다.

② 7개월 전 항공운송사업자가 사업개선 명령을 이행하지 않아 과태료 1,000만 원을 부과 받았지만 아직도 사업개선 명령을 이행하지 않았다면 부과권자는 2차 위반 과태료로 2,250만 원을 부과할 수 있다.

③ 3개월 전 항공교통이용자가 항공기에 탑승한 상태로 이동지역에서 항공기를 머무르게 하는 시간이 2시간을 초과하게 되었으나 음식물을 제공하지 않아 처음으로 과태료를 부과받은 항공운송사업자가 같은 위반행위를 하였을 경우 과태료 500만 원을 부과받게 된다.

④ 항공운송사업자가 거짓 사항을 적은 요금표 등을 갖춰 둔 경우(1차 위반) 375만 원의 과태료가 부과된다.

⑤ 외국인 국제항공운송사업자가 항공운임을 거짓으로 제공한 경우(1차 위반) 400만 원의 과태료가 부과된다.

┃55~56┃ 다음은 R사에서 수입하는 가구류의 제품 코드 체계이다. 표를 보고 이어지는 질문에 답하시오.

예시) 2019년 12월에 생산된 미국 Hickory 사의 킹 사이즈 침대 104번째 입고 제품
→ 1912 - 1C - 02003 - 00104

생산연월	공급자		입고 분류				입고품수량
	원산지 코드		생산자 코드	제품 코드		용도별 코드	
2018년 3월 - 1803	1	미국	A LADD	01	의자	001 거실	00001부터 다섯 자리 시리얼 넘버가 부여됨.
			B Drexel			002 침실	
			C Hickory			003 킹	
	2	독일	D Heritage	02	침대	004 퀸	
			E Easy wood			005 더블	
2019년 10월 - 1910	3	영국	F LA-Z-BOY			006 트윈	
			G Joal			007 옷장	
	4	스웨덴	H Larkswood	03	장	008 장식장	
			I Pinetree			009 코너장	
			J Road-7			010 조명	
	5	이태리	K QinQin	04	소품	011 촛대	
			L Furniland			012 서랍장	
			M Omphatic				
	6	프랑스	N Nine-bed				
			O Furni Fran				

55. R사는 입고 제품 중 원산지 마크 표기상의 문제를 발견하여 스웨덴에서 수입한 제품과 침대류 제품을 모두 재처리하고자 한다. 다음 중 재처리 대상 제품의 제품 코드가 아닌 것은 어느 것인가?

① 18054J03008100010

② 19012D0200600029

③ 18116N0401100603

④ 19054H0100202037

⑤ 18113G0200400035

56. 제품 코드가 19103F0401200115인 제품에 대한 설명으로 올바르지 않은 것은 어느 것인가?

① 해당 제품보다 먼저 입고된 제품은 100개 이상이다.

② 유럽에서 생산된 제품이다.

③ 봄에 생산된 제품이다.

④ 침대와 의자류 제품이 아니다.

⑤ 소품 중 서랍장 제품이다.

▌57~58▐ 수당과 관련한 다음 글을 보고 이어지는 물음에 답하시오.

〈수당 지급〉

◆ 자녀학비보조수당
• 지급 대상 : 초등학교·중학교 또는 고등학교에 취학하는 자녀가 있는 직원(부부가 함께 근무하는 경우 한 쪽만 지급)
• 지급범위 및 지급액
 (범위) 수업료와 학교운영지원비(입학금은 제외)
 (지급액) 상한액 범위 내에서 공납금 납입영수증 또는 공납금 납입고지서에 기재된 학비 전액
  지급하며 상한액은 자녀 1명당 월 60만 원

◆ 육아휴직수당
• 지급 대상 : 만 8세 이하의 자녀를 양육하기 위하여 필요하거나 여직원이 임신 또는 출산하게 된 때로 30일 이상 휴직한 남·녀 직원
• 지급액 : 휴직 개시일 현재 호봉 기준 월 봉급액의 40퍼센트
 (휴직 중) 총 지급액에서 15퍼센트에 해당하는 금액을 뺀 나머지 금액
  ※ 월 봉급액의 40퍼센트에 해당하는 금액이 100만 원을 초과하는 경우에는 100만 원을, 50만 원 미만일 경우에는 50만 원을 지급
 (복직 후) 총 지급액의 15퍼센트에 해당하는 금액
  ※ 복직하여 6개월 이상 계속하여 근무한 경우 7개월째 보수지급일에 지급함. 다만, 복직 후 6개월 경과 이전에 퇴직하는 경우에는 지급하지 않음
• 지급기간 : 휴직일로부터 최초 1년 이내

◆ 위험근무수당
• 지급 대상 : 위험한 직무에 상시 종사하는 직원
• 지급 기준
 1) 직무의 위험성은 각 부문과 등급별에서 정한 내용에 따름.
 2) 상시 종사란 공무원이 위험한 직무를 일정기간 또는 계속 수행하는 것을 의미. 따라서 일시적·간헐적으로 위험한 직무에 종사하는 경우는 지급대상에 포함될 수 없음.
 3) 직접 종사란 해당 부서 내에서도 업무 분장 상에 있는 위험한 작업 환경과 장소에 직접 노출되어 위험한 업무

를 직접 수행하는 것을 의미.
• 지급방법 : 실제 위험한 직무에 종사한 기간에 대하여 일할 계산하여 지급함.

57. 다음 중 위의 수당 관련 설명을 잘못 이해한 내용은 어느 것인가?

① 위험한 직무에 3일간 근무한 것은 위험근무수당 지급 대상이 되지 않는다.

② 자녀학비보조수당은 수업료와 입학금 등 정상적인 학업에 관한 일체의 비용이 포함된다.

③ 육아휴직수당은 휴직일로부터 최초 1년이 경과하면 지급받을 수 없다.

④ 부부가 함께 근무해도 자녀학비보조수당은 부부 중 한 쪽에게만 지급된다.

⑤ 초등학교 고학년에 재학 중인 자녀가 있는 부모에게는 육아휴직수당이 지급되지 않는다.

58. 월 급여액 200만 원인 C대리가 육아휴직을 받게 되었다. 이에 대한 다음의 설명 중 올바른 것은 어느 것인가?

① 3월 1일부로 복직을 하였다면, 8월에 육아휴직수당 잔여분을 지급받게 된다.

② 육아휴직수당의 총 지급액은 100만 원이다.

③ 복직 후 3개월째에 퇴직을 할 경우, 휴가 중 지급받은 육아휴직수당을 회사에 반환해야 한다.

④ 복직 후에 육아휴직수당 총 지급액 중 12만 원을 지급받을 수 있다.

⑤ 육아휴직일수가 한 달이 되지 않는 경우는 일할 계산하여 지급한다.

59. 다음에 제시된 9개의 단어 중 관련된 3개의 단어를 통해 유추할 수 있는 것은?

> 포스트잇, 안전, 공무원, 바나나, 디저트, 음주 단속, 행사, 웅변, 금메달

① 응급실

② 구급차

③ 경찰

④ 직장인

⑤ 미사일

60. 다음과 같은 자료를 활용하여 작성할 수 있는 하위 자료로 적절하지 않은 것은?

(단위 : 천 가구, 천 명, %)

구분	2013	2014	2015	2016	2017
농가	1,142	1,121	1,089	1,068	1,042
농가 비율(%)	6.2	6.0	5.7	5.5	5.3
농가인구	2,847	2,752	2,569	2,496	2,422
남자	1,387	1,340	1,265	1,222	1,184
여자	1,461	1,412	1,305	1,275	1,238
성비	94.9	94.9	96.9	95.9	95.7
농가인구 비율(%)	5.6	5.4	5.0	4.9	4.7

※ 농가 비율과 농가인구 비율은 총 가구 및 총인구에 대한 농가 및 농가인구의 비율임.

① 2013년~2017년 기간의 연 평균 농가의 수

② 연도별 농가당 성인 농가인구의 수

③ 총인구 대비 남성과 여성의 농가인구 구성비

④ 연도별, 성별 농가인구 증감 수

⑤ 2017년의 2013년 대비 농가 수 증감률

✏ **직무수행능력평가(경영학-50문항/60분)**

1. 아래의 그림에 관한 내용을 참조하여 유추 가능한 내용으로 보기 가장 어려운 것을 고르면?

① 초반부터 소비자에 대한 신뢰도의 구축이 가능하다.

② 이러한 점포들이 많아질수록 통제에 따른 어려움이 따르게 된다.

③ 운영에 있어 각 점포의 실정에 맞지 않을 수 있다.

④ 실패에 대한 리스크가 낮다.

⑤ 가맹본부에 대한 낮은 의존도가 장점이다.

2. 아래 그림을 참조하여 이에 대한 추론이 가능한 내용으로 바르지 않은 것을 고르면?

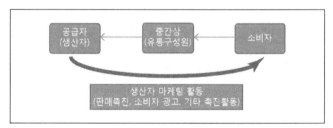

① 점포 방문 전에 미리 브랜드 선택이 이루어진다.

② 관여도가 높은 상품에 적합한 전략이다.

③ 소비자들의 브랜드 애호도가 높다.

④ 광고와 홍보를 주로 활용한다.

⑤ 충동구매가 잦은 제품의 경우에 적합한 전략이다.

3. 다음 중 편의표본 추출법에 관한 설명으로 바르지 않은 것은?

① 연구 조사자가 편리한 시간 및 장소에 접촉하기 쉬운 대상을 표본으로 선정하는 것을 의미한다.

② 표본의 모집단 대표성이 부족하다.

③ 조사대상을 적은 시간 및 비용으로 확보할 수 있다.

④ 편의표본으로부터 엄격한 분석결과를 취득할 수 없지만, 조사 대상들의 특성에 대한 개괄적인 정보의 획득이 가능하다.

⑤ 가장 널리 활용되는 표본추출 방식이다.

4. 사이먼(H. Simon)은 의사결정 대상의 성격에 따라 정형적 의사결정과 비정형적 의사결정으로 구분하고 있는데, 다음 중 비정형적인 의사결정에 대한 내용으로 보기 어려운 것은?

① 비일상적이면서 특수한 상황에 적용되는 성격을 지니고 있다.

② 주로 전략적인 의사결정의 수준을 취하고 있다.

③ 전통적인 기법에서는 직관, 판단, 경험법칙 등에 의존했으며, 현대적 기법에서는 휴리스틱 기법을 활용하고 있다.

④ 이러한 의사결정의 조직구조에서의 의사결정은 주로 하위층에서 수행하게 된다.

⑤ 이러한 의사결정의 경우 주로 비구조화 되어 있고, 결정 사항 등이 비일상적이며, 복잡한 조직 등에 적용된다.

5. 차고 및 A, B, C 간의 거리는 다음 표와 같다. 차고에서 출발하여 A, B, C 3개의 수요지를 각각 1대의 차량이 방문하는 경우에 비해, 1대의 차량으로 3개의 수요지를 모두 방문하고 차고지로 되돌아오는 경우, 수송 거리가 최대 몇 km 감소되는가?

구분	A	B	C
차고	10	13	12
A	–	5	10
B	–	–	7

① 30 ② 32

③ 34 ④ 36

⑤ 38

6. 기업에서의 효율적인 재고관리를 위해서는 정확한 로스(loss)를 파악하는 것이 중요하다. 어떤 점포의 식품 매출과 재고현황이 다음과 같을 때 이를 참조하여 상품 로스(loss)율을 구하면?

매출실적액	기초재고액	기중매입액	실사재고액
340	137	260	40

① 3% ② 4%

③ 5% ④ 6%

⑤ 7%

7. 물류정보시스템은 물적 유통에 있어서의 효율화를 기하기 위한 정보 전달 처리 시스템으로써 주문 및 수·발주 업무를 시스템화하여 재고의 최소화, 수·배송의 합리화, 생산의 계획화 등을 달성키 위한 정보 처리 시스템을 의미하는데 다음 중 A 대학교 경영학부에 재학 중인 5명의 친구들이 물류정보시스템에 관해 토론한 내용 중 가장 옳지 않은 것을 고르면?

① 형일 : 기업 조직의 물류정보시스템은 기업의 거래활동을 추진하기 위한 수주에서 출하까지의 모든 기능을 조절하여 효율화하는 역할을 수행해

② 원모 : 판매 및 재고정보가 신속하게 집약되지 못하는 관계로 생산과 판매에 대한 조정이 불가능해

③ 연철 : 재고량의 적정정도에 따라 창고와 배송센터 등의 물류센터와 물류시설의 효율적인 활용이 가능해

④ 용구 : 배송관리에 컴퓨터를 적용하기 때문에 효율적인 출하배송이 가능하게 되어 배송비가 절감되거든

⑤ 규호 : 배차 및 배송시스템은 물품의 사이즈와 중량을 사전에 등록시켜서 배차의 할당품목과 수량을 정하는 것과 배차계획을 어떻게 현실적으로 즉시 입안하는가 하는 중요한 사항을 다루게 되는 시스템이야

8. 화물운송은 제품의 특성으로 인해 여러 수송수단을 활용하게 되는데 이에 대해 아래에 제시된 각 그림에 대한 설명으로 가장 적절하지 않은 것을 고르면?

① ㉠의 경우, 공공도로를 이용하여 운송하는 방법으로 주로 자동차를 이용한다.

② ㉡의 경우, 선박을 이용하여 재화의 장소적 이전을 통해 효용을 창출한다.

③ ㉢의 경우, 공로운송에 비해 장거리 대량운송에 적합하다.

④ ㉣의 경우, 석유류제품·가스제품 운송 등에 이용되고 있으며, 다른 운송수단과 연계하여 활용할 수 있는 가능성이 매우 높다.

⑤ ㉤의 경우, 신속한 운송을 요하는 고가 화물에 많이 이용된다.

9. 다음의 기사는 과학적 관리론과 인간관계론에 대한 기사 중 일부를 나타낸 것이다. 이 중 메이요의 호손실험을 통해 말하고자 하는 내용과 가장 관련성이 먼 것을 고르면?

> 일이냐, 사람이냐? 따뜻한 배려인가, 냉정한 구도 중심인가? 인문학적 관심인가, 과학적 관리인가? 많은 리더들의 해묵은 숙제다.
> 생산성을 높이기 위해선 마른 수건도 쥐어짜는 성과 중심의 과학적 관리 방식이 당연히 끌린다. 하지만 급한 마음에 일방적으로 몰아붙이다 보면 '인재'들이 이탈할 것이 걱정돼 고민이 커진다. 이 말도 옳고 저 말도 옳은데 우리 조직은 어느 쪽을 따를 것인가. 폼으로 보게 되면 관계 중심이 당연히 끌린다.
> 왕을 위한 동산과 연못을 파는 건축을 하는데 백성들이 자기 일처럼 생각하고 달려와 즐겁게 일한다는 이야기다. 리더는 오히려 서두르지 말라는데 따르는 이들이 기꺼이 서둘러 목표를 초과달성하는 것, 예나 지금이나 모든 리더들의 바람이다.
> 프레드릭 테일러는 과학적 관리법을 통한 생산성 제고를 강력하게 주장했다. 반면 메이요 교수는 호손 공장의 실험을 통해 '결국 노동자를 춤추게 해 성과를 향상시킨 것'은 강력한 관리 시스템이 아닌 관심임을 실증적으로 밝혀냈다. 조명 등 공장 환경을 개선하는 것보다 노동자의 성과 향상에 중요 변수로 작용한 것은 명문대 연구진들이 자신들을 대상으로 지속적 관심을 보여준다는 것이었다.

① 물리적 측면의 개선에 의한 효과보다는 종업원들에게 있어 그들이 가지는 심리적인 요소들이 더 중요하다.

② 사회적 능률관을 주장하고 있다.

③ 민주적 조직관리·민주적 리더십 및 참여 등을 강조한다.

④ 팀워크를 기반으로 한 협동적 집단주의에 따른 생산성의 향상을 추구한다.

⑤ 기업 조직 내의 공식조직이 비공식조직에 비해 생산성 향상에 있어 주요한 역할을 한다.

10. 오늘은 2020년 2월 1일이다. 3월 1일에 보유해야 할 재고액이 650만 원이며, 이번 2월의 판매목표는 500만 원이다. 현재까지 재고는 760만 원이며, 이번 2월에 도달할 주문량은 120만 원이다. 이러한 자료를 기반으로 했을 시에 Open-to-buy는 얼마인지 구하면?

① 150만 원 어치

② 270만 원 어치

③ 330만 원 어치

④ 480만 원 어치

⑤ 510만 원 어치

11. 다음 의사결정모형에 관한 내용에서 합리모형에 대한 것으로 가장 부적절한 항목을 고르면?

① 고전적인 합리모형으로 인간과 조직의 합리성, 완전한 지식과 정보의 가용성을 전제하는 모형이다.

② 의사결정자는 문제의 복잡성, 미래상황의 불투명성, 적절한 정보의 부족 등으로 많은 장애 요인을 지니고 있다.

③ 개인적 의사결정 및 조직상의 의사결정을 동일시하지 않는다.

④ 의사결정자의 전지전능성을 전제하고 있다.

⑤ 관련된 기법으로는 선형계획, 기대행렬이론, 게임이론, 비용-편익 분석법 등이 있다.

12. 다음은 다국적기업의 국제 로지스틱스 전략에 관한 설명이다. 이 중 가장 옳지 않은 것은 무엇인가?

① 국제조달본부가 범세계 네트워크를 통해 전 세계적인 공통부품과 현지조달에 의한 고유부품과, 조달방법 간의 균형과 조화를 추진하고 있다.

② 세계적 시각에서 공장입지의 선택, 자원 확보, 운송거점의 설치, 규격의 표준화, 스왑(Swap) 등을 경영전략 상의 최우선 순위로 추진하고 있다.

③ 세계 전체가 생산기지라는 개념 하에 기능분담을 위해 범세계적인 시야에서 생산기지를 통합적으로 관리하고 있다.

④ 국내·외 물류를 통합 운영하면서 모국에서는 전 부품을 생산, 조달하며 현지국에서는 단순유통가공을 통해 판매하는 전략을 수립하고 있다.

⑤ 판매 면에서는 완성품의 국제유통, 완성품 및 서비스부품의 재고, 창고관리, 수·배송 등을 대상으로 국제마케팅의 주요 전략으로 로지스틱스 운영을 하고 있다.

13. 식품의 리드타임이 7일, 점검주기시간이 4일이며, 1일 판매량이 8단위일 경우, 적정주문시점은 언제이며 얼마나 많은 수량을 주문해야 하는가? (단, 현재 제품재고는 55단위이며 95%의 서비스 수준을 유지하기 위한 안전재고는 20단위이다.)

① 주문점 : 80, 주문수량 : 25

② 주문점 : 90, 주문수량 : 35

③ 주문점 : 100, 주문수량 : 45

④ 주문점 : 110, 주문수량 : 55

⑤ 주문점 : 120, 주문수량 : 65

14. 삼백산업은 1950년대 우리나라 산업에서 중추적 역할을 담당하였던 3대 업종을 의미하는 말이다. 3대 업종을 바르게 짝지은 것은?

① 밀가루, 시멘트, 설탕

② 면직물, 가발, 설탕

③ 시멘트, 설탕, 면직물

④ 밀가루, 면직물, 설탕

⑤ 면직물, 밀가루, 시멘트

15. 아래의 내용을 읽고 이와 가장 관련성이 높은 것을 고르면?

소매업체들은 고객과의 접촉과 커뮤니케이션을 향상시키기 위해 구매담당자로 하여금 자신들이 매입한 상품을 판매하는 부서에서 함께 일해 보도록 한다. 이런 직접접촉을 통한 의사소통은 점포와 고객욕구에 대한 생생한 의견을 얻을 수 있다. 뿐만 아니라 구매담당자가 매출패턴의 검토, 프로모션의 기획, 재고관리, 그리고 상품의 새로운 출처를 모색하기 위한 시간을 절감시켜 준다.

① 현장순회지도(Coaching By Wandering Around)

② 진실의 순간(Moment Of Truth)

③ 목표설정에 의한 관리(Management By Objectives)

④ 고객관계관리(Customer Relationship Management)

⑤ 그린 마케팅(Green Marketing)

16. 많은 소비자들은 살아가면서 제품을 소비하게 되는데 소비자가 마음속으로 이 정도까지는 지불할 수도 있다고 생각하는 가장 높은 수준의 가격"을 의미하는 것은?

① 기대가격(expected price)

② 한계가격(marginal price)

③ 준거가격(reference price)

④ 묶음가격(price bundling)

⑤ 유보가격(reservation price)

17. 서비스는 물질적 재화를 생산하는 노동과정 밖에서 기능하는 노동을 광범위하게 포괄하는 개념으로써 활용되고 있는데 다음 서비스의 특성에 관한 설명 중 가장 바르지 않은 것을 고르면?

① 무형성으로 인해 인간의 감각만으로는 서비스 구매의사결정을 하기는 쉽지 않다.

② 분리성은 서비스의 경우 생산과 소비가 각각 분리되기 때문에 서비스를 판매하거나 서비스를 수행하는 과정이 다르게 이루어지는 것을 의미한다.

③ 비분리성은 서비스를 판매하거나 서비스를 수행하는 이들로부터 분리하기 어렵다는 것을 의미한다.

④ 품질 가변성은 서비스 공급이 노동집약적이기 때문에 구매할 때마다 품질이 다르며, 심지어 동일한 공급자에게 구매하는 경우에도 품질이 상이한 것을 의미한다.

⑤ 서비스는 서비스의 생산이 시간요소에 기초하고 저장이 어렵기 때문에 소멸 가능성이 매우 높다.

18. 아래의 내용을 읽고 이에 해당하는 소매업체의 고객세분화 요건을 차례대로 바르게 나열한 것은 무엇인가?

> ㉠ 독신남이 매력적인 시장으로 발견되었다. 그러나 그들의 거주지를 알기 어렵다.
> ㉡ 미혼여성과 기혼여성은 향수에 대하여 다르게 반응한다.

① 측정가능성 – 활동가능성
② 규모적정성 – 활동가능성
③ 접근가능성 – 차별화가능성
④ 접근가능성 – 활동가능성
⑤ 측정가능성 – 차별화가능성

19. 일반적으로 소비자들의 심리적 반응과 소비행동에 착안하여 가격을 설정함으로써 제품에 대한 이미지를 바꾸거나 구매의욕을 높이는 방법을 수요에 기반한 심리적 가격결정방법이라고 하는데 다음 중 이에 관련한 내용으로 가장 옳지 않은 것은?

① 홀·짝수가격책정은 소비자가 어떤 가격을 높은 가격 또는 낮은 가격으로 인지하느냐 하는 사실에 기초를 둔다.

② 명성가격책정은 소비자들은 가격을 품질이나 지위의 상징으로 여기므로 명품 같은 경우 가격이 예상되는 범위 아래로 낮추어지면 오히려 수요가 감소할 수 있다는 사실에 기반을 둔 것이다.

③ 비선형가격설정은 일반적으로 대량구매자가 소량구매자에 비해 가격탄력적이라는 사실에 기반하여 소비자에게 대량구매에 따른 할인을 기대하도록 하여 구매량을 증가시키고자 하는 것이다.

④ 손실유도가격결정은 특정 품목의 가격을 인하하면 그 품목의 수익성은 악화될 수 있지만, 보다 많은 고객을 유인하고자 할 때 사용한다.

⑤ 상층흡수가격정책은 시장이 성장기에 있을 때 시장의 상층계층을 목표로 상품에 고가격을 설정함으로써 시장의 경쟁과 마찰을 피하면서 높은 수익을 얻고자 하는 가격정책이다.

20. (주) 우단에서는 검사용 시약을 새로 개발하여 생산 및 판매하고 있는데, 이 시약을 개발하는 데 들어간 고정(투자)비는 총 2억 원이다. 또한 (주) 우단에서는 이 시약의 판매가격을 5만 원으로 책정하였으며, 단위당 생산원가는 3만 원이다. (주) 우단에서는 해당 시약을 통해 1억 원의 이익을 목표로 하고 있다. (주) 우단에서의 1인당 인건비는 250만 원이라 했을 시에 목표판매량은 얼마인가?

① 10,000개
② 15,000개
③ 18,000개
④ 20,000개
⑤ 27,000개

21. 소비자들이 구매를 결정하게 되는 과정은 소비자의 니즈, 즉 필요성 인식단계, 정보수집단계, 대안평가단계, 구매행동단계, 구매 후 행동단계(구매 후 과정)로 나눌 수 있는데 아래의 내용은 구매 후 행동단계(구매 후 과정)에 대한 설명이다. 이 중 가장 옳지 않은 것은 무엇인가?

① 불만족한 소비자는 재구매 의도의 감소뿐만 아니라 다양한 불평행동을 보이며, 소비자들은 자신의 불평행동으로부터 기대되는 이익과 비용을 고려하여 불평행동 유형을 결정한다.

② 귀인이론은 구매 후 소비자가 불만족의 원인을 추적하는데 도움이 되며, 원인이 일시적이고 기업의 통제가 불가능하거나 기업의 잘못이라고 소비자가 생각할수록 더 불만족할 가능성이 높다.

③ 제품처분은 소비자들의 처분과 관련된 의사결정이 향후의 제품구매 의사결정에 영향을 주기 때문에 중요하며, 나아가 제품처분 관련 행동은 자원 재활용 측면에서도 중요하다.

④ 구매 후 부조화는 소비자가 구매 이후 느낄 수 있는 심리적 불편함을 말하며, 구매결정을 취소할 수 없을 때 발생할 가능성이 높다.

⑤ 기대불일치모형에 의하면, 만족과 불만족은 소비자가 제품사용 후 내린 평가가 기대 이상이냐 혹은 기대 미만이냐에 따라 결정된다.

22. 다음 중 마케팅 담당자가 직면하는 수요의 상황과 그 개념이 가장 바르게 기술된 것을 고르면?

① 부정적 수요는 소비자들이 그 제품을 알지 못하거나 무관심한 상태를 의미한다.

② 잠재수요는 소비자들이 시장에 나와 있는 모든 제품을 적절하게 구입하고자 하는 상태를 의미한다.

③ 감소수요는 소비자들이 간혹 그 제품을 구입하거나 전혀 구입하지 않는 상태를 의미한다.

④ 불건전 수요는 소비자의 구매가 계절별·월별·주별·일별·시간대별로 변화하는 수요를 의미한다.

⑤ 초과수요는 소비자들이 현존 제품으로 만족할 수 없는 강한 욕구를 갖고 있는 상태를 의미한다.

23. 아래에 제시된 내용 중 중앙집권적 소매조직에 해당하는 설명으로 옳은 것을 모두 고르면?

> ㉠ 소매의사결정 권한이 본사의 관리자에게 위임되어 있다.
> ㉡ 경상비가 줄어드는 장점이 있다.
> ㉢ 공급업체로부터 저가에 제품을 공급받을 수 있다.
> ㉣ 지역시장의 취향에 맞는 상품조정 능력이 탁월하다.
> ㉤ 지역적 경쟁대응능력이 뛰어나다.
> ㉥ 규모의 경제를 실현할 가능성이 높다.
> ㉦ 고객에게 언제 어디서나 동일한 일체감을 줄 수 있으므로 신뢰성을 높일 수 있다.

① 가, 나, 다, 라
② 가, 나, 다, 바, 사
③ 가, 나, 다, 라, 마
④ 나, 다, 라, 마, 사
⑤ 다, 라, 마, 바, 사

24. 일반적으로 단품관리는 발주에서 시작되어지는데 다음 중 발주에 대한 내용으로 가장 올바르지 않은 것은?

① 발주는 고객이 원하는 상품을 제때 필요한 양만큼 갖추어 품절이 발생되지 않도록 하는 활동을 의미한다.

② 발주를 잘하려면 자기 점포, 경쟁점포, 고객 등에 대한 정보가 있어야 어떤 상품을 얼마만큼 언제 발주할 것인지 결정할 수 있다.

③ 발주행동은 점포 이미지에 커다란 영향을 미치며 점내의 작업 능률까지 좌우하므로 발주행동에 신중하여야 한다.

④ 발주방식은 크게 정량 발주방식과 정기 발주방식으로 나뉘는데 냉동건조식품이나 통조림류는 정량 발주방식이, 고기나 생식류는 정기 발주방식이 적당하다.

⑤ 매입처를 고정적인 것으로 생각하고 고정화된 발주를 하는 것이 과소발주나 과대발주를 막는 최선의 방법이다.

25. 포지셔닝은 소비자의 마음속에 자사제품이나 기업을 표적시장·경쟁·기업 능력과 관련하여 가장 유리한 포지션에 있도록 노력하는 과정을 의미하는데, 다음 포지셔닝의 유형과 그에 따른 설명으로 가장 거리가 먼 것을 고르면?

① 효익 포지셔닝이란 제품이나 점포의 외형적 속성이나 특징으로 소비자에게 차별화를 부여하는 것을 말한다.

② 이미지 포지셔닝이란 고급성이나 독특성처럼 제품이나 점포가 지니고 있는 추상적인 편익으로 소구하는 방법을 말한다.

③ 사용상황 포지셔닝이란 제품이나 점포의 적절한 사용상황을 묘사하거나 제시함으로써 소비자에게 부각시키는 방식이다.

④ 경쟁제품 포지셔닝은 소비자의 지각 속에 위치하고 있는 경쟁사와 명시적 혹은 묵시적으로 비교하게 하여 자사 제품이나 점포를 부각시키는 방식이다.

⑤ 품질 및 가격 포지셔닝은 제품 및 점포를 일정한 품질과 가격수준으로 포지셔닝하여 최저가격 홈쇼핑이나 고급전문점과 같이 차별적 위치를 확보하는 방식이다.

26. '잃어버린 10년'이라 불리는 1990년대 일본의 극심한 경기불황과 가장 관계 깊은 것은?

① 디노미네이션

② 백워데이션

③ 디플레이션

④ 쿼테이션

⑤ 애그플레이션

27. 제품의 라이프사이클이 점점 짧아지고 제조기술 등이 급변함에 따라 급증하고 있는 간접비를 합리적인 기준으로 직접비로 전환하는 것으로 투입자원이 제품이나 서비스 등으로 변환하는 과정을 명확하게 밝혀 제품 또는 서비스의 원가를 계산하는 방식을 무엇이라고 하는가?

① Gross Margin Return On Labor

② Gross Margin Return On Selling area

③ Direct Product Profitability

④ Gross Margin Return On Inventory investment

⑤ Activity Based Costing

28. 다음 중 개방적 유통전략에 해당하는 내용들로만 바르게 짝지어진 것은?

ⓐ 경로구성원과의 긴밀한 관계를 더욱 강화할 수 있는 전략
ⓑ 특정 점포에 특정 제품을 제공하는 전략
ⓒ 제품이 가능한 한 많은 소매점에서 취급되는 전략
ⓓ 제품의 독특함, 희소성, 선택성 등의 이미지를 부여하고자 할 때 구사하는 전략
ⓔ 제품과 연관된 배타성과 유일한 이미지를 더욱 효과적으로 부각할 수 있는 전략

---

① ㉠, ㉡

② ㉡

③ ㉢

④ ㉢, ㉣

⑤ ㉤

29. 다음 중 기능별 조직의 설명으로 가장 거리가 먼 것은?

① 모든 조직구조 형성의 기본요소가 되며 더불어 모든 조직의 기준이 되고 있다.

② 전체조직을 인사·생산·재무·회계·마케팅 등의 경영기능을 중심으로 부문화하고 있는 형태를 띠고 있다.

③ 부서별로 분업이 이루어짐에 따라 전문화를 촉진시켜 능률을 향상시킨다.

④ 이러한 형태는 주로 많은 종류의 제품이나 서비스를 생산 및 판매하는 대규모 기업에서 선호된다.

⑤ 규모가 확대되어 구조가 복잡해지면 기업전체의 의사결정이 지연되고, 기업전반의 효율적인 통제가 어려워지는 문제점이 있다.

30. 다음 중 아래 그림과 같은 조직에 관한 설명으로 바르지 않은 것을 고르면?

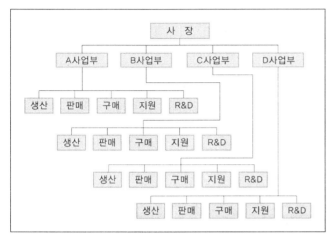

① 각 사업부별로 독립된 경영을 하도록 하는 조직구조를 취하고 있다.

② 이러한 조직형태로 인해 최고경영층은 일상적인 업무결정에서 해방되어 기업전체의 전략적 결정에 몰두할 수 있다는 이점이 있다.

③ 의사결정에 대한 책임이 일원화되고 명확해진다.

④ 각 사업단위는 자기 단위의 이익만을 생각한 나머지 기업 전체적으로는 손해를 미치는 부문이기주의적 경향을 띠게 된다.

⑤ 사업부내에 관리 및 기술 등의 스탭을 갖게 되지 못하므로 합리적인 정보수집 및 분석을 할 수 없다는 문제점이 있다.

31. 신용등급이 낮은 저소득층들을 대상으로 한 미국의 주택담보 대출상품은?

① 클로즈드모기지
② 제너럴모기지
③ 오픈모기지
④ 서브프라임모기지
⑤ 프라임모기지

32. 통상적으로 보면 재고관리는 능률적이면서 지속적인 생산 활동을 위해 필요한 원재료·반제품·제품 등의 최적보유량을 계획·조직·통제하는 기능을 의미하는데, 다음 중 재고관리에 대한 설명으로 가장 올바르지 않은 것은?

① 과소재고에 비해 과다재고는 대량발주로 주문비용을 절감할 수 있겠지만, 재고회전율이 저하되고 보관비용이 증가한다.

② 과다재고에 비해 과소재고는 재고수량관리 측면에서 용이해지지만 서비스율이 낮아진다는 위험이 있다.

③ 계절적인 원인으로 수요가 변동되거나 공급이 특정시기에 집중되는 상품의 경우 안정성을 유지하기 위한 재고의 저장이 필요하다.

④ 재고를 보유하고자 하는 이유 중의 하나는 규모의 경제를 추구할 수 있기 때문이다.

⑤ 재고관리의 목표는 재고유지비용의 절감보다는 고객서비스 향상에 중점을 두는 것이다.

33. 물류는 생산된 제품을 수송·하역·보관·포장하는 과정과 유통가공이나 수송 기초시설 등의 물자유통 과정을 모두 포함하는 것을 의미하는데 아래의 내용을 읽고 괄호 안에 들어갈 말로 가장 적합한 것을 고르면?

( )에서 중점을 두어야 할 것으로는 사내 파렛트 풀 결성 등 물류 단위화, 포장의 모듈화간이화기계화, 하역의 기계화자동화 등이 있으며, 합리화 과제로는 물류센터의 입지와 규모의 결정, 적정 서비스 수준과 적정재고의 유지, 수배송 정책의 결정 등이 있다.

① 폐기물류
② 조달물류
③ 역물류
④ 판매물류
⑤ 생산물류

34. 아래 내용과 같은 관리기법을 활용함에 있어 나타날 수 있는 한계점으로 가장 옳지 않은 것은 무엇인가?

> 종업원이 직속상사와 협의하여 작업 목표량을 결정하고, 이에 대한 성과를 부하와 상사가 함께 측정하고 또 고과하는 방법이다. 다시 말해, 조직의 종업원에게 구체적이면서도 도전감을 표출하게끔 하고, 상사하고의 협의에 의해 목표가 수립되며 지속적인 피드백이 가능한 목표를 기반으로 조직의 성과와 더불어 종업원 개인의 만족도를 동시에 향상시키는 현대적 경영관리 기법이라 할 수 있다.

① 장기적인 목표를 강조하는 경향이 있다.
② 부문 간에 과다경쟁이 일어날 수 있다.
③ 계량화할 수 없는 성과가 무시될 수 있다.
④ 신축성 또는 유연성이 결여되기 쉽다.
⑤ 도입 및 실시에 시간, 비용, 노력이 많이 든다.

35. 공급자주도형 재고관리(VMI : vender managed inventory)는 유통업체와 공급업체가 동일한 POS(point of sales) 자료를 보면서 공급업체가 주도적으로 유통업체의 재고를 관리하는 방법을 의미한다. 다음 중 VMI를 수행함으로써 얻을 수 있는 장점이 아닌 것은?

① 고객의 요구에 대해 보다 빠르게 대응할 수 있는 신속대응(QR : quick response)이 가능해져 고객만족을 증가시킬 수 있다.
② 재고에 관련되는 비용을 감소시킬 수 있고, 업무의 비효율성을 감소시킬 수 있어 원가우위의 효익을 얻을 수 있다.
③ 고객을 세분화시켜 상황에 맞는 차별화된 서비스와 제품을 제공할 수 있는 전략적 우위를 제공할 수 있다.
④ 발주업무를 생략할 수 있어 주문비용을 감소시키면서 효율적 재고운영이 가능하다.
⑤ 기존보다 정확한 판매정보를 활용하여 매출기회가 증가하고 상품조달비용을 절감할 수 있다.

36. 1학기 개강을 보름 앞두고 예비 대학생인 은영이는 서울에서 부산까지 기차여행을 하기로 마음을 먹고 인터넷을 활용하여 예매를 하려고 한다. 이 때 아래의 자료를 참조하여 은영이가 선택하게 될 기차 편으로 옳은 것은? (조건 1 : 시간 및 금전적인 여유는 충분함, 조건 2 : 보완적 선택방식으로 기차 편을 선택)

평가기준	중요도	기차에 대한 평가				
		KTX 산천	새마을호	ITX 청춘	무궁화호	비둘기호
경제성	40	8	3	6	5	8
기계성능	30	5	3	7	5	2
디자인	20	5	5	6	5	1
승차감	10	3	7	5	5	2

① KTX 산천
② 새마을호
③ ITX-청춘
④ 무궁화호
⑤ 비둘기호

37. 기업이 보유하고 있는 지적자산은 형식지와 암묵지로 구분해 볼 수 있는데, 다음 설명 중 가장 옳지 않은 것을 고르면?

① 형식지란 문서화되어 있고, 보존이 가능하고, 성문화 할 수 있는 것들을 말한다.
② 특허권, 상표, 사업계획, 시장조사, 고객목록 등이 형식지에 해당된다.
③ 도제 장인의 솜씨는 암묵지에 해당한다.
④ 사람들 머릿속에 있는 지식을 인식하고, 생성하고, 공유하고, 관리하는데 있어 암묵지에서 암묵지로 이동을 할 수 있도록 구현된 시스템을 지식 경영시스템(KMS)이라 한다.
⑤ 제품별 운송 시 주의사항과 지침은 형식지에 속한다.

38. 아래 그림과 같이 통상적으로 하나의 차량에 다양한 화물을 혼적하여 운송해서 운송의 대형화 및 순회배송으로 배송의 효율성을 향상시키기 위한 형태를 공동 수배송이라 하는데, 다음의 그림을 참조하여 공동수배송에서 나타나는 효과 중 나머지 넷과 다른 하나는 무엇인가?

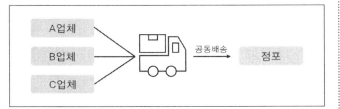

① 영업활동의 효율화

② 수배송 업무의 효율화

③ 유통비용의 절감으로 소비자에게 이익 환원

④ 차량 및 시설투자 증가의 억제

⑤ 교통량의 감소에 따른 환경보전

39. 인터넷 쇼핑과 TV 홈쇼핑 등 전자상거래가 크게 증가하고, GPS 등 물류환경의 급속한 변화에 따라 소화물 일관운송이 크게 증가하고 있는데 다음 중 소화물 일관운송의 등장 배경으로 가장 바르지 않은 설명은 무엇인가?

① 과거 산업사회에서는 상품의 다품종 소량생산 시스템이 지배적이었으나 오늘날의 정보화 사회에서는 소비자의 세분화된 욕구를 반영하여 소품종 대량생산 시스템으로의 전환이 이루어지고 있다.

② 컴퓨터와 정보기술의 발전으로 전자상거래(B2C)가 확산되고 TV 홈쇼핑이 활성화되고 있다.

③ 오늘날의 기업들은 비용절감을 위한 최후의 보루로서 제3의 이익원으로 불리는 물류비용의 절감을 위해 물류부문에서의 적극적인 합리화를 추진하고 있다.

④ 소비자 욕구의 다양화, 고급화 및 편의화 추세에 의한 물류환경의 변화도 소화물 일관운송의 중요한 배경이 된다.

⑤ 핵가족화가 진전되고 소비자의 욕구가 다양화됨에 따라 상품의 주문이 다빈도 소량주문 형태로 변화하였다.

40. 소비자 관여도는 소비자가 제품을 구매할 때 기울이는 노력 또는 개입의 정도를 나타내는 것으로, 소비자 특성, 제품 특성, 상황특성에 의해 영향을 받게 되는데, 다음 중 저관여 제품에 관한 사항으로 가장 거리가 먼 것을 고르면?

① 구매 중요도가 낮고 값도 저렴하며, 상표 사이의 차이가 별로 없으며 잘못 구매했을 때 위험이 적은 제품이다.

② 외적 정보의 탐색 없이 제한된 내적 정보에 의존하거나, 과거의 경험·기억에 의존한 구매가 이루어지고 충동 구매하는 경우도 많다.

③ 광고의 노출빈도는 적게, 도달범위는 넓게 하는 것이 효과적이고, 대량광고가 중요하며, 소매점의 위치가 상당히 중요하다.

④ 일반적인 소비자 구매 의사결정과는 달리 구매행동 후에 태도가 형성된다.

⑤ 도달범위는 좁게 하는 것이 효과적이고, 인적판매와 함께 제품의 품질향상에 신경을 써야 한다.

41. 파산이나 자금난에 봉착한 기업을 헐값에 사들이기 위해 조성된 펀드는?

① 국부펀드   ② 매칭펀드

③ 배드펀드   ④ 벌처펀드

⑤ 인프라펀드

42. 2008년 노벨경제학상을 수상한 경제학자 폴 크루그먼(Paul Krugman)은 아시아의 경제기적을 영감(inspiration)이 아닌 땀(perspiration)에 의한 것이라 논평을 하였는데 이 크루그먼의 주장을 뒷받침하기 위하여 필요한 이론적 도구는 무엇인가?

① 신무역이론

② 내생성장이론

③ 외생성장이론

④ 성장회계분석이론

⑤ 전략적 무역이론

43. 다음 중 롱테일 법칙이 적용된 사례로 옳지 않은 것은?

① 국내 키워드 검색 광고시장의 대부분은 소규모 사업체가 고객이다.

② 음식점에서 높은 가격의 저녁 메뉴보다 저렴한 가격의 점심 메뉴가 주 수입원이다.

③ 옥션의 주된 수입원은 많은 사람들이 쉽게 거래를 해 주게 하고 나오는 몇 %의 수수료이다.

④ 20%의 베스트셀러보다 소수의 사람들이 구입하는 80% 책의 판매량이 인터넷 서점 아마존의 주 수익을 책임진다.

⑤ 한 기업의 20%에 해당하는 부서가 회사 전체 수입의 80%를 창출해 낸다.

44. 다음 중 ISO 26000에 대한 설명으로 옳지 않은 것은?

① 국제 표준화 기구(ISO)의 주도 아래 진행된다.

② 사회적 책임(Social Responsibility)에 대한 가이드라인을 제공한다.

③ 제품생산의 국제 규격을 제정한 품질보증제도이다.

④ 소비자의 권리 향상에 많은 영향을 준다.

⑤ 기존의 조직전략, 시스템의 사회적으로 책임 있는 행동의 통합을 추구한다.

45. 다음 중 용어와 그 설명이 바르지 않은 것은?

① 블랙컨슈머(Black Consumer) - 고의적으로 악성 민원을 제기하는 소비자

② 그린컨슈머(Green Consumer) - 친환경적 요소를 기준으로 소비활동을 하는 소비자

③ 애드슈머(Adsumer) - 광고의 제작과정에 직접 참여하고 의견을 제안하는 소비자

④ 마담슈머(Madamsumer) - 주부의 시각에서 상품이나 서비스를 평가하고 홍보하는 소비자

⑤ 트라이슈머(Try Sumer) - 다른 사람의 사용 후기를 참조해 상품을 구입하는 소비자

46. 모든 사원이 회사 채무에 대하여 직접·연대·무한의 책임을 지는 회사 형태는 무엇인가?

① 합명회사　　　　　　② 합자회사

③ 유한회사　　　　　　④ 주식회사

⑤ 개인회사

47. 소비자 가격이 30만 원이었던 상품의 가격을 100만 원으로 올리자 오히려 매출이 증가했다. 이와 관련있는 것은?

① 디드로효과　　　　　② 베블렌효과

③ 밴드왜건효과　　　　④ 스놉효과

⑤ 노시보효과

48. 인터넷상에서 주민등록번호를 대신하여, 본인임을 확인받을 수 있는 사이버 신원 확인번호를 의미하는 것은?

① 아이핀　　　　　　　② 아이디

③ 바코드　　　　　　　④ ISN

⑤ 공인인증

49. 다음 중 리디노미네이션에 대한 설명으로 옳지 않은 것은?

① 화폐 액면 단위의 변경을 의미한다.

② 단위의 변경에 따라 화폐의 가치도 함께 변경된다.

③ 통화의 대외적 위상이 높아지는 효과가 있다.

④ 인플레이션의 기대심리를 억제시킨다.

⑤ 새 화폐 제조를 위한 시설 구축에 많은 비용이 든다.

50. 적대적 M&A를 방어하기 위한 방법이 아닌 것은?

① 황금낙하산　　　　　② 포이즌 필

③ 팩맨 방어　　　　　④ 그린 메일

⑤ 백기사

인천국제공항공사

사무분야(경영)

필기시험 모의고사

제1회 정답 및 해설

SEOWONGAK

(주)서원각

제1회 정답 및 해설

✍ 직업기초능력평가

1 ①

② 관습이론의 특징에 해당한다.

③ 구조이론에서 보는 관습이론의 특징이다.

④ 갈등이론에서 법은 사회적 통합을 위한 합의의 산물이 아니라, 지배 집단의 억압 구조를 유지·강화하여 자신들의 이익을 영위하려는 하나의 수단이라고 주장한다.

⑤ 갈등이론은 전체로서의 사회적 이익이 아니라 지배집단의 이익을 영위하려 한다.

2 ②

㉠ 습도가 70%일 때 연간소비전력량은 790으로 A가 가장 적다.

㉡ 60%와 70%를 많은 순서대로 나열하면 60%일 때 D-E-B-C-A, 70%일 때 E-D-B-C-A이다.

㉢ 40%일 때 E=660, 50%일 때 B=640이다.

㉣ 40%일 때의 값에 1.5배를 구하여 80%와 비교해 보면 E는 1.5배 이하가 된다.

A= $550 \times 1.5 = 825$ 840

B= $560 \times 1.5 = 840$ 890

C= $580 \times 1.5 = 870$ 880

D= $600 \times 1.5 = 900$ 950

E= $660 \times 1.5 = 990$ 970

3 ②

• A와 B 모두 문을 열지는 않았다. → A 또는 B가 문을 열었다.

• A가 문을 열었다면, C도 문을 열었다. → A가 문을 열지 않으면 C도 문을 열지 않는다.

• A가 문을 열지 않았다면, B가 문을 열었거나 C가 문을 열었다. → B가 문을 열었다.

• C는 문을 열지 않았다. → C가 열지 않았으므로 A도 열지 않았다.

• D가 문을 열었다면, B가 문을 열지 않았다. → B가 문을 열었으므로 D는 열지 않았다.

• D가 문을 열지 않았다면, E도 문을 열지 않았다.

A, C, D, E는 문을 열지 않았다.

4 ③

일자별 출장비 지급액을 살펴보면 다음과 같다. 화요일 일정에는 거래처 차량이 지원되므로 5,000원이 차감되며, 금요일 일정에는 거래처 차량 지원과 오후 일정으로 인해 5,000+7,000=12,000원이 차감된다.

출장 일자	지역	출장 시간	이동계획	출장비
화요일	'갑'시	09:00 ~18:00	거래처 배차	30,000-5,000= 25,000원
수요일	'갑'시 외 지역	10:30 ~16:00	대중교통	40,000원
금요일	'갑'시	14:00 ~19:00	거래처 배차	30,000-5,000-7,000 = 18,000원

따라서 출장비 총액은 25,000+40,000+18,000= 83,000원이 된다.

5 ③

미래사회는 지식정보의 창출 및 유통 능력이 국가경쟁력의 원천이 되는 정보사회로 발전할 것이다. 정보사회는 무한한 정보를 중심으로 하는 열린사회로 정보제공자와 정보소비자의 구분이 모호해지며 네트워크를 통한 범세계적인 시장 형성과 경제활동이 이루어진다. 정보통신은 이러한 미래 정보사회의 기반으로서 지식정보의 창출과 원활한 유통에 중요한 역할을 한다. 정보통신 기반을 활용함에 따라 정보사회의 활동 주체들은 모든 사회 경제활동을 시간·장소·대상에 구애받지 않고 수행할 수 있게 될 것이다.

6 ③

비공식조직은 자발적으로 형성된 조직으로 구조나 규정 등이 조직화되어 있지 않아야 한다. 또한 비영리조직은 이윤 추구가 아닌 공익을 추구하는 기관이나 단체가 해당되므로 주어진 보기에서는 계모임과 종교단체가 각각 비공식조직과 비영리조직에 해당된다고 볼 수 있다.

7 ①

상충되는 것은 지문의 내용과 양립할 수 없다는 것을 찾는 것이다. 틀린 것과는 다른 의미임을 명심하여야 한다.
㉠ 창충사는 거창의 여러 향리 가운데 신씨가 중심이 되어 세운 사당이다.
㉡ 향리들이 건립한 사당은 양반들이 건립한 사당에 비하면 얼마 되지 않는다.
㉢ 향리가 세운 서원이 존재하는지 안 하는지 알 수 없다.
㉣ 창충사에 모셔진 향리는 다섯 명이다. 원래 무신란에 죽은 향리는 일곱 명이었으나 두 명의 신씨는 사당에 모셔지지 않았다.

8 ④

㉠ 8월 8일 서울 날씨를 보면 예측 날씨가 '비'이지만 실제 날씨는 '맑음'이었다.

9 ①

이모와 어머니에게 동성애 유전자가 있다면 자식은 동성애 유전자를 가진다.
이모나 어머니에게 동성애 유전자가 없다면 자식은 이성애 유전자를 가진다.
동성애 유전자가 남성에게 있으면 자식을 낳아 유전자를 남기는 번식이 감소하지만, 동성애 유전자가 여성에게 있으면 여타 조건이 동일한 상황에서 자식을 많이 낳아 유전자를 많이 남긴다.
그러므로 고모는 아무 연관이 없다.

10 ④

제외건수가 매일 5건씩 감소한다고 했으므로 11일째 되는 날 제외건수가 0이 되고 일별 심사 비용은 총 16.5억 원이 된다.

11 ①

(70억－16.5억)/500건＝1,070만 원

12 ③

새로운 정책에 대하여 시민의 의견을 알아보고자 하는 것은 정책 시행 전 관련된 정보를 수집하는 단계로, 설문조사의 결과에 따라 다른 정보의 분석 내용과 함께 원하는 결론을 얻을 수 있다.

13 ②

경영은 한마디로 조직의 목적을 달성하기 위한 전략, 관리, 운영활동이다. 즉, 경영은 경영의 대상인 조직과 조직의 목적, 경영의 내용인 전략, 관리, 운영으로 이루어진다. 과거에는 경영(administration)을 단순히 관리(management)라고 생각하였다. 관리는 투입되는 자원을 최소화하거나 주어진 자원을 이용하여 추구하는 목표를 최대한 달성하기 위한 활동이다.

14 ③

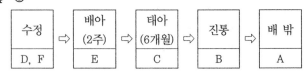

15 ③

사고 전 조달원 ＼ 사고 후 조달원	수돗물	정수	약수	생수	합계
수돗물	40	30	20	30	120
정수	10	50	10	30	100
약수	20	10	10	40	80
생수	10	10	10	40	70
합계	80	100	50	140	370

수돗물은 120가구에서 80가구로, 약수는 80가구에서 50가구로 각각 이용 가구 수가 감소하였다. 정수는 100가구로 변화가 없으며, 생수는 70가구에서 140가구로 증가하였다.

따라서 사고 전에 비해 사고 후에 이용 가구 수가 감소한 식수 조달원의 수는 2개이다.

16 ③

㉠ $20 = 2^2 \times 5^1 = (2+1)(1+1) = 3 \times 2 = 6$
  20번 지점은 6번 방문한다.

㉡ 2회만 방문한 지점은 1 ~ 20의 소수를 구하면 된다.
  2, 3, 5, 7, 11, 13, 17, 19 → 8개

㉢ 한 지점을 8번 방문하려면 최소 24개가 있어야 하는데 20개 밖에 없으므로 성립될 수 없다.

17 ①

지그비(Zigbee)는 저전력, 저비용, 저속도와 2.4GHz 를 기반으로 하는 홈 자동화 및 데이터 전송을 위한 무선 네트워크 규격으로 30cm 이내에서 데이터 전송이 가능하다.

제시된 내용의 사물 통신망은 유비쿼터스 센서 네트워크를 의미한다.

18 ⑤

조직 문화의 기능으로는 조직구성원들에게 일체감, 정체성을 부여하고, 조직몰입을 향상시켜 주며, 조직구성원들의 행동지침으로서 사회화 및 일탈행동을 통제하는 기능을 하고, 조직의 안정성을 유지시켜 준다고 볼 수 있다. 그러나 강한 조직문화는 다양한 조직구성원들의 의견을 받아들일 수 없거나, 조직이 변화해야할 시기에 장애요인으로 작용하기도 한다.

19 ②

첫 번째 의미 – 기적적인 것의 반대
두 번째 의미 – 흔하고 일상적인 것
세 번째 의미 – 인위적의 반대

① 기적적인 것의 반대는 맞으나 인위적인 것의 반대는 아니다.

② 흔하고 일상적인 것이 아니고, 인위적인 행위에 해당한다.

③ 기적적인 것의 반대이므로 맞으나 흔하고 일상적인 것은 아니다.

④ 기적적인 것의 반대이므로 맞으나 흔하고 일상적인 것은 아니다.

⑤ 흔하고 일상적인 것이며, 인위적인 것의 반대가 맞다.

20 ③

① 출퇴근 소요시간이 60분 이하인 직급의 비율
  • 대리급 이하 = $20.5 + 37.3 = 57.8$
  • 과장급 = $16.9 + 31.6 = 48.5$
  • 차장급 이상 = $12.6 + 36.3 = 48.9$

② 출퇴근 소요시간이 90분 초과인 대리급 이하 근로자 비율 = $13.8 + 5.0 + 5.3 + 2.6 = 26.7$
  탄력근무제를 활용하는 대리급 이하 근로자 비율 = 23.6

③ 출퇴근 소요시간이 120분 이하인 과장급 근로자 비율 = $100 - 5.6 - 7.7 - 1.7 = 85$
  원격근무제를 활용하는 과장급 근로자 비율 = 16.3

④ 근로자 수는 알 수 없으므로 판단이 불가능하다.

⑤ 근로자 수를 알 수 없으므로 판단이 불가능하다.

21 ②

실제 전투능력을 정리하면 경찰(3), 헌터(4), 의사(2), 사무라이(8), 폭파전문가(2)이다.

이를 토대로 탈출 통로의 좀비수와 처치 가능 좀비수를 계산해 보면

① 동쪽 통로 11마리 좀비
  폭파전문가(2), 사무라이(8)하면 10마리의 좀비를 처치 가능

② 서쪽 통로 7마리 좀비
  헌터(4), 경찰(3)하면 7마리의 좀비 모두 처치 가능

③ 남쪽 통로 11마리 좀비
  헌터(4), 폭파전문가(2) 6마리의 좀비 처치 가능

④ 남쪽 통로 11마리 좀비
  폭파전문자(2), 헌터(4)-전력력 강화제(2) 10마리의 좀비 처치 가능

⑤ 북쪽 통로 9마리 좀비
  경찰(3), 의사(2)-전투력 강화제(1) 6마리의 좀비 처치 가능

22 ③

1번째 기준에 의해 X사는 200억의 10%인 20억을 분배받고, Y사는 600억의 10%인 60억을 분배받는다. Y가 분배받은 금액이 총 150억이라고 했으므로 X사가 분배받은 금액은 50억이다. X사가 두 번째 기준에 의해 분배받은 금액은 30억이고, Y사가 두 번째 기준에 의해 분배받은 금액은 90억이다. 두 번째 기준은 연구개발비용에 비례하여 분배받은 것이므로 X사의 연구개발비의 3배로 계산하면 300억이다.

23 ①

사용자가 컴퓨터를 좀더 쉽게 사용할 수 있도록 도와주는 소프트웨어(프로그램)를 '유틸리티 프로그램'이라고 하고 통상 줄여서 '유틸리티'라고 한다. 유틸리티 프로그램은 본격적인 응용 소프트웨어라고 하기에는 크기가 작고 기능이 단순하다는 특징을 가지고 있으며, 사용자가 컴퓨터를 사용하면서 처리하게 되는 여러 가지 작업을 의미한다. 고객 관리 프로그램, 자원관리 프로그램 등은 대표적인 응용 소프트웨어에 속한다.

24 ②

차별화 전략과 원가우위 전략이 전체 시장을 상대로 하는 전략인 반면, 집중화 전략은 특정 시장을 대상으로 한다. 따라서 고객층을 세분화하여 타깃 고객층에 맞는 맞춤형 전략을 세울 필요가 있다. 타깃 고객층에 자사가 가진 특정 역량이 발휘되어 판매를 늘릴 수 있는 전략이라고 할 수 있다.

25 ②

① mtDNA와 같은 하나의 영역만이 연구된 상태에서는 그 결과가 시사적이기는 해도 결정적이지는 않다.
③ 그 수형도는 인류학자들이 상상한 장엄한 떡갈나무가 아니라 윌슨이 분석해 놓은 약 15만 년밖에 안 된 키 작은 나무와 매우 유사하였다.
④ 언더힐의 가계도도 윌슨의 가계도와 마찬가지로 아프리카 지역의 인류 원조 조상에 뿌리를 두고 갈라져 나오는 수형도였다.
⑤ Y염색체가 하나씩 존재하는 특성이 있어 재조합을 일으키지 않고, 그 점은 연구 진행을 수월하게 하기 때문이다.

26 ⑤

(가) LTV에 따른 신규 주택담보대출 최대금액은

$$\frac{X}{4억\ 원} \times 100 = 50\% \quad \therefore X = 2억\ 원$$

DTI에 따른 신규 주택담보대출 최대금액은

$$\frac{0.1X + 500만\ 원}{3천만\ 원} \times 100 = 50\% \quad \therefore X = 1억\ 원$$

따라서 둘 중 작은 금액은 1억 원이다.

(나) 2018년 10월 구매 시점에 적용받는 신규 주택담보대출 최대금액은

$$\frac{X}{4억\ 원} \times 100 = 30\% \quad \therefore X = 1.2억\ 원 (LTV에\ 따른\ 신규\ 주택담보대출\ 최대금액),$$

$$\frac{0.1X + 1,200만\ 원 + 100만\ 원}{1억\ 원} \times 100 = 30\%$$

$\therefore X = 1.7억\ 원$ (DTI에 따른 신규 주택담보대출 최대금액) 중 작은 금액인 1.2억 원이며

2017년 10월 구매 시점에 적용받는 신규 주택담보대출 최대금액은

$$\frac{X}{4억\ 원} \times 100 = 30\% \quad \therefore X = 1.2억\ 원 (LTV에\ 따른\ 신규\ 주택담보대출\ 최대금액),$$

$$\frac{0.1X + 100만\ 원}{1억\ 원} \times 100 = 30\% \quad \therefore X = 2.9억\ 원 (DTI$$

에 따른 신규 주택담보대출 최대금액) 중 작은 금액인 1.2억 원이므로 두 시점의 금액 차이는 0원이다.

27 ④

다음의 내용을 표로 정리하면 다음과 같다.

	1번	2번	3번	4번	5번	첫 번째	두 번째	세 번째	마지막
A			○					읽기	A,B (동일 시험)
B	○							A,B (동일 시험)	쓰기
C		○				말하기			
D				○		말하기			쓰기
E					○	듣기			읽기
첫 번째		말하기		말하기	듣기				
두 번째			읽기						
세 번째	A,B (동일 시험)		A,B (동일 시험)						
마지막	쓰기			쓰기	읽기				

4

- 시험장의 경우 A와 E는 각각 3번과 5번 시험장에서 시험을 본다. 또한 3)에서 B는 세 번째 시간대에 A와 같은 시험을 본다고 했으며 1)의 조건에 의해 A와 B는 서로 나란히 붙어있는 시험장에서 시험을 보면 안 된다. 따라서 B의 시험장은 2번, 4번이 아니고 1번 시험장이 된다. 5)에서 B와 D는 인접한 시험장을 사용하지 못 하기 때문에 B가 1번 시험장이므로 D는 4번 시험장이 되고 C는 2번 시험장이 된다.

- 각각의 시간대별 시험의 경우 주어진 조건을 위의 표와 같이 채울 수 있으며 3)에서 B가 마지막 시간대에 쓰기 시험을 본다고 했으므로 5)에서 D도 마지막 시간대에 쓰기 시험을 본다. 6)에서 2번과 4번 시험장은 서로 떨어져 있는 시험장이므로 같은 시험을 볼 수 있으며 읽기를 제외한다고 했는데 5번 시험장에서 듣기 시험을 보고 있으므로 듣기 시험도 아니다. 그리고 D는 마지막 시간대에 쓰기를 보기 때문에 2번과 4번 시험장에서 시험을 보는 C와 D는 첫 번째로 말하기 시험을 봐야 한다.

- ㉠ : E는 첫 번째에 듣기, 마지막에 읽기 시험을 본다. 따라서 두 번째 시간대에 말하기나 쓰기 시험을 봐야한다. (○)

  ㉡ : A, B 동일시험에 해당하는 칸이 말하기 시험이라고 하는 것이므로 B는 세 번째 시간대에 말하기, 네 번째 시간대에 쓰기 시험을 봐야 한다. 첫 번째 시간대에는 듣기나 읽기 시험을 볼 수 있다. 그 시간대에 2번 시험장에서는 말하기 시험을 보고 있다. (×)

  ㉢ : B가 읽기, 말하기 시험을 보게 되면 세 번째 시간대에 듣기 시험을 보고 A도 세 번째 시간대에는 듣기 시험을 본다. A는 첫 번째 시간대에 쓰기와 말하기 시험을 볼 수 있지만 인접한 2번과 4번 시험장에서 말하기 시험을 보고 있기 때문에 쓰기 시험을 봐야 한다. (×)

  ㉣ : C의 2번 시험장에서 듣기 시험을 보고 4번 시험장에서는 D에 의해 쓰기 시험이 진행되므로 이미 두 번째 시간대에 읽기 시험을 본 A의 입장에서는 마지막 시험으로 말하기 시험을 봐야 한다. (○)

28 ①

점수를 계산하면 다음과 같다.

직원	성별	근무점수	성과점수	봉사점수	투표점수	합계
고경원	남자	35.2	36.8	16	10	98
박하나	여자	29.6	34.4	18	5	87
도경수	남자	38.4	37.6	20	0	96
하지민	여자	40	40	15	0	95
유해영	여자	32	36	16	10	94
문정진	남자	30	30	19	5	84

29 ③

리피터(Repeater)는 장거리 전송을 위하여 전송 신호를 재생시키거나 출력 전압을 높여주는 장치를 말하며 디지털 데이터의 감쇠 현상을 방지하기 위해 사용된다.
네트워크 계층의 연동 장치로서 최적 경로 설정에 이용되는 장치는 라우터(Router)이다.

30 ①

위계를 강조하는 조직문화 하에서는 조직 내부의 안정적이고 지속적인 통합, 조정을 바탕으로 일사불란한 조직 운영의 효율성을 추구하게 되는 특징이 있다. 조직원 개개인의 능력과 개성을 존중하는 모습은 혁신과 관계를 지향하는 조직문화에서 찾아볼 수 있는 특징이다.

31 ④

주어진 글의 핵심 논점은 '지자체의 에너지 정책 기능의 강화 필요성'이 될 것이다. 지자체 중심의 분산형 에너지 정책의 흐름을 전제한 후 기존 중앙 정부 중심의 에너지 정책의 장점을 소개하였으며, 그에 반해 분산형 에너지 정책을 추진함에 있어 유의해야 할 사안은 어떤 것인지를 열거하며 비교하였다고 볼 수 있다. ㉣이 속한 단락의 앞 단락에서는 지역 특성을 고려하여 지자체가 분산형 에너지 정책의 주도권을 쥐어야 한다는 주장을 펴고 있으며, 이를 '이뿐만 아니라'라는 어구로 연결하여 앞의 내용을 더욱 강화하게 되는 '각 지역의 네트워크에너지 중심'에 관한 언급을 하였다. 따라서 네트워크에너지 체제 하에서 드러나는 특징은, 지자체가 지역 특성과 현실에 맞는 에너지 정책의 주도권을 행사하기 위해서는 지역별로 공급비용이 동일

하지 않은 특성에 기인한 에너지 요금을 차별화해야
한다는 목소리가 커지고 있다고 판단하는 것이 현실
을 올바르게 판단한 내용이 된다. 뿐만 아니라 ㉣의
바로 다음에 NIMBY 현상을 사례로 들고 있는 점은
이러한 에너지 요금 차별화의 목소리가 커지고 있다
는 사실을 뒷받침하는 내용으로 볼 수 있다. 따라서
㉣은 글 전체의 내용과 반대되는 논리를 포함하고 있
는 문장이 된다.
① 중앙 정부 중심의 에너지 정책에 대한 기본적인
특징으로, 대표적인 장점이 된다고 볼 수 있다.
② 분산형 에너지 정책과는 상반되는 중앙집중형 에너
지 정책의 효율적인 특성이며, 뒤에서 언급된
NIMBY 현상을 최소화할 수 있는 특성이기도 하다.
③ 지자체별로 지역 특성을 고려한 미시적 정책이 분
산형 에너지 정책의 관건이라는 주장으로 글의 내
용과 논리적으로 부합한다.
⑤ 지역별로 소형화된 설비가 더 많이 필요하게 될
것이라는 판단은 분산형 에너지 정책에 대한 올바
른 이해에 따른 주장이 된다.

32 ①
㉠ 2015년 甲국 유선 통신 가입자 = x
甲국 유선, 무선 통신 가입자 수의 합 = $x + 4,100 - 700 = x + 3,400$
甲국의 전체 인구 = $x + 3,400 + 200 = x + 3,600$
甲국 2015년 인구 100명당 유선 통신 가입자 수는 40명이며 이는 甲국 전체 인구가 甲국 유선 통신 가입자 수의 2.5배라는 의미이며 따라서 $x + 3,600 = 2.5x$ 이다.
∴ $x = 2,400$만 명 (×)
㉡ 乙국의 2015년 무선 통신 가입자 수는 3,000만 명이고 2018년 무선 통신 가입자 비율이 3,000만 명 대비 1.5배이므로 4,500만 명이다. (×)
㉢ 2018년 丁국 미가입자 = y
2015년 丁국의 전체 인구 : $1,100 + 1,300 - 500 + 100 = 2,000$만 명
2018년 丁국의 전체 인구 : $1,100 + 2,500 - 800 + y = 3,000$만 명(2015년의 1.5배)
∴ $y = 200$만 명 (○)
㉣ 乙국 = $1,900 - 300 = 1,600$만 명 丁국 = $1,100 - 500 = 600$만 명
∴ 3배가 안 된다. (○)

33 ④
① 혼인기간 7년 이내인 신혼부부, 혼인을 예정하고 있으며 공고일로부터 1년 이내에 혼인 사실을 증명할 수 있는 예비신혼부부, 6세 이하의 자녀를 둔 한부모가족의 부 또는 모가 신청할 수 있다.
② 입주자 선정 순위의 가점항목별 최대 점수는 3점으로 모두 동일하다.
③ 혼인기간 2년 이내인 신혼부부, 예비신혼부부, 2세 이하의 자녀를 둔 한부모가족이 우선공급에 해당한다.
⑤ 총자산기준은 2억 9,400만 원 이하이므로 입주자격을 충족하지 못 한다.

34 ②
㉠ : 우선공급(총 가점 8점)
㉣ : 우선공급(총 가점 7점)
㉡ : 잔여공급(총 가점 10점)
㉢ : 잔여공급(총 가점 9점)

35 ⑤
⑤ 2세 이상 13세 미만의 어린이의 경우 국내여객공항이용료가 50% 감면되므로 2,500원이 징수된다.

36 ③
㉠ 한국인 부부는 국제여객공항이용료, 출국납부금, 국제질병퇴치기금으로 $28,000 \times 2 = 56,000$원을 납부해야 하며 아이의 경우 면제대상이다.
㉡ 대한민국에 주둔하는 외국인 군인의 경우 면제대상이며 한국인인 친구의 경우 국제여객공항이용료, 출국납부금, 국제질병퇴치기금으로 28,000원을 납부해야 한다.
㉢ 장애인 및 중증장애인의 동반보호자 1인은 국내여객공항이용료 50% 감면대상이므로 $2,500 \times 2 = 5,000$원을 납부해야 한다.
따라서 납부한 국제·국내여객공항이용료, 출국납부금, 국제질병퇴치기금의 총합은
$56,000 + 28,000 + 5,000 = 89,000$ 원이다.

37 ④

VLOOKUP은 범위의 첫 열에서 찾을 값에 해당하는 데이터를 찾은 후 찾을 값이 있는 행에서 열 번호 위치에 해당하는 데이터를 구하는 함수이다. 단가를 찾아 연결하기 위해서는 열에 대하여 '항목'을 찾아 단가를 구하게 되므로 VLOOKUP 함수를 사용해야 한다. VLOOKUP(B2,$A$8:$B$10,2,0)은 'A8:B10' 영역의 첫 열에서 '식비'에 해당하는 데이터를 찾아 2열에 있는 단가 값인 6500을 선택하게 된다(TRUE(1) 또는 생략할 경우, 찾을 값의 아래로 근삿값, FALSE(0)이면 정확한 값을 표시한다).
따라서 '=C2*VLOOKUP(B2,$A$8:$B$10,2,0)'은 10×6500이 되어 결과 값은 65,000이 되며, 이를 D5까지 드래그하면, 각각 129,000, 42,000, 52,000의 사용금액을 결과 값으로 나타내게 된다.

38 ④

전결권자가 자리를 비웠을 경우, '직무 권한'은 차상위자가 아닌 직상급직책자가 수행하게 되며, 차상위자가 전결권자가 되는 경우에도 '직무 권한' 자체의 위임이 되는 것은 아니다.
① 차상위자가 필요한 경우, 최종결재자(전결권자)가 될 수 있다.
② 부재 중 결재사항은 전결권자 업무 복귀 시 사후 결재를 받는 것으로 규정하고 있다.
③ 팀장의 업무 인수인계는 부사장의 전결 사항이다.
⑤ 식비를 접대비로 지출하는 경우에는 본부장의 전결로 이루어질 수 있다.

39 ②

교육비용을 신청하고자 하므로 교육비를 지출해야 한다. 따라서 김 대리가 작성해야 할 결재 문서는 교육비 집행내역서이다. 예산집행내역서는 부사장 전결 사항이므로 부사장의 결재란이 맨 오른쪽 '전결'란에 위치하도록 하며, 원래의 부사장 란은 대각선 표시를 한다.

40 ④

④ 전기 공급자가 많아지면 전기시장은 지금보다 더욱 경쟁적인 시장이 될 것이라고 판단할 수는 있으나, 그 경우 전기시장이 휘발유시장보다 더 경쟁적인 시장이 될 것이라고 판단할 근거가 제시되어 있지는 않다.
① 시장에 참여하는 가계와 기업의 수가 많다면 이 시장은 경쟁적인 시장이 될 수 있으나, 그 수가 적은 경우 시장은 경쟁적일 수 없다.
② 시장으로의 진입장벽이 낮을수록 시장은 경쟁적이며, 진입장벽이 높을수록 기존 기업은 소비자들에 대해 어느 정도의 영향력을 갖게 된다.
③ 기존 기업들이 담합하여 단체행동을 하는 경우에는 그렇지 않은 경우에 비해 시장 지배력이 커져 이 시장은 경쟁시장의 특성에서 멀어진다. 즉, 휘발유시장은 완전경쟁시장이라고 할 수는 없다.
⑤ 전기시장이 휘발유시장보다 시장가격에 영향을 미칠 수 있는 더 큰 시장 지배력을 갖고 있기 때문에, 전기시장은 휘발유시장보다 경쟁적이지 못하다.

41 ③

③ 3등급 판정을 받은 한우의 비율은 2014년이 가장 낮지만, 비율을 통해 한우등급 판정두수를 계산해 보면 2010년의 두수가 $602,016 \times 0.11 =$약 66,222두로, 2014년의 $839,161 \times 0.088 =$약 73,846두보다 더 적음을 알 수 있다.
① 1++ 등급으로 판정된 한우의 수는 2010년이 $602,016 \times 0.097 =$약 58,396두이며, 2011년이 $718,256 \times 0.092 =$약 66,080두이다.
② 1등급 이상이 60%를 넘은 해는 2010, 2011, 2013, 2014년으로 4개년이다.
④ 2011년에서 2012년으로 넘어가면서 1++등급은 0.1%p 비율이 더 많아졌으며, 3등급의 비율도 2.5%p 더 많아졌다.
⑤ 1++ 등급의 비율이 가장 낮은 2008년에는 3등급의 비율이 가장 높았지만, 반대로 1++ 등급의 비율이 가장 높은 2010년에는 3등급의 비율도 11%로 2014년보다 더 높아 가장 낮지 않았다.

42 ⑤

시합은 세 사람이 말한 월, 일, 요일 중에서 열렸고 세 사람 중 월, 일, 요일을 0개, 1개, 2개 맞춘 사람이 존재한다.

시합이 열렸던 날짜는 5월 8일, 5월 10일, 6월 8일, 6월 10일 중 하나이며, 이 날짜 중에서 조건을 만족하는 날짜를 찾아야 한다.

5월 8일 : 甲이 2개, 乙이 1개, 丙이 1개 맞혔으므로 0개 맞힌 사람이 없다. (×)

5월 10일 : 甲이 1개, 乙이 2개, 丙이 0개 맞혔으나 요일을 甲이나 乙이 맞히면 조건을 충족하지 못 한다. (×)

6월 8일 : 甲이 1개, 乙이 0개, 丙이 2개 맞혔으나 요일을 甲이나 丙이 맞히면 조건을 충족하지 못 한다. (×)

6월 10일 : 甲이 0개, 乙이 1개, 丙이 1개 맞혔으므로 요일을 乙이나 丙이 맞히면 조건을 충족한다. (㉠, ㉡ 맞음)

丙이 하나만 맞히면 乙이 2개를 맞힌 것이 된다. 乙은 시합이 화요일에 열렸다고 기억했으므로 ㉢은 맞는 내용이다.

따라서 ㉠, ㉡, ㉢ 모두 맞음

43 ③

③ 이동 후 인원수가 감소한 부서는 37명→31명으로 바뀐 관리팀뿐이다.

① 영업팀은 1명 증가, 생산팀은 5명 증가, 관리팀은 6명 감소로 관리팀의 인원수 변화가 가장 크다.

② 이동 전에는 영업팀 > 관리팀 > 생산팀 순으로 인원수가 많았으나, 이동 후에는 영업팀 > 생산팀 > 관리팀 순으로 바뀌었다.

④ 가장 많은 인원이 이동해 온 부서는 영업팀(9+10=19)과 생산팀(7+12=19)이며, 관리팀으로 이동해 온 인원은 11+5=16명이다.

⑤ 잔류 인원보다 이동해 온 인원이 더 많은 부서는 영업팀 25 > 19, 생산팀 16 < 19, 관리팀 15 < 16으로 생산팀과 관리팀 2개 부서이다.

44 ①

COUNTIF 함수는 통계함수로서 범위에서 조건에 맞는 셀의 개수를 구할 때 사용된다.

=COUNTIF(C2:C13, "〈"&AVERAGE(C2:C13))의 수식은 AVERAGE 함수로 평균 금액을 구한 후, 그 금액보다 적은 개수를 세게 된다.

COUNT 함수는 범위 내에서 숫자가 포함된 셀의 개수를 구하는 함수이다.

45 ①

조직문화의 7가지 구성요소는 공유가치, 리더십 스타일, 구조, 관리 기술, 전략, 제도 및 절차, 구성원이며 예산은 조직문화 구성요소에 포함되지 않는다.

② 이 밖에도 조직문화는 구성원의 몰입도를 향상시키고 조직의 안정성을 유지시켜 주는 기능도 포함한다.

③ 관리적 조직문화, 과업지향적 조직문화 등과 함께 관계지향적 조직문화, 유연한 조직문화 등이 있다.

46 ⑤

⑤ 2016년 3월부터 특수형태업무 종사자에 대한 산재보험가입 특례도 종전 6개 직종에서 9개 직종으로 확대 적용되었다.

① '법적 의무사항인 2년 이상 근무한 비정규직 근로자의 정규직 전환율도 높지 않은 상황이다'에서 알 수 있다.

② 상시 업무에 정규직 고용관행을 정착시키면 상시 업무에 정규직 직원만 고용되는 것이 아니라 비정규직에 대한 불합리한 차별 해소를 위해 비정규직 직원들의 정규직 전환 후 계속고용도 늘어나게 됨을 추론할 수 있다.

③ 서포터스 활동 결과, 2016년에는 194개 업체와 가이드라인 준수협약을 체결하는 성과를 이루었다.

④ 정부의 지원정책은 임금상승에 따른 기업들의 추가 비용 부담을 덜어주기 위한 것이다.

47 ③

김병장이 하루 일하는 양 : $\frac{1}{8}$

심일병이 하루 일하는 양 : $\frac{1}{12}$

$\frac{1}{8} \times 3 + \left(\frac{1}{8} + \frac{1}{12}\right) \times x = 1$

$\therefore x = 3$

48 ③

문제의 내용과 조건의 내용에서 알 수 있는 것은 다음과 같다.

• 5층과 1층에서는 적어도 1명이 내렸다.

• 4층에서는 2명이 내렸다. → 2층 또는 3층 중 아무도 내리지 않은 층이 한 개 있다.

그런데 네 번째 조건에 따라 을은 1층에서 내리지 않았고, 두 번째 조건에 따라 을이 내리기 직전 층에서는 아무도 내리지 않아야 하므로, 을은 2층에서 내렸고 3층에서는 아무도 내리지 않은 것이 된다(∵ 2층 또는 3층 중 아무도 내리지 않은 층이 한 개 있으므로)

또한 무는 정의 바로 다음 층에서 내렸다는 세 번째 조건에 따르면, 정이 5층에서 내리고 무가 4층에서 내린 것이 된다.

네 번째 조건에서 갑은 1층에서 내리지 않았다고 하였으므로, 2명이 함께 내린 층인 4층에서 무와 함께 내린 것이고, 결국 1층에서 내릴 수 있는 사람은 병이 된다.

49 ②

재작년과 작년에 적립된 마일리지를 구하면 다음과 같다.

재작년 : $45 \times 12 = 540$, $540 \times 40 = 21,600$

작년 : $65 \times 12 = 780$, $780 \times 50 = 39,000$

총 60,600마일리지

② 올해의 카드 결제 금액이 월 평균 60만 원이라면, $60 \times 12 = 720$, $720 \times 50 = 36,000$이 되어 총 96,600마일리지가 되므로 120,000마일리지가 필요한 광주 일등석을 이용할 수 없다. (O)

① $80 \times 12 = 960$, $960 \times 70 = 67,200$마일리지이므로 총 127,800마일리지로 제주 일등석을 이용할 수 없다. (X)

③ 60,600마일리지가 되므로 울산 일반석을 이용할 수 없다. (X)

④ $70 \times 12 = 840$, $840 \times 70 = 58,800$마일리지이므로 총 119,400마일리지로 제주 프레스티지석 이용이 가능하다. (X)

⑤ $30 \times 12 = 360$, $360 \times 40 = 14,400$마일리지이므로 총 75,000마일리지로 울산 프레스티지석을 이용할 수 없다. (X)

50 ①

SUMIF 함수는 주어진 조건에 의해 지정된 셀들의 합을 구할 때 사용하는 함수이다.

'=SUMIF(범위, 함수조건, 합계범위)'로 표시하게 된다. 따라서 찾고자 하는 이름의 범위인 A2:A8, 찾고자 하는 이름(조건)인 A11, 합계를 구해야 할 범위인 B2:B8을 순서대로 기재한 '=SUMIF(A2:A8,A11,B2:B8)'가 올바른 수식이 된다.

51 ⑤

프로슈머 마케팅은 단순히 제품이나 서비스를 구매하는 입장에 그치지 않고, 직접 제품 개발을 요구하거나 아이디어를 제공하는 등 생산에 영향을 미치는 적극적인 소비자를 의미한다.

• 코즈 마케팅 : 상호 이익을 위하여 기업이나 브랜드를 사회적 명분이나 이슈에 전략적으로 연계시키는 것.

• 니치 마케팅 : 이미 시장에 마니아들이 형성되어 있지만 대중적으로 사람들에게 널리 알려지지 않은 틈새를 이용하는 마케팅

• 플래그십 마케팅 : 시장에서 성공을 거둔 특정 상품 브랜드를 중심으로 마케팅 활동을 집중하는 것

• 노이즈 마케팅 : 각종 이슈를 요란스럽게 치장해 구설수에 오르도록 하거나, 화젯거리를 만들어 소비자들의 이목을 현혹시켜 인지도를 늘리는 마케팅 기법

52 ①

타고난 재능은 인정하지 않고 재능을 발휘한 노동의 부분에 대해서만 그 소득을 인정하게 된다면 특별나게 열심히 재능을 발휘할 유인을 찾기 어려워 결국 그 재능은 상당 부분 사장되고 말 것이다. 따라서 이러한 사회에서 ㉠과 같이 선천적 재능 경쟁이 치열해진다고 보는 의견은 글의 내용에 따른 논리적인 의견 제기로 볼 수 없다.

53 ②

필자가 언급하는 '능력'은 선천적인 것과 후천적인 것이 있다고 말하고 있으며, 후천적인 능력에 따른 결과에는 승복해야 하지만 선천적인 능력에 따른 결과에 대해서는 일정 부분 사회에 환원하는 것이 마땅하다는 것이 필자의 주장이다. 따라서 능력에 의한 경쟁 결과가 반드시 불평의 여지가 없이 공정하다고만은 볼 수 없다는 것이 필자의 견해라고 할 수 있다.

54 ③

$6x > 42$, $5x - 10 < 50$을 정리하면
$7 < x < 12$이므로 만족하는 모든 정수 x의 합은
$8 + 9 + 10 + 11 = 38$

55 ④

갑과 을의 전기요금을 다음과 같이 계산할 수 있다.
〈갑〉
기본요금 : 1,800원
전력량 요금 : $(200 \times 90) + (100 \times 180)$
$\qquad = 18,000 + 18,000 = 36,000$원
200kWh를 초과하였으므로 필수사용량 보장공제 해당 없음
전기요금 : $1,800 + 36,000 = 37,800$원
〈을〉
기본요금 : 1,260원
전력량 요금 : $(200 \times 72) + (100 \times 153)$
$\qquad = 14,400 + 15,300 = 29,700$원
200kWh를 초과하였으므로 필수사용량 보장공제 해당 없음
전기요금 : $1,260 + 29,700 = 30,960$원
따라서 갑과 을의 전기요금 합산 금액은 $37,800 + 30,960 = 68,760$원이 된다.

56 ②

② 동계와 하계에 1,000kWh가 넘는 전력을 사용하면 슈퍼유저에 해당되어 적용되는 1,000kWh 초과 전력량 요금 단가가 2배 이상으로 증가하게 되나, 기본요금에는 해당되지 않는다.
① 기본요금과 전력량 요금 모두 고압 요금이 저압 요금보다 저렴한 기준이 적용된다.

③ 기본요금 900원과 전력량 요금 270원을 합하여 1,170원이 되며, 필수사용량 보장공제 적용 후에도 최저요금인 1,000원이 발생하게 된다.
④ 200kWh 단위로 요금 체계가 바뀌게 되므로 200kWh씩 나누어 관리하는 것이 전기요금을 절감할 수 있는 방법이다.
⑤ 7~8월, 12~2월로 하계와 동계 5개월에 해당된다.

57 ④

솜, 설탕, 나무젓가락을 통해 솜사탕을 유추할 수 있다. 솜사탕은 솜 모양으로 만든 사탕의 하나로, 설탕을 불에 녹인 후 빙빙 돌아가는 기계의 작은 구멍으로 밀어 내면 바깥 공기에 닿아서 섬유 모양으로 굳어지는데, 이것을 나무젓가락과 같은 막대기에 감아 솜 모양으로 만든다.

58 ②

② Error Value에 따라, RWDRIVE에서 18(R) + 5(E) = 23, ACROBAT에서 1(A) + 20(T) = 21이므로 그 차이는 2이다. 따라서 시스템 판단 기준에 따라 Final Code 값은 acejin이 된다.

59 ⑤

⑤ Error Value에 따라, STEDONAV에서 19(S) + 22(V) = 41, QNTKSRYRHD에서 17(Q) + 4(D) = 21이므로 그 차이는 20이다. 따라서 시스템 판단 기준에 따라 Final Code는 vuritam이 된다.

60 ③

'국제 감각'을 향상시키기 위한 방안으로 가장 쉽게 생각할 수 있는 것이 외국어 능력을 키우거나 해외 체류 경험을 통해 다양한 외국 문화를 습득하는 일이다. 그러나 국제 감각은 단순히 외국어 능력을 키운다고 생기는 것이 아니며, 외국 문화의 이해뿐 아니라, 관련 업무의 국제적인 동향을 이해하고 이를 업무에 적용하는 능력이다. 구체적으로는 각종매체(신문, 잡지, 인터넷 등)를 활용하여 국제적인 동향을 파악하는 능력, 조직의 업무와 관련된 국제적인 법규나 규정을 숙지하기, 특정 국가의 관련업무 동향 점검하기, 국제적인 상황변화에 능동적으로 대처하는 능력 등이 요구된다.

1 ⑤

물류비 : 200억×0.1 = 20억, 영업이익 : 200억×0.06 = 12억, 이익증가액 : 12억×0.1 = 1억 2천, 물류비 감소 : $\frac{1억 2천}{20억} \times 100 = 6\%$, 매출액을 증가는 200억 : 12억 = x : 13억 2천이 되기 때문에

$\therefore 12x = 200 \times 13.2 = 2,640$, x는 220억이기 때문에 $\frac{220억 - 200억}{200억} \times 100 = 10\%$ 가 된다.

2 ③

자가물류비=노무비+이자+전기료+가스수도료+재료비 +세금 13,000+250+300+300+3,700+90=17,640만 원

위탁물류비=지불포장비+지급운임+상/하차 용역비+수수료 80+400+550+90=1,120만 원

3 ①

건물의 1년 감가상각비= $\frac{(320-20)}{40}$ =7.5백만 원/년

기계장치의 1년 감가상각비= $\frac{(110-10)}{10}$ =10백만 원/년

$\therefore$ 감가상각비=7.5백만 원+10백만 원=17.5백만 원/년

4 ①

재고수준이 낮아지게 되면 적시에 고객들이 필요로 하는 제품의 공급이 어려워지게 되고 이것은 오히려 고객서비스를 감소시키는 결과를 초래하게 된다.

5 ④

위 지문은 PPL에 관한 내용을 설명하고 있다. "하지만 영화 개봉 후 짜파구리가 주목받으면서 짜파게티와 너구리 판매가 늘고 있다."에서 보면 알 수 있듯이 비록 농심은 PPL을 하지는 않았지만 영화 속에서 소비자들로부터 주목을 받은 것이다. 이렇듯 PPL 광고 (product placement advertisement)는 특정 기업의 협찬을 대가로 영화나 드라마에서 해당 기업의 상품 이나 브랜드 이미지를 소도구로 끼워 넣는 광고기법 을 의미하는데 기업 측에서는 화면 속에 자사의 상품 을 배치, 소비자들의 무의식 속에 상품 이미지를 심어 관객들에게 거부감을 주지 않으면서 상품을 자연스럽 게 인지시킬 수 있고, 영화사나 방송사에서는 제작비 를 충당할 수 있다는 장점이 있다.

6 ④

역매입은 경쟁자의 상품을 시장에서 제거하기 위해 경쟁업체의 제품을 사들이는 행위를 의미한다.

7 ②

ⓐ 원가는 어떤 특정 목적을 이루기 위해 희생 또는 포기된 자원을 의미한다.

ⓑ 직접원가는 주어진 원가대상과 관련되는 원가로 해당 원가 대상에 추적 가능한 원가를 의미한다.

ⓒ 간접원가는 주어진 원가와 관련되는 원가이지만, 해당 원가 대상에 추적할 수 없는 원가를 의미한다.

ⓓ 변동원가는 활동 또는 조업도의 총 수준과 연관해서 원가 총액이 비례적으로 변동하는 원가를 의미한다.

8 ③

A 쇼핑센터에서의 잠재매출액은 아래와 같이 나타난다.

12,000명 × 200원/명 = 2,400,000원

7 × 100,000원 = 700,000원

25,000 × 10원 = 250,000원

거리에서 보이는 경우 : 월 200,000원

$\therefore$ 2,400,000원 + 700,000원 + 250,000원 + 200,000원 = 3,550,000원

B 쇼핑센터에서의 잠재매출액은 아래와 같이 나타난다.

15,000명 × 200원/명 = 3,000,000원

2 × 100,000원 = 200,000원

20,000 × 10원 = 200,000원

쇼핑센터 내 대형할인매장이 있으면 : 월 300,000원

$\therefore$ 3,000,000원 + 200,000원 + 200,000원 + 300,000원 = 3,700,000원

9 ④

제조업체 (1,2,3)에서 도매상 (1,2)으로 가는 거래의 수 : 6, 도매상 (1, 2)에서 소매상 (1,2,3,4,5,6)으로 가는 거래의 수 : 12, 그러므로 총 거래 수는 18개이며 이를 그림과 같이 표현하면 다음과 같다.

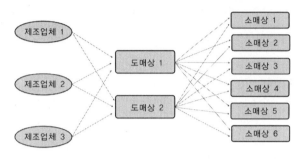

10 ③

위 지문에 제시된 실험을 통해 생산성 향상에 영향을 미치는 요인은 작업환경과 같은 물리적인 요인이나 임금인상 등의 경제적인 요인과 같은 외부적 조건들보다는 종업원의 감정이나 태도, 집단의 분위기가 더 큰 요인으로 작용한다는 것을 알 수 있다.

11 ③

폐쇄형 질문은 고정형 질문이라고도 하며, 응답의 대안을 제시하고 그 중 하나를 선택하게끔 하는 질문방식이다. 다시 말해 객관식 형태의 질문이라고 할 수 있다. 이러한 경우에는 사전에 보기를 주고 그 중에서만 선택할 수 있게 하므로 응답자에게 충분한 자기표현의 기회를 제공해 주기 어렵다.

12 ⑤

CRM은 기존고객 및 잠재고객을 대상으로 하고 고객 유지 및 이탈방지 전략이 비중이 높지만 신규고객의 확보 또한 CRM의 대상이 된다. 즉, 통상적으로 보면 MASS 마케팅이 신규고객을 개발하는데 주력하고, CRM 마케팅은 이를 유지 및 지속시키는 역할을 하는 것이 그 흐름인데, CRM 마케팅의 경우에는 기존고객 유지 및 이탈방지를 주로 하고 있지만 신규고객을 창출하는 데에도 그 업무의 대상이 된다.

13 ③

지문은 RFM 분석에 대해 설명하고 있다. M (Monetary)은 고객이 최초 가입일로부터 현재까지 구매한 평균금액의 크기를 분석하는데, 이러한 평균구매금액이 많을수록 고객의 로열티는 높아진다.

14 ④

집약적 유통은 다른 말로 개방적 유통이라고도 하며, 가능한 한 많은 소매상들로 하여금 자사의 제품을 취급하게 하도록 함으로서, 포괄되는 시장의 범위를 확대시키려는 전략을 의미한다. 제품의 인지도를 알리는 것으로는 효율적이지만, 편의품(껌, 세제, 사탕) 등의 마진이 적은 제품을 취급하기에 순이익이 낮다는 단점이 있다.

15 ①

위 박스의 내용은 시간기준경쟁(Time-Based Competition)에 대한 내용을 나타내고 있다. 시간기준경쟁은 시간을 최대한 효율적으로 활용하는 경영기법으로 제품의 기획 및 개발단계에서부터 최종소비자에 대한 서비스에 이르기까지의 전 프로세스에서 시간이란 측면의 경쟁우위를 확보하기 위한 방식이다.

② 칼스는 제품의 계획 설계 조달 생산 사후관리 폐기 등 전 과정에서 발생하는 모든 정보를 디지털화해 관련 기업 간 공유할 수 있도록 하는 정보시스템을 의미하는데 초고속 정보통신망을 통한 물류 및 자재조달과 관련된 정보의 신속한 전달로 상품을 주문하고 생산하여 생산 공정을 단축함으로써 비용절감과 생산성 향상을 가져오기 위한 시스템을 말한다.

③ 지식경영은 기업이나 종업원 개개인이 지니는 지식을 체계적으로 발굴하여 기업 내부 보편적인 지식으로 발전시켜 기업 전체의 경쟁력을 향상시키는 경영활동을 말한다.

④ 차별화전략은 고객이 비싼 가격을 지불하더라도 구입하려고 하는 그 무엇이 제공되는 제품이나 서비스로 경쟁우위를 확보하는 전략으로 이 경우 제품은 고객이 인정할 수 있는 특이성이 있어야 차별화가 가능하다.

16 ④

관리형 시스템은 높은 수준의 조직상호 간의 경영이 비공식적인 협조 하에 수행된다. 즉 시장점유율이 높은 상표의 상품을 지닌 생산업자는 재판매업자에게 강력한 거래상의 협조 및 지지를 확보한다.

17 ③

문제의 지문은 공생 마케팅을 설명하고 있다. 소주업계와 화장품 회사 간의 자원의 연계로 인해 시너지 효과를 극대화시키는 전략이다. 즉, 공생 마케팅(Symbiotic Marketing)은 동일한 유통 경로 수준에 있는 기업들이 자본, 생산, 마케팅 기능 등을 결합해 각 기업의 경쟁 우위를 공유하려는 마케팅 활동으로써 이에 참여하는 업체가 경쟁 관계에 있는 경우가 보통이며 자신의 브랜드는 그대로 유지한다. 흔히, 경쟁 관계에 있는 업체끼리의 제휴라는 면에서 이는 적과의 동침이라고 불리기도 한다. 또한 다른 말로 수평적 마케팅 시스템 (Horizontal Marketing System)이라고도 할 수 있다. ① 디 마케팅(De Marketing), ② 니치 마케팅(Niche Marketing), ④ 바이러스 마케팅(Virus -Marketing), ⑤ 노이즈 마케팅(Noise Marketing)을 각각 설명한 것이다.

18 ②

노획가격(Captive Pricing)은 주 제품에 대해서 가격은 낮게 책정해서 이윤을 줄이더라도 시장점유율을 늘리고 난 후에 종속 제품인 부속품에 대해서는 이윤을 추구하는 전략을 의미한다. 또한 주 제품에 맞는 종속 제품을 요구함으로써 자사와는 다른 타 사의 제품을 쓰지 못하게 하는 특징도 있다.

19 ④

㉠ 단수가격(Odd Pricing)은 시장에서 경쟁이 치열할 때 소비자들에게 심리적으로 값싸다는 느낌을 주어 판매량을 늘리려는 가격결정방법인데 제품의 가격을 100원, 1,000원 등과 같이 현 화폐단위에 맞게 책정하는 것이 아니라, 그 보다 조금 낮은 95원, 970원, 990원 등과 같이 단수로 책정하는 방식이다. 이러한 단수가격의 설정목적은 소비자의 입장에서는 가격이 상당히 낮은 것으로 느낄 수

있고, 정확한 계산에 의해 가격이 책정되었다는 느낌을 줄 수 있기 때문이다.

㉡ 관습가격(Customary Pricing)은 일용품의 경우처럼 장기간에 걸친 소비자의 수요로 인해 관습적으로 형성되는 가격을 말한다. 소매점에서 포장 과자류 등을 판매할 때, 생산원가가 변동되었다고 하더라도 품질이나 수량을 가감하여 종전가격을 그대로 유지하는 것을 의미한다.

㉢ 명성가격(Prestige Pricing)은 자신의 명성이나 위신을 나타내는 제품의 경우에 일시적으로 가격이 높아짐에 따라 수요가 증가되는 경향을 보이기도 하는데, 이를 이용하여 고가격으로 가격을 설정하는 방법이다. 제품의 가격과 품질의 상관관계가 높게 느껴지게 되는 제품의 경우에는 고가격을 유지하는 경우가 많다.

20 ②

마케팅관리(회사)의 입장에서 보면, 광고는 해당 시장에서 경쟁우위를 확보하거나 또는 확보된 경쟁우위를 오랜 기간 동안 유지하기 위한 전략적 도구가 된다고 할 수 있다. 하지만, 광고는 비용을 지불하여 제품의 내용, 특징에 대해 통제가 가능하기에 과대선전이 될 수 있다는 문제가 발생할 수 있다. 이는 곧 소비자들의 제품에 대한 거짓된 신뢰에 노출될 수도 있기 때문이다.

21 ⑤

서번트 리더십은 인간 존중을 바탕으로 다른 구성원들이 업무 수행에 있어 자신의 잠재력을 최대한 발휘할 수 있도록 도와주는 리더십을 의미한다. ①번은 감성 리더십, ②번은 카리스마 리더십, ③번은 거래적 리더십, ④번은 셀프 리더십을 각각 설명한 것이다.

22 ④

개방형 질문은 주관식 형태의 질문형식을 취하고 있으며 응답자들이 정해진 답이 없이 자유롭게 스스로의 생각을 표현할 수 있다는 이점이 있는 질문방식이다. 개방형 질문형태로 수집한 자료는 정해지지 않은 다양한 응답을 얻을 수 있으므로 폐쇄형 질문(객관식 형태)에 비해서 일반화시켜 코딩하기가 상당히 어렵다는 문제점이 있다.

23 ⑤

보상적 권력은 원하는 보상을 해 줄 수 있는 자원과 능력을 갖고 있을 때 발생하는 권력을 의미한다.

24 ③

의문표의 경우 대단히 매력적이지만 상대적으로 시장점유율이 낮기 때문에 시장성장에 따른 잠재적 이익이 실현될 수 있을지 의문이 제기되는 사업부이다.

25 ③

프로젝트 조직은 혁신적이면서 비일상적인 과제의 해결을 위해 형성되는 동태적 조직이다.

26 ⑤

4PL은 3PL보다 범위가 넓은 공급사슬 역할을 담당한다.

27 ①

고객생애가치는 한 시점에서의 가치가 아니고 고객과 기업 간에 존재하는 관계의 전체적인 가치를 의미한다.

28 ④

표본설계 시 고려요인은 다음과 같다.
- 표본단위(Sample Unit)
- 표본크기(Sample Size)
- 표본추출절차 (Sampling Procedure)
- 자료수집수단(Means Of Contact)

29 ②

목표에 의한 관리는 개인과 조직의 목표를 명확히 규정함으로써 구성원의 목표를 상급자 및 조직전체의 목표와 일치하도록 하기 때문에 조직목표 달성에 효과적으로 기여한다는 것이다.

30 ④

정보(Information)는 관찰 또는 측정 등을 통해 수집된 자료를 실제 문제해결에 도움이 될 수 있도록 해석하고 정리한 것이다.

31 ②

의사결정자는 대안과 그 결과에 대해 완전한 정보를 가질 수 없는 제한된 합리성을 전제로 한다.

32 ③

매트릭스 바코드에서 심볼을 판독하게 되는 스캐너는 각 정방형의 요소가 검은지 흰지를 식별해 내고 이 흑백 요소를 데이터의 비트로 삼아서 문자를 구성하게 되는데, 이런 구조로 말미암아 다층형 심볼로지나 선형 심볼로지보다 더 용이하게 인쇄나 판독을 할 수 있다.

33 ⑤

GS1-14는 포장박스를 개봉하지 않고도 직접 내용물의 개별포장이 무엇인지를 자동적으로 판독하여 식별하기 위해 개발된 것이다.

34 ①

POS 터미널의 도입에 의해 판매원 교육 및 훈련시간이 짧아지고 입력오류를 방지할 수 있다.

35 ③

③ 소비자중심경영(CCM : Consumer Centered Management)은 기업의 모든 경영 활동을 소비자 중심으로 구성하고 이를 지속적으로 개선해 나가는 것을 의미하는데 기업 조직이 소비자중심경영을 잘 운영하고 있는지 한국소비자원에서 평가하고 공정거래위원회가 인증하는 제도이다. 이를 소비자 측면에서 살펴보게 되면 CCM 인증 기업의 제품이나 서비스를 안심하고 선택할 수 있을 뿐만 아니라 피해 발생 시에 신속히 처리할 수 있다. 기업 측면에서 보면 소비자 피해 발생 요소를 줄이고 사전 예방 활동을 강화하여 기업에 대한 소비자의 만족도와 기업 경쟁력을 향상시킬 수 있다. 공공 부문에서는 사후적인 분쟁 해결 및 시정 조치에 필요한 비용 절감 효과를 기대할 수 있다.

36 ②

물류표준화는 화물역, 공항, 항만, 배송센터와 같이 운송수단 간의 연결거점에서의 신속한 화물처리를 위하여 운송, 보관, 하역 등 각 단계에서 자동화·기계화를 추진하며, 포장의 규격, 컨테이너, 지게차 등 물류기기 및 운송수단의 재질, 강도, 구조 등을 국가적인 차원에서 통일화·규격화하는 것을 의미한다.

37 ①

① 라벨을 제품에 붙이기 때문에 라벨이 떨어질 경우가 있고 장기간이 지나면 바코드의 흑색 bar가 퇴색하게 되므로 판독 시에 오독의 우려가 있다.

38 ④

채찍효과는 불확실한 위험에 대비하여 과다한 예측을 하고 그에 따라 주문을 의뢰하는 현상으로 수요예측의 정확도가 공급체인의 상부로 갈수록 그 파장이 커지게 되는 현상을 의미한다. 수요에 대한 정보의 집중화 및 공유가 이루어지도록 해야 한다.

39 ③

③ 매출액은 100억, 물류비는 10억, 순이익은 5억이 된다. 물류비를 5% 추가 절감하면 10억에서 9억 5천이 되므로 순이익이 5억 5천만 원으로 증가하게 된다. 순이익을 매출액으로 환원하면 110억이므로 10억이 증가하게 된다.

40 ③

크로스도킹 전략을 통해 물류센터에서의 회전율을 증가시킬 수 있다.

41 ①

정부의 에너지 바우처 정책은 기준 소득 미만의 가구, 즉 저소득층의 소득을 증대시키는 효과를 가져다주므로 소득 재분배를 위한 정부의 경제적 역할에 해당한다.

42 ⑤

⑤ 전환사채는 일정기간 후 주식으로 전환할 수 있는 권리를 부여한 사채로, 만기에 주식으로 전환되는 과정에서 보통주 의결권이 희석되는 효과를 가져와 갑의 회사에 대한 지배력이 줄어들 수 있다.

43 ②

ⓛ Ⅱ구역 관람권의 판매량은 감소하였다.
ⓡ 관람권 가격 변화로 인한 A영화관의 관람권 판매 수입 증가율은 5% 미만이다.
※ **구역별 관람권의 수요**
　　㉠ Ⅰ구역 관람권의 수요는 가격에 대해 탄력적
　　㉡ Ⅱ구역 관람권의 수요는 단위 탄력적
　　㉢ Ⅲ구역 관람권의 수요는 비탄력적

44 ①

해외 프로젝트 공사를 건설한 후, 일정 기간 운영 관리하여 투자금을 회수한 뒤 현지 정부에 양도하는 방식은 BOT 방식에 해당한다.

45 ④

외국과의 교역이 전혀 없는 국가에서는 그 해에 생산한 모든 재화를 하나도 소비하지 않고 투자에 사용하는 경우에도 투자가 GDP와 같아질 수 있을 뿐이며, GDP보다 클 수는 없다. ①, ②, ⑤는 현실적으로 가능하며 각각 싱가포르, 쿠웨이트, 일본에서 발생한 적이 있다.

46 ②

물가 안정을 위해 한국은행이 취할 수 있는 통화신용정책은 기준 금리 인상, 통화안정증권 발행(매각), 지급 준비율 인상, 시중 은행에 대한 대출액 감소이다.

47 ①

글로벌 채권의 경우 발행지역의 특징을 이름으로 만드는 경우가 많다. 딤섬본드(홍콩), 판다본드(중국), 드래곤본드(일본을 제외한 아시아 지역), 아리랑본드(한국), 사무라이본드(일본), 양키본드(미국), 불독본드(영국), 캥거루본드(호주) 등이 있다.

48 ④

㉠ 구축효과란 정부지출이 증가할 때 이자율이 상승하여 총수요가 감소되는 현상을 말하므로 정부지출 증가에 이자율이 크게 반응하지 않을수록 총수요는 크게 증가한다.

㉣ 승수효과란 일정한 경제순환의 과정에서, 어떤 경제 요인의 변화가 다른 경제 요인의 변화를 유발하여 파급적 효과를 낳고 최종적으로는 처음의 몇 배의 증가 또는 감소로 나타나는 총효과를 말한다. 따라서 지문에서 정부지출이 총수요에 미치는 효과가 더욱 커지기 위해서는 소득 증가에 따라 소비도 크게 증가해야 한다.

49 ④

기준금리 인하 배경은 경기 활성화를 위한 것으로 소비나 투자 증가의 효과를 예상하는 조치이다.

50 ②

제시문은 자산을 특정 금융 상품에 집중 투자하는 것보다는 안전성과 수익성을 고려하여 여러 금융 상품에 분산 투자할 것을 강조하는 것이다.

인천국제공항공사

사무분야(경영)

필기시험 모의고사

제2회 정답 및 해설

제2회 정답 및 해설

✎ 직업기초능력평가

1 ③

㉠ 뚜껑과 도자기 몸체는 한 점으로 분류된다.

㉡ 파편을 찾을 수 없으면 결손이고 결손은 복원의 대상이 된다.

㉢ 재료만 동일하고 제작기법, 문양, 형태는 모두 다르다.

㉣ 한 쌍일 때도 한 점, 한 짝만 있을 때도 한 점으로 계산된다.

㉤ 파편이 발견되면 기존의 철불과 일괄로 한 점 처리된다.

2 ⑤

㉠ 200달러인 스마트폰 중 종합품질점수가 가장 높은 스마트폰은 g이다.

㉡ 소매가격이 가장 낮은 스마트폰은 h이며, 종합품질점수가 가장 낮은 스마트폰은 f이다.

㉢ $A : \dfrac{1+2+1}{3} = \dfrac{4}{3}$, $B : \dfrac{1+1+1}{3} = 1$,

$C : \dfrac{2+1+2}{3} = \dfrac{5}{3}$

㉣ 화질 : $3+2+3+3+2+2+3+3+3 = 24$

내비게이션 : $3+2+3+3+3+1+3+2+2 = 22$

멀티미디어 : $3+3+3+3+3+3+3+3+2 = 26$

배터리 수명 : $3+1+1+2+2+2+2+2+3 = 18$

통화성능 : $1+2+1+1+1+1+2+1+2 = 12$

3 ②

	㉠	㉡	㉢	㉣
(가)	×	○	×	○
(나)	×	○	○	×
(다)	○	알 수 없음	×	알 수 없음
(라)	○	알 수 없음	○	○

4 ④

직접비에는 인건비, 재료비, 원료와 장비비, 여행 및 잡비, 시설비 등이 포함되며, 간접비에는 보험료, 건물관리비, 광고비, 통신비, 사무비품비, 각종 공과금 등이 포함된다. 따라서 제시된 예산 집행 및 배정 현황을 직접비와 간접비를 구분하여 다음과 같이 나누어 볼 수 있다.

항목	2분기		3분기	
	직접비	간접비	직접비	간접비
직원급여	200,850,000		195,000,000	
상여금	6,700,000		5,700,000	
보험료		1,850,000		1,850,000
세금과 공과금		1,500,000		1,350,000
수도광열비		750,000		800,000
잡비	1,000,000		1,250,000	
사무용품비		230,000		180,000
여비교통비	7,650,000		5,350,000	
퇴직급여충당금	15,300,000		13,500,000	
통신비		460,000		620,000
광고선전비		530,000		770,000
합계	231,500,000	5,320,000	220,800,000	5,570,000

따라서 2분기보다 3분기에 간접비 배정 금액은 증가한 반면, 직접비의 배정 금액은 감소했음을 알 수 있다.

⑤ 인건비를 구성하는 항목인 직원급여, 상여금, 퇴직급여충당금이 모두 감소하였으므로 이것이 직접비 감소의 가장 큰 요인이 되므로 인건비의 감소에 따라 직접비 배정액이 감소하였다고 볼 수 있다.

5 ①

자연어 검색이란 컴퓨터를 전혀 모르는 사람이라도 대화하듯이, 일반적인 문장의 형태로 검색어를 입력하는 방식을 말한다. 일반적인 키워드 검색과 달리 자연어 검색은 사용자가 질문하는 문장을 분석하여 질문의 의미 파악을 통해 정보를 찾기 때문에 훨씬 더 간편하고 정확도 높은 답을 찾을 수 있다. 말하자면 단순한 키워드 검색의 경우 중복 검색이 되거나 필요 없는 정보가 더 많아서 해당하는 정보를 찾기 위해 여러 차례 검색해야 하는 불편을 감수해야 하지만 자연어 검색은 질문의 의미에 적합한 답만을 찾아주기 때문에 더 효율적이다.

② **주제별 검색 방식** – 인터넷상에 존재하는 웹 문서들을 주제별, 계층별로 정리하여 데이터베이스를 구축한 후 이용하는 방식이다. 사용자는 단지 자신이 원하는 정보를 찾을 때까지 상위의 주제부터 하위의 주제까지 분류되어 있는 내용을 선택하여 검색하면 원하는 정보를 발견하게 된다.

③ **통합형 검색 방식** – 통합형 검색 방식의 검색은 키워드 검색 방식과 매우 유사하다. 그러나 통합형 검색 방식은 키워드 검색 방식처럼 검색 엔진 자신만의 데이터베이스를 구축하여 관리하는 방식이 아니라, 사용자가 입력하는 검색어들이 연계된 다른 검색 엔진에 보내고, 이를 통하여 얻은 검색 결과를 사용자에게 보여주는 방식이다.

④ **키워드 검색 방식** – 키워드 검색 방식은 찾고자 하는 정보와 관련된 핵심적인 언어인 키워드를 직접 입력하여 이를 검색 엔진에 보내어 검색 엔진이 키워드와 관련된 정보를 찾는 방식이다. 사용자 입장에서는 키워드만을 입력하여 정보 검색을 간단히 할 수 있는 장점이 있는 반면에, 키워드가 불명확하게 입력된 경우에는 검색 결과가 너무 많아 효율적인 검색이 어렵다는 단점이 있다.

⑤ **연산자 검색 방식** – 하나의 단어로 검색을 하면 검색 결과가 너무 많아져서, 이용자가 원하는 정보와 상관없는 것들이 많이 포함된다. 연산자 검색 방식은 검색과 관련 있는 2개 이상의 단어를 연산자로 조합하여 키워드로 사용하는 방식이다.

6 ⑤

집단의사결정은 한 사람이 가진 지식보다 집단이 가지고 있는 지식과 정보가 더 많아 효과적인 결정을 할 수 있다. 또한 다양한 집단구성원이 갖고 있는 능력은 각기 다르므로 각자 다른 시각으로 문제를 바라봄에 따라 다양한 견해를 가지고 접근할 수 있다. 집단의사결정을 할 경우 결정된 사항에 대하여 의사결정에 참여한 사람들이 해결책을 수월하게 수용하고, 의사소통의 기회도 향상되는 장점이 있다. 반면에 의견이 불일치하는 경우 의사결정을 내리는 데 시간이 많이 소요되며, 특정 구성원에 의해 의사결정이 독점될 가능성이 있다.

7 ②

공동의 온도에 따른 복사에너지양에 대해서는 글에 제시되지 않았다.

8 ③

㉠ 갑국의 평균소득이 각각 1,000달러씩 증가하면 여성 9,000, 남성 17,000

격차지수를 구하면 $\dfrac{9,000}{17,000} = 0.529 = 0.53$

간이 성평등지수를 구하면

$\dfrac{0.53 + 1}{2} = 0.765 = 0.77$

갑국의 간이 성평등지수는 0.80 이하이다.

㉡ 을국의 여성 대학진학률이 85%이면 격차지수는 $\dfrac{85}{80} = 1.0625 = 1$

간이 성평등지수를 구하면 $\dfrac{0.60 + 1}{2} = 0.8$

병국의 간이 성평등지수는 0.82, 을국의 간이 성평등지수는 0.8이므로 병국이 더 높다.

㉢ 정국의 여성 대학진학률이 4%p 상승하면 격차지수는 $\dfrac{15}{15} = 1$

간이 성평등지수는 $\dfrac{0.70 + 1}{2} = 0.85$

정국의 간이 성평등지수는 0.80 이상이 된다.

9 ③

㉠ A가 참인 경우

E는 무단 투기하는 사람을 못 봤다고 했으므로 E의 말은 거짓이 된다.

A는 B가 참이라고 했으므로 B에 의해 D가 범인이 된다.

그러나 C는 D가 무단 투기 하지 않았다고 했으므로 C도 거짓이 된다.

거짓말을 한 주민이 C, E 두 명이 되었으므로 D의 말은 참이 된다.

그러나 D는 쓰레기를 무단 투기하는 사람을 세 명이 주민이 보았다고 했는데 A는 본인과 E만 보았다고 했으므로 D는 범인이 될 수 없다.

㉡ A가 거짓인 경우

A의 말이 거짓이면 B의 말도 모두 거짓이 된다.

거짓말을 한 사람이 A, B이므로 C, D, E는 참말을 한 것이 된다.

C에 의하면 D는 범인이 아니다.
D에 의하면 B는 범인이 아니다.
E에 의하면 A는 범인이 아니다.
그러면 C가 범인이다.

10 ④

완성품 납품 개수는 30 + 20 + 30 + 20으로 총 100개이다. 완성품 1개당 부품 A는 10개가 필요하므로 총 1,000개가 필요하고, B는 300개, C는 500개가 필요하다. 이때 각 부품의 재고 수량에서 부품 A는 500개를 가지고 있으므로 필요한 1,000개에서 가지고 있는 500개를 빼면 500개의 부품을 주문해야 한다. 부품 B는 120개를 가지고 있으므로 필요한 300개에서 가지고 있는 120개를 빼면 180개를 주문해야 하며, 부품 C는 250개를 가지고 있으므로 필요한 500개에서 가지고 있는 250개를 빼면 250개를 주문해야 한다.

11 ①

- RFID : IC칩과 무선을 통해 식품·동물·사물 등 다양한 개체의 정보를 관리할 수 있는 인식 기술을 지칭한다. '전자태그' 혹은 '스마트 태그', '전자 라벨', '무선식별' 등으로 불린다. 이를 기업의 제품에 활용할 경우 생산에서 판매에 이르는 전 과정의 정보를 초소형 칩(IC칩)에 내장시켜 이를 무선주파수로 추적할 수 있다.
- 유비쿼터스 : 유비쿼터스는 '언제 어디에나 존재한다.'는 뜻의 라틴어로, 사용자가 컴퓨터나 네트워크를 의식하지 않고 장소에 상관없이 자유롭게 네트워크에 접속할 수 있는 환경을 말한다.
- VoIP : VoIP(Voice over Internet Protocol)는 IP 주소를 사용하는 네트워크를 통해 음성을 디지털 패킷(데이터 전송의 최소 단위)으로 변환하고 전송하는 기술이다. 다른 말로 인터넷전화라고 부르며, 'IP 텔레포니' 혹은 '인터넷 텔레포니'라고도 한다.

12 ④

- 도덕적 몰입 : 비영리적 조직에서 찾아볼 수 있는 조직몰입 형태로 도덕적이며 규범적 동기에서 조직에 참가하는 것으로 조직몰입의 강도가 제일 높으며 가장 긍정적 조직으로의 지향을 나타낸다.

- 계산적 몰입 : 조직과 구성원 간의 관계가 타산적이고 합리적일 때의 유형으로 몰입의 정도는 중간 정도를 보이게 되며, 몰입 방향은 긍정적 혹은 부정적 방향으로 나타날 수 있다. 이러한 몰입은 공인적 조직에서 찾아볼 수 있으며 단순한 참여와 근속만을 의미한다.
- 소외적 몰입 : 주로 교도소, 포로수용소 등 착취적인 관계에서 볼 수 있는 것으로 조직과 구성원 간의 관계가 부정적 상태인 몰입이다.

13 ⑤

운석이 우주 공간에 머물 때는 태양과 은하로부터 오는 복사선의 영향으로 새로운 동위 원소인 헬륨3, 네온21 등이 생성되는데, 그들의 생성률과 구성비를 측정하면 운석이 우주 공간에 머문 기간을 추정할 수 있다. ALH는 1,600만 년을 우주 공간에서 떠돌았다.
⑤ 스닉스가 아닌 ALH에 대한 내용이다.

14 ②

- ⊙ A 지역의 노인복지관, 자원봉사자 수를 각각 4배할 경우 전국의 노인복지관, 자원봉사자 수를 초과한다. 그러므로 A 지역의 노인복지관, 자원봉사자 수는 각각 전국의 25% 이상이다.
- ⓒ D 지역의 경우 복지종합지원센터 1개소당 노인복지관 수는 104개로 100개소를 초과한다.
- ⓒ 복지종합지원센터 1개소당 자원봉사자 수 또는 등록노인 수가 가장 많으려면 분모에 해당하는 복지종합지원센터의 수는 작고, 자원봉사자 수 또는 등록노인의 수가 많아야 한다. E 지역의 경우 복지종합지원센터의 수가 1개소인 지역(C, E, F, I) 중 자원봉사자 수와 등록노인 수 각각에서 가장 많은 수를 차지하고 있으며, 그 외 지역과 비교해보아도 상대적으로 많은 자원봉사자 수와 등록노인 수를 보유하고 있어 복지종합지원센터 1개소당 자원봉사자 및 등록노인 수 각각에서 가장 많은 지역에 해당한다.
- ⓔ H 지역과 C 지역의 노인복지관 1개소당 자원봉사자 수를 비교하면 C 지역은 $\frac{970}{121}$ ≒ 8명, H 지역은 $\frac{2,185}{362}$ ≒ 6명이므로 H 지역이 더 적다.

15 ①

甲과 丙의 진술로 볼 때, C = 삼각형이라면 D = 오각형이고, C = 원이라면 D = 사각형이다. C = 삼각형이라면 戊의 진술에서 A = 육각형이고, 丁의 진술에서 E ≠ 사각형이므로 乙의 진술에서 B = 오각형이 되어 D = 오각형과 모순된다. 따라서 C = 원이다. C = 원이라면 D = 사각형이므로, 丁의 진술에서 A = 육각형, 乙의 진술에서 B = 오각형이 되고 E = 삼각형이다. 즉, A = 육각형, B = 오각형, C = 원, D = 사각형, E = 삼각형이다.

16 ④

C거래처 사원(9시~10시) − A거래처 과장(10시~12시) − B거래처 대리(12시~14시) − F은행(14시~15시) − G미술관(15시~16시) − E서점(16시~18시) − D거래처 부장(18시~)

① E서점까지 들리면 16시가 되는데, 그 이후에 G미술관을 관람할 수 없다.

② F은행까지 들리면 13시가 되는데, B거래처 대리 약속은 18시에 가능하다.

③ G미술관 관람을 마치고 나면 11시가 되는데 F은행은 12시에 가야한다. 1시간 기다려서 F은행 일이 끝나면 13시가 되는데, B거래처 대리 약속은 18시에 가능하다.

⑤ E서점까지 들리면 16시가 되는데, B거래처 대리 약속과 D거래처 부장 약속이 동시에 18시가 된다.

17 ⑤

'지식'이란 '어떤 특정의 목적을 달성하기 위해 과학적 또는 이론적으로 추상화되거나 정립되어 있는 일반화된 정보'를 뜻하는 것으로, 어떤 대상에 대하여 원리적·통일적으로 조직되어 객관적 타당성을 요구할 수 있는 판단의 체계를 제시한다. 선택지 ⑤에서 언급된 내용은 가치가 포함되어 있지 않은 단순한 데이터베이스라고 볼 수 있다.

18 ②

'갑' 기업의 상설 조직은 공식적, '을' 기업의 당구 동호회는 비공식적 집단이다. 공식적인 집단은 조직의 공식적인 목표를 추구하기 위해 조직에서 의도적으로 만든 집단이다. 따라서 공식적인 집단의 목표나 임무는 비교적 명확하게 규정되어 있으며, 여기에 참여하는 구성원들도 인위적으로 결정되는 경우가 많다.

19 ④

왓슨의 추론은 필요한 모든 정보가 있음에도 이와 무관하게 엉터리 이유로 범인을 지목했기 때문에 박수를 받을 수 없다. 그러므로 "올바른 추론에 필요한 정보를 가지고 있긴 했지만 그 정보와 무관하게 범인을 지목했기 때문이다."가 빈칸에 들어가야 한다.

20 ④

④ $\frac{(779 - 4,332)}{4,332} \times 100 =$ 약 -82.01%로 감소율이 가장 높은 요일은 월요일이다.

① 2020년 5월에는 수요일보다 일요일에 도착 및 출발한 화물량이 가장 많음을 자료를 통해 확인할 수 있다.

② 2019년 5월과 2020년 5월 모두 인천공항을 출발한 여객의 수가 가장 적었던 요일은 화요일이다.

③ $\frac{(23,171 + 22,538)}{137,924} \times 100 =$ 약 33.14%

⑤ 주어진 자료만으로 화물기 운항 편 수가 증가했음을 알 수는 없다.

21 ③

㉠ "옆에 범인이 있다."고 진술한 경우를 ○, "옆에 범인이 없다."고 진술한 경우를 ×라고 하면

1	2	3	4	5	6	7	8	9
○	×	×	○	×	○	○	○	×
							시민	

• 9번이 범인이라고 가정하면

9번은 "옆에 범인이 없다."고 진술하였으므로 8번과 1번 중에 범인이 있어야 한다. 그러나 8번이 시민이므로 1번이 범인이 된다. 1번은 "옆에 범인이 있다."라고 진술하였으므로 2번과 9번에 범인이 없어야 한다. 그러나 9번이 범인이므로 모순이 되어 9번은 범인일 수 없다.

- 9번이 시민이라고 가정하면

  9번은 "옆에 범인이 없다."라고 진술하였으므로 1번도 시민이 된다. 1번은 "옆에 범인이 있다."라고 진술하였으므로 2번은 범인이 된다. 2번은 "옆에 범인이 없다."라고 진술하였으므로 3번도 범인이 된다. 8번은 시민인데 "옆에 범인이 있다."라고 진술하였으므로 9번은 시민이므로 7번은 범인이 된다. 그러므로 범인은 2, 3, 7번이고 나머지는 모두 시민이 된다.

ⓒ 모두가 "옆에 범인이 있다."라고 진술하면 시민 2명, 범인 1명의 순으로 반복해서 배치되므로 옳은 설명이다.

ⓒ 다음과 같은 경우가 있음으로 틀린 설명이다.

1	2	3	4	5	6	7	8	9
○	○	○	○	○	○	○	×	○
범인	시민	시민	범인	시민	범인	시민	시민	시민

22 ④

업체별 평가기준에 따른 점수는 다음과 같으며, D업체가 65점으로 선정된다.

	시장매력도	정보화수준	접근가능성	합계
A	15	0	40	55
B	15	30	0	45
C	0	15	20	35
D	30	15	20	65
E	15	15	20	50

23 ④

상용 소프트웨어는 정해진 금액을 지불하고 정식으로 사용하는 프로그램이다. 한편, 사용 기간의 제한 없이 무료 사용과 배포가 가능한 프로그램은 공개 소프트웨어라고 한다.

24 ④

직장인의 대부분은 대부분의 시간을 일터에서 보내므로 일터에서의 삶이 보다 쾌적하고 충족된 것이기를 바랄 것이다. 또한, 생활의 한 부분이 불만족스러우면 그것이 전이 효과를 가져와 그와 관련 없는 다른 생활도 불만족스럽게 보는 경향을 보이게 된다. 일에 만족을 느끼는 직장인은 불만과 스트레스로부터 해방될 수 있어 신체적 건강 유지에 도움을 받을 수 있으며, 직무만족감이야말로 업무 생산성을 향상시킬 수 있는 가장 중요한 요소일 것이다.

직무만족은 개인과 직장의 발전에 기여할 수 있는 중요한 요소이나, 개인의 경력을 개발하는 일은 직무만족과 다른 문제이다.

25 ③

① 甲의 경우 정규출입증을 발급 15일 전에 신청해야 한다.
② 정부에서 직접 주관하여 비표를 발급할 경우에는 사전에 사장과 협의하여야 하며, 협의 후 확인된 비표에 한하여 사용이 가능하다.
④ 행사 및 순찰 등과 관련된 임시출입증은 발급 전 신청해야 한다.
⑤ 방문증의 경우 당일 반납해야 한다.

26 ④

④ $14,110 - 14,054 - 10 = 46$, $4,922 - 4,819 - 3 = 100$

∴ $46 < 100$

① 2019년이 $237,000 - 208,113 - 2,321 = 26,566$ 십억 원으로 가장 크다.

② 2019년 내국세 미수납액

: $213,585 - 185,240 - 2301 = 26,044$ 십억 원

2019년 총 세수입 미수납액

: $237,000 - 208,113 - 2,321 = 26,566$ 십억 원

∴ $\frac{26,044}{26,566} \times 100 = 98\%$

③ $\frac{1,400}{1,281} \times 100 = 109.3\%$로 수납비율이 가장 높은 항목은 종합부동산세이다.

⑤ 2015 : 102.9%

2016 : 99.7%

2017 : 95.6%

2018 : 95.5%

2019 : 101%

27 ⑤

• 甲의 말이 참말인 경우

  甲 : 나는 B 건물에서 일해→참말(甲은 B 건물에서 일하는 여사원)

  乙 : 나는 B 건물에서 일해. 甲은 남사원이야. → 거짓말(乙은 A 건물에서 일하는 여사원)

  丙 : 乙은 B 건물에서 일해. 乙은 남사원이야. → 거짓말

  丁 : 乙은 A 건물에서 일해. 丙은 A 건물에서 일해 → 참말(丙은 A 건물에서 일하는 여사원)

이때 B 건물에서 일하는 사람도 두 사람이 되어야 하므로 丁은 B 건물에서 일해야 하는데 참말을 했으므로 여사원이고 성립이 가능하다. 따라서 甲이 참말일 경우 甲, 乙, 丙, 丁의 대화에 모순이 발견되지 않고 문제 조건을 충족한다.

• 甲의 말이 거짓말인 경우

  甲 : 나는 B 건물에서 일해. →거짓말(甲은 A 건물에서 일하는 여사원)

  乙 : 나는 B 건물에서 일해. 甲은 남사원이야→거짓말(乙은 A 건물에서 일하는 여사원)

  丙 : 乙은 B 건물에서 일해. 乙은 남사원이야. → 거짓말

  丁 : 乙은 A 건물에서 일해. 丙은 A 건물에서 일해. → 乙이 A 건물에서 일하는 것이 참말이므로 丙이 A 건물에서 일하는 것도 참말이 되어야 하는데 丙이 A 건물에서 일하면 A 건물에서 일하는 사원이 甲, 乙, 丙 세 명이 되므로 문제의 조건을 충족하지 못 한다. 따라서 甲의 말은 참말만 가능

  ㉠ 甲은 B 건물에서 일하며 乙은 A 건물에서 일한다. (○)

  ㉡ 乙, 丙 모두 A 건물에서 일한다. (○)

  ㉢ 乙, 丙이 A 건물에서 일한다. (×)

  ㉣ 甲, 乙, 丙, 丁 모두 여사원이다. (○)

28 ④

정은 홍보자료 작성 업무가 23일에 예정되어 있으며 3일 간의 시간이 걸리는 업무이므로 25일에 월차 휴가를 사용하는 것은 바람직하지 않다.

29 ⑤

넷째 주에는 을의 매출부진 원인 분석 업무, 정의 홍보자료 작성 업무, 갑의 부서 인사고과 업무가 예정되어 있다. 따라서 출장자로 가장 적합한 두 명의 직원은 병과 무가 된다.

30 ④

㉠ [○] 대화 상자에서 '원본 데이터 연결'을 선택하면 제시된 바와 같은 기능을 실행할 수 있다.

㉡ [×] 통합 문서 내의 다른 워크시트뿐 아니라 다른 통합 문서에 있는 워크시트도 통합할 수 있다.

㉢ [○] 통합 기능에서 사용할 수 있는 함수로는 합계, 개수, 평균, 최대/최솟값, 곱, 숫자 개수, 표준편차, 분산 등이 있다.

㉣ [○]제시된 바와 같은 경우, 별도의 행이나 열이 만들어지게 되므로 통합 기능을 수행할 수 있다.

31 ①

7S모형은 조직을 이루는 7개의 각 구성요소들이 연결되는 강도에 따라 조직문화가 달라짐을 설명하는 데 유용한 도구이다. 조직의 전체적인 관점에서 조직문화를 이해하고, 바람직한 방향으로 조직을 개선해 나가는 데 중요한 기준을 제공한다.

조직진단 7S 모형은 조직의 핵심적 역량요소를 공유가치(shared value), 전략(strategy), 조직구조(structure), 제도(system), 구성원(staff), 관리기술(skill), 리더십 스타일(style) 등 영문자 'S'로 시작하는 단어 7개로 구성되어 있다.

32 ②

네 번째 문단에 따르면 신재생 에너지 시스템은 화석에너지와 달리 발전량을 쉽게 제어할 수 없고, 지역의 환경에 따라 발전량이 서로 다르다는 특징이 있다. 따라서 ②에서 언급한 발전량 자동 조절보다는 잉여 에너지 저장 기술을 갖추어야 한다고 볼 수 있다.

① 중앙 집중식으로 이루어진 에너지 공급 상황에서 거주자는 에너지 생산을 고려할 필요가 없었으나, 분산형 전원 형태의 신재생 에너지 공급 상황에서는 거주자 스스로 생산과 소비를 통제하여 에너지 절감을 할 수 있어야 할 것이다.

③ 기존의 제한된 서비스를 넘어서는 다양한 에너지 서비스가 탄생될 수 있도록 하는 플랫폼 기술은 스마트 그리드를 기반으로 한 마이크로 그리드 시스템 구축에 필요한 요소라고 판단할 수 있다.

④ 과거의 경험으로 축적된 에너지 사용에 대한 데이터를 분석하여 필요한 상황에 적절한 맞춤형 에너지를 서비스하는 기능은 효과적인 관리 솔루션이 될 수 있다.

⑤ 소비자 스스로 에너지 수급을 관리할 수 있는, 스마트 시대에 요구될 수 있는 적합한 특성이라고 볼 수 있다.

33 ④

각 대기오염물질의 연도별 증감 추이는 다음과 같다.
• 황산화물 : 증가→감소→감소→감소
• 일산화탄소 : 감소→감소→감소→감소
• 질소산화물 : 감소→증가→증가→증가
• 미세먼지 : 증가→감소→감소→감소
• 유기화합물질 : 증가→증가→증가→감소
따라서 연도별 증감 추이가 같은 대기오염물질은 황산화물과 미세먼지이다.

34 ⑤

A에서 B로 변동된 수치의 증감률은 (B－A) ÷ A × 100의 산식에 의해 구할 수 있다. 따라서 2010년과 2014년의 총 대기오염물질 배출량을 계산해 보면 2010년이 3,212,386톤, 2014년이 3,077,079톤이므로 계산식에 의해 (3,077,079－3,212,386) ÷ 3,212,386 × 100＝약 －4.2%가 됨을 알 수 있다.

35 ②

다음의 자료에서 찬성이 반대보다 많아야 돈을 나눌 수 있음을 알 수 있다. 또한 찬성이 전체 직원의 과반수를 말하는 것이 아니며 찬성 1명, 반대 0명, 기권 64명이라도 제안이 시행되어 돈을 나눌 수 있다.
직원은 전월보다 받는 돈이 많아지면 찬성, 적어지면 반대, 같으면 기권이며 연속으로 2달 이상 돈을 못 받는 직원은 모두 기권이다. 따라서 첫 달에 돈을 못 받은 직원은 계속 돈을 안 주며 그 수는 계속해서 늘어난다. 직원에게 나눠주고 남는 돈은 사장이 모두 갖게 된다.

첫 번째 달 : 직원 33명이 각각 2만 원 받음
두 번째 달 : 첫 번째 달에 2만 원을 받았던 직원 33명 중 17명에게 3만 원씩 주고 나머지 16명에게 돈을 주지 않음→찬성 17, 반대 16, 기권 32
세 번째 달 : 두 번째 달에 3만 원을 받았던 직원 17명 중 9명에게 4만 원씩 주고 나머지 8명에게 돈을 주지 않음→찬성9, 반대8, 기권48
네 번째 달 : 세 번째 달에 4만 원을 받았던 직원 9명 중 5명에게 5만 원씩 주고 나머지 4명에게 돈을 주지 않음→찬성5, 반대4, 기권56
다섯 번째 달 : 네 번째 달에 5만 원을 받았던 직원 5명 중 3명에게 6만 원씩 주고 나머지 2명에게 돈을 주지 않음→찬성3, 반대2, 기권60
여섯 번째 달 : 다섯 번째 달에 6만 원을 받았던 직원 3명 중 2명에게 7만 원씩 주고 나머지 1명에게 돈을 주지 않음→찬성2, 반대1, 기권62
일곱 번째 달 : 기권한 직원들 중 3명에게 1만 원씩 주고 여섯 번째 달에 7만 원을 받았던 직원 2명에게 돈을 주지 않음→찬성3, 반대2, 기권60
따라서 일곱 번째 달에 사장은 66 － 3 = 63만 원을 갖으며 이것이 최대 금액이다.

36 ②

주어진 비용 항목 중 원재료비, 장비 및 시설비, 출장비, 인건비는 직접비용, 나머지는 간접비용이다.
• 직접비용 총액 : 4억 2백만 원 + A
• 간접비용 총액 : 6천만 원 + B
간접비용이 전체 직접비용의 30%를 넘지 않게 유지하여야 하므로,
(4억 2백만 원 + A) × 0.3 ≧ 6천만 원 + B
따라서 보기 중 ②와 같이 출장비에 8백만 원, 광고료에 6천만 원이 책정될 경우에만, 직접비용 총계는 4억 1천만 원, 간접비용 총계는 1억 2천만 원이므로 팀장의 지시사항을 준수할 수 있다.

37 ⑤

'$'는 다음에 오는 셀 기호를 고정값으로 묶어 두는 기능을 하게 된다. A6 셀을 복사하여 C6 셀에 붙이게 되면, 'A'셀이 고정값으로 묶여 있어 (A)에는 A6 셀과 같은 '$A$1+$A2'의 값 10이 입력된다. (B)에는 '$'로 묶여 있지 않은 2행의 값 대신에 4행의 값이 대응될 것이다. 따라서 '$A$1+$A4'의 값인 9가 입력된다. 따라서 (A)와 (B)의 합은 19가 된다.

38 ②

일반적인 경우, 팀장과 팀원의 동반 출장 시의 출장보고서는 팀원이 작성하여 담당→팀장의 결재 절차를 거치게 된다. 따라서 제시된 출장보고서는 박 사원 단독 출장의 경우로 볼 수도 있고 박 사원과 강 팀장의 동반 출장의 경우로 볼 수도 있으므로 반드시 출장자에 강 팀장이 포함되어 있지 않다고 말할 수는 없다.

39 ③

③ 청년층의 낮은 고용률에 대한 원인은 분석한 반면, 청년들을 중소기업으로 유인할 수 있는 구체적인 유인책은 제시되어 있지 않다.
② 일·가정 양립 문화 확산을 위한 정책, 직장어린이집 설치 유인을 위한 지원 정책 등이 제시되어 있다.
④ 청년층의 범위를 15~24세와 15~29세로 구분하여 OECD 회원국 평균과 비교한 수치를 제시하였다.

40 ③

'1인당 관광지출＝관광지출 ÷ 국민해외관광객'이므로 2012년은 수치를 공식에 대입하여 계산한다. 따라서 2012년의 1인당 관광 지출은 16,495 ÷ 13.7＝1,204달러(←1,204.01)가 된다.

41 ①

'관광수지＝관광수입 － 관광지출'이므로 연도별 관광수지를 구해 보면 다음과 같다.
• 2012년 : 13,357－16,495＝－3,138백만 달러
• 2013년 : 14,525－17,341＝－2,816백만 달러
• 2014년 : 17,712－19,470＝－1,758백만 달러
• 2015년 : 15,092－21,528＝－6,436백만 달러

• 2016년 : 17,200－23,689＝－6,489백만 달러
• 2017년 : 13,324－27,073＝－13,749백만 달러
관광수지가 가장 좋은 해는 관광수지 적자가 가장 적은 2014년으로 －1,758백만 달러이며, 가장 나쁜 해는 관광수지 적자가 가장 큰 2017년으로 －13,749백만 달러이다. 따라서 두 해의 관광수지 차액은 －1,758－(－13,749)＝11,991백만 달러가 된다.

42 ⑤

경호, 수호 중 적어도 한 명을 뽑으면 영호와 민지를 뽑아야 하는데, 민지를 뽑으면 경지도 뽑아야 한다. 즉 경호와 수호를 둘 다 뽑으면 5명이 되어 안 된다. 따라서 경호나 수호 둘 중에 한 명만 뽑아야 하고 이 경우 영호, 민지, 경지가 들어간다.
민호를 뽑으면 경지, 수지를 뽑지 말아야 하는데 경지를 뽑지 않으면 민지도 뽑지 말아야 한다.(다섯 번째 조건의 대우) 즉 민호를 뽑으면 여자 사원 경지, 수지, 민지 모두 뽑을 수 없으므로 남자 사원 경호, 수호, 민호, 영호로 팀을 정해야 하는데 이는 조건을 충족하지 못 한다. 따라서 민호를 뽑을 수 없으며, 5가지 조건을 모두 충족하는 팀은 (경호, 영호, 민지, 경지), (수호, 영호, 민지, 경지)이므로 ㉠, ㉡, ㉢ 모두 맞다.

43 ③

CHOOSE 함수는 'CHOOSE(인수,값1,값2,…)'과 같이 표시하며, 인수의 번호에 해당하는 값을 구하게 된다. 다시 말해, 인수가 1이면 값1을, 인수가 2이면 값2를 선택하게 된다. 따라서 두 번째 인수인 B4가 해당되어 B2:B4의 합계를 구하게 되므로 정답은 267이 된다.

44 ④

차별화 전략, 원가우위 전략, 집중화 전략은 다음과 같은 특징이 있다.
• 차별화 전략 : 소비자들이 널리 인정해주는 독특한 기업 특성을 내세워 경쟁하는 경쟁전략을 말하며, 고품질, 탁월한 서비스, 혁신적 디자인, 기술력, 브랜드 이미지 등 무엇으로든 해당 산업에서 다른 경쟁기업들과 차별화할 수 있는 특성을 위주로 전략을 펴게 된다.

- 원가우위 전략 : 낮은 비용은 경쟁우위의 중요한 원천의 하나이며 비용우위 전략에서는 비용 면에서 '경쟁회사보다도 낮은 비용을 실현한다.'는 것이 기본 테마가 된다. 물론 낮은 비용이라고 해서 품질이나 서비스와는 상관이 없다는 것이 아니지만 기본적으로 비용을 중심으로 경쟁우위를 확립한다.
- 집중화 전략 : 기업이 사업을 전개하는 과정에서 산업 전반에 걸쳐 경쟁하지 않고 고객이나 제품, 서비스 등의 측면에서 독자적 특성이 있는 특정 세분시장만을 상대로 원가우위나 차별화를 꾀하는 사업 수준의 경쟁전략이다. 비록 전체 시장에서 차별화나 원가우위를 누릴 능력을 갖지 못한 기업일지라도 세분시장을 집중 공략한다면 수익을 낼 수 있다고 판단하고 구사하는 경쟁전략의 하나다.

45 ④

단락 ㈜의 말미에서는 당뇨병성 신경병증의 가장 큰 문제로 피부 감각이 둔해져 상처를 입어도 잘 모르는 점을 지적하고 있으며, 그에 따라 당뇨병 환자는 진단받은 시점부터 정기적으로 감각신경·운동신경 검사를 받아야 한다고 밝히고 있다. 따라서 '대다수가 앓고 있는 제2형 당뇨병의 경우는 발병 시점이 명확하지 않기 때문에 당뇨병을 얼마나 앓았는지 모르는 경우가 많아 정기 진찰을 받아야 한다.'는 주장이 자연스럽게 연결되기에 적절한 위치는 단락 ㈜의 마지막 부분이라고 볼 수 있다.

46 ③

③ 해당 병증을 앓고 있는 환자들의 수면 장애와 관련한 통계를 분석하여 그 원인에 대한 일반화된 정보를 추출하였고, 그에 의해 초기 진단 시점부터 감각신경, 운동신경 검사를 받아야 한다는 결론까지 도출하게 되었다.

47 ④

갑의 올해 나이를 x, 을의 올해 나이를 y라고 할 때,
$x + y = 31 \cdots ㉠$
갑이 을의 나이였던 해의 갑의 나이는 y, 을의 나이는 $y - (x - y)$이므로
$3y - x = \dfrac{7}{6}x \cdots ㉡$

$3 \times ㉠ - ㉡$으로 연립해서 풀면 $x = 18$, $y = 13$이다. 따라서 갑의 나이는 18세, 을의 나이는 13세이다.

48 ①

세 사람은 모두 각기 다른 동에 사무실이 있으며, 어제 갔던 식당도 서로 겹치지 않는다.
- 세 번째 조건 후단에서 갑동이와 을순이는 어제 11동 식당에 가지 않았다고 하였으므로, 어제 11동 식당에 간 것은 병호이다. 따라서 병호는 12동에 근무하며 11동 식당에 갔다.
- 네 번째 조건에 따라 을순이는 11동에 근무하므로, 남은 갑동이는 10동에 근무한다.
- 두 번째 조건 전단에 따라 을순이가 10동 식당에, 갑동이가 12동 식당을 간 것이 된다.

따라서 을순이는 11동에 사무실이 있으며, 어제 갔던 식당은 10동에 위치해 있다.

49 ②

그린석(외야)에 무료입장할 수 있는 대상은 어린이 회원이다. 7세 이하 미취학 아동은 보호자 동반 시 무료입장이 가능하나, 좌석은 제공되지 않는다고 언급되어 있다.
① 익일 취소 시 수수료가 발생하며, 예매일과 취소일이 같을 경우 수수료가 청구되지 않는다고 규정되어 있다.
③ 금, 토, 일, 월요일 4일간 주말 요금이 적용된다.
④ 주중 성인회원 레드석 입장료는 8,000원이나, K팀 L카드 3,000원 할인이 적용되어 5,000원이 되며 할인은 결제 시에 반영되어 적게 지불하게 된다.
⑤ 블루석 이하의 경우, 주중과 주말 가격이 모두 일반 입장권보다 2,000원씩 싼 것을 알 수 있다.

50 ⑤

금요일이므로 주말 가격이 적용되며, 블루석 기준 각 인원의 입장료를 지불 방법에 따라 구분하여 정리하면 다음과 같다.

〈K팀 L카드로 결제〉
김 과장 : 13,000 - 3,000 = 10,000원
아내 : 15,000 - 3,000 = 12,000원

노부 : 15,000−3,000=12,000원(경로우대자이나, 외야석이 아니므로 할인 대상에서 제외됨)

큰 아들 : 15,000−3,000=12,000원

작은 아들 : 7,500−3,000=4,500원

총 : 50,500원

〈S카드로 결제〉

작은 아들 친구 2명 : 7,500 × 2=15,000원(청구 시에 할인 반영되므로, 결제 시에는 할인 없이 1인당 7,500원을 결제하게 된다.)

따라서 7명의 총 입장료는

50,500원+15,000=65,500원이 된다.

51 ①

'월'을 표시하는 'mmm'은 월을 'Jan~Dec'로 표시한다는 의미이다.

52 ⑤

조직 경영에 필요한 4대 요소는 경영목적, 인적자원, 자금, 경영전략이다.

㉠ 경영목적, ㉡ 인적자원, ㉤ 자금, ㉥ 경영전략

㉢은 마케팅에 관한 설명이며, ㉣은 회계 관리를 설명하고 있다.

53 ④

15% 소금물 400g에는 60g의 소금이 들어있다.

100g의 물이 증발하게 되면 농도는

$\dfrac{60}{300} \times 100 = 20\%$이며

100g의 물을 넣게 되면 농도는 $\dfrac{60}{500} \times 100 = 12\%$가 된다.

따라서 $x - y = 8$이다.

54 ①

㈎ 6개월 이내에 보증부대출 채무 인수는 마쳤으나 소유권이전등기를 하지 않았으므로 대출금 조기 만료에 해당된다. (O)

㈏ 병원 입원 기간은 해당 사유에서 제외되므로 대출금이 조기 만료되지 않는다. (X)

㈐ 본인이 담보주택의 소유권을 상실한 경우로 대출금 조기 만료에 해당된다. (O)

㈑ S씨의 대출금과 근저당권 상황은 대출금 조기 만료에 해당될 수 있으나, 채권자인 은행의 설정 최고액 변경 요구에 응하고 있으므로 조기 만료에 해당되지 않는다. (X)

55 ⑤

수익이 가장 크기 위해서는 분기별 소비자 선호 품목에 대한 홍보를 진행해야 한다. 4분기 선호 품목은 P제품과 R 제품으로 이 제품들의 수익률에 변동이 발생한다. 해당 내용을 반영한 수익체계표를 만들어 보면 다음과 같다.

		B회사		
		P제품	Q제품	R제품
A회사	P 제품	(7.5, −0.5)	(4.5, −1)	(−3, 4.5)
	Q 제품	(−1, 4.5)	(−3, 2)	(3, 3)
	R 제품	(−1, 9)	(6, −1)	(−0.5, −1)

따라서 4분기에는 R+P제품 조합의 경우 −1+9=8억 원이 되어 두 회사의 수익의 합이 가장 큰 조합이 된다.

56 ④

2분기의 수익체계표를 만들어 1분기와 비교하면 다음과 같다.

〈1분기, Q제품 홍보〉

		B회사		
		P제품	Q제품	R제품
A회사	P 제품	(5, −1)	(3, −0.5)	(−6, 3)
	Q 제품	(−0.5, 3)	(−1.5, 3)	(4.5, 2)
	R 제품	(−2, 6)	(4, −0.5)	(−1, −2)

〈2분기, P제품 홍보〉

		B회사		
		P제품	Q제품	R제품
A회사	P 제품	(7.5, −0.5)	(4.5, −1)	(−3, 3)
	Q 제품	(−1, 4.5)	(−3, 2)	(3, 2)
	R 제품	(−2, 9)	(4, −1)	(−1, −2)

④ B회사가 1분기 Q제품을 판매할 경우의 수익액은 $-0.5+3-0.5=2$억 원인 반면, 2분기에 Q제품을 판매할 경우의 수익액은 $-1+2-1=0$억 원으로 1분기에 Q제품을 판매하는 것이 2분기에 Q제품을 판매하는 것보다 더 유리하다.

① A회사는 R제품을 판매할 때의 수익액에 변동이 없다.($-2+4-1 \rightarrow -2+4-1$)

② 1분기에는 Q+R조합이, 2분기에는 P+P 또는 R+P조합의 수익이 가장 크다.

③ 양사에서 모두 R제품을 판매할 경우 1분기와 2분기 동일하게 총 -3억 원의 손실이 발생하는 수익구조를 보인다.

⑤ B회사가 R제품을 판매할 때의 수익액도 $3+2-2=3$억 원으로 1분기와 2분기 모두 동일하다.

57 ②

조직 문화의 분류와 그 특징은 다음과 같은 표로 정리될 수 있다. ⓒ과 같이 개인의 자율성을 추구하는 경우는 조직문화의 고유 기능과 거리가 멀다고 보아야 한다.

관계지향 문화	- 조직 내 가족적인 분위기의 창출과 유지에 가장 큰 역점을 둠. - 조직 구성원들의 소속감, 상호 신뢰, 인화/단결 및 팀워크, 참여 등이 이 문화유형의 핵심 가치로 자리 잡음.
혁신지향 문화	- 조직의 유연성을 강조하는 동시에 외부 환경에의 적응성에 초점을 둠. - 따라서 이러한 적응과 조직성장을 뒷받침할 수 있는 적절한 자원획득이 중요하고, 구성원들의 창의성 및 기업가정신이 핵심 가치로 강조됨.
위계지향 문화	- 조직 내부의 안정적이고 지속적인 통합/조정을 바탕으로 조직효율성을 추구함. - 이를 위해 분명한 위계질서와 명령계통, 그리고 공식적인 절차와 규칙을 중시하는 문화임.
과업지향 문화	- 조직의 성과 달성과 과업 수행에 있어서의 효율성을 강조함. - 따라서 명확한 조직목표의 설정을 강조하며, 합리적 목표 달성을 위한 수단으로서 구성원들의 전문능력을 중시하며, 구성원들 간의 경쟁을 주요 자극제로 활용함.

58 ①

밀가루, 제과점, 단팥을 통해 빵을 유추할 수 있다.

빵은 밀가루를 주원료로 하는 식품으로, 제과점은 빵이나 과자를 만들어 파는 가게이다. 단팥빵은 대표적인 빵의 한 종류이다.

59 ⑤

연습구의 개수가 x일 때 시합구의 개수는 $100-x$이므로

$300x + 500(100-x) \leq 35,000$
$-200x \leq -15,000$
$x \geq 75$

시합구의 개수는 $100-x$이므로 연습구가 최소인 75개일 때 최대로 구매할 수 있게 된다. 따라서 시합구의 최대 구매 개수는 $100-75=25$개다.

60 ②

간트 차트는 미국의 간트(Henry Laurence Gantt)가 1919년에 창안한 작업진도 도표로, 단계별로 업무를 시작해서 끝나는 데 걸리는 시간을 바(bar) 형식으로 표시할한 것이다. 이는 전체 일정을 한눈에 볼 수 있고, 단계별로 소요되는 시간과 각 업무활동 사이의 관계를 보여줄 수 있다.

워크 플로 시트는 일의 흐름을 동적으로 보여주는 데 효과적이다. 특히 워크 플로 시트에 사용하는 도형을 다르게 표현함으로써 주된 작업과 부차적인 작업, 혼자 처리할 수 있는 일과 다른 사람의 협조를 필요로 하는 일, 주의해야 할 일, 컴퓨터와 같은 도구를 사용해서 할 일 등을 구분해서 표현할 수 있다.

1 ⑤

CRM 마케팅의 경우에는 기존고객 유지 및 이탈방지를 주로 하고 있지만 신규고객을 창출하는 데에도 그 업무의 대상이 된다. CRM에 대한 위의 기사에서 유추가 가능한 내용은 다음과 같다.

① CRM은 조직에 가장 도움이 되는 고객을 식별해 내고, 그들에게 최상의 서비스를 제공하는 등 고객들마다 선별적인 관계를 형성한다. → "점포 내에 배치된 전담인력을 활용, 전국 단위 마케팅 전략과는 별개로 해당 지역의 고객군을 분석해 최적화된 DM을 전송하거나 기획행사를 진행하는 한편 온·오프라인을 연계하는 맞춤 영업을 강화"에서 유추할 수 있다.

② 고객 데이터의 세분화를 실시해 고객을 적극적으로 관리하고 유도하며 고객의 가치를 극대화시킬 수 있는 전략을 통해 마케팅을 실시한다. → "고객이 백화점에서 상품을 구매하고 멤버십카드를 내밀면 해당 고객의 성별이나 혼인 여부 등의 정보가 데이터베이스로 쌓인다. 그 고객이 어떤 상품군을 주로 사는지, 선호하는 브랜드는 무엇인지 등을 파악해 DM, 할인 쿠폰 등의 발급에 반영"에서 유추할 수 있다.

③ 고객들의 욕구를 파악한 후에 이를 뒷받침할 수 있는 기술적인 솔루션을 제공함으로써 고객과의 관계가 긴밀하게 유지될 수 있는 것이다. → "백화점 성장세가 꺾이고 고객군이 다변화하면서 마케팅의 IT화는 더욱 속도가 붙을 것이라는 전망"에서 유추할 수 있다.

④ 고객의 니즈를 찾아 이를 만족시켜 줄 수 있도록 하며, 그로 인해 자사의 이익을 창출하게 된다. → "부족했던 젊은 층의 수요를 끌어올려 지난해 20~30대 기준 매출 신장률이 전국 지점 중 1위를 기록"에서 유추할 수 있다.

2 ⑤

중립적 갈등은 경로성과에 영향을 끼치지 않는 경로갈등으로 경로구성원들 간 상호의존 정도가 상당히 높은 경우에 발생하게 된다.

3 ③

문제의 그림은 경로 커버리지 유통경로 중 집중적 유통을 표현한 것이다. 이 방식은 유통경로의 목적을 달성하기 위해 가능한 한 많은 점포들이 자사의 제품을 취급할 수 있도록 하기 위한 경로전략으로 주로 편의품(음료, 치약, 스타킹 등)이 이에 속한다.

4 ③

High/Low 가격결정은 EDLP 전략에 비해 고가격을 제시하면서 상황에 따라 낮은 가격으로 할인하기도 하는 전략을 의미한다. ③번의 경우에는 주로 EDLP(항시저가전략)에 해당하며, High/Low의 경우에는 백화점(상황에 따라 가격을 올리거나 또는 낮추는 등의) 등에서 주로 활용하는 가격결정방법이다.

5 ③

위 지문에서 전문가들이 말하는 월마트의 성공 핵심은 'EDLP(Every Day, Low Price)'에 있다고 제시하고 있는데, 이러한 EDLP(Every Day Low Price : 항시저가정책)는 1년 365일 저가격을 유지하는 전략을 의미한다. 이렇듯 항시저가정책을 펼치고 있으므로 따로 자체적인 세일에 따른 광고를 할 필요가 없으므로 광고비 감소의 효과를 가져오게 된다.

6 ⑤

매트릭스 조직에서 작업자는 2중 명령체계를 갖게 된다. 하나는 기능부문이나 사업부문에서 유래하는 수직적 명령체계이며, 또 하나는 특수한 분야의 전문가인 프로젝트 책임자로부터 받는 수평적 명령체계를 지니게 된다.

7 ①

경제적 주문량의 기본가정은 다음과 같다.
• 계획기간 중 해당품목의 수요량은 항상 일정하며, 알려져 있다.
• 단위구입비용이 주문수량에 관계없이 일정하다.
• 연간 단위재고 유지비용은 수량에 관계없이 일정하다.
• 1회 주문비용이 수량에 관계없이 일정하다.
• 주문량이 일시에 입고된다.

- 조달기간(lead time)이 없거나 일정하다.
- 재고부족이 허용되지 않는다.

8 ③

①②④⑤번은 비확률 표본추출에 해당하며, ③번은 확률표본 추출법에 해당한다.

9 ②

의사결정지원 시스템에서 제시하는 대안이 문제해결의 답이 아니라 보조적인 지식일 수도 있고, 또 답안을 제시하더라도 문제의 해답이 아닐 수 있다.

10 ②

조달물류비는 물자가 조달처로부터 운송되어서 매입물자의 보관창고에 입고 및 관리되어 생산 공정에 투입되기 직전까지의 물류활동에 따른 물류비, 생산 공정투입 직전까지 실시한 하역, 검수, 입출고, 보관 등의 관련 제비용 등을 포함하며 하역, 운송, 검수, 입고, 보관, 출고 등의 조달물류과정에서 발생한 비용을 말하고, 사내물류비는 생산 공정 투입시점에서부터 생산과정 중의 공정 및 공정 간의 원재료나 또는 반제품의 운송, 보관활동 및 생산된 완제품을 창고에 보관하기 직전까지의 물류활동에 따른 물류비를 말하며, 판매물류비는 완제품 또는 매입한 상품 등을 창고에 보관하는 활동부터 그 이후의 모든 물류활동에 따른 물류비를 말한다.

11 ③

1억 원을 투자하여 15%의 수익률을 올리므로 수익은 15,000,000원이다. 예상 취급량이 30,000개이므로 15,000,000÷30,000＝500(원)이고, 취급원가가 1,500원이므로 목표수입가격은 1,500＋500＝2,000(원)이 된다.

12 ⑤

JIT(적시생산시스템)는 필요할 시에 필요로 하는 양만큼 만들어내는 방식으로 다품종 소량생산, 저비용으로 품질을 유지해 필요한 시기에 대응하는 방법이다.

13 ②

① 백화점 등에서 단골고객을 대상으로 편법적인 세일을 실시하는 것을 뜻한다.
③ 향기·음악·맛 등 사람의 오감을 이용한 판매촉진 마케팅이다.
④ 특정 시점, 특정 장소(spot)에서 할인해 주는 행사를 말한다.
⑤ 틈새시장을 공략하는 마케팅 전략이다.

14 ⑤

위 그림은 철도운송을 나타낸 것이다. 철도운송은 중장거리의 운송 시 운임이 저렴하다는 특징이 있다.

15 ④

물류기업의 경우에는 차량의 효율화, 비용의 절감을 위해 녹색물류 도입을 추진한다.

16 ③

콘체른 (Concern)은 법률적으로 독립성을 유지하면서 경제적으로는 불대등한 관계의 서로 관련된 복수 기업들의 기업결합 형태로써 금융적 방법에 의한 기업집중의 형태이며 독점의 최고 형태이다.

17 ①

추종상표는 시장선도 상표를 따르는 후발제품의 브랜드이다. 이 경우에는 다양한 판촉수단을 사용하여 시장 선도제품을 사용하고 있는 소비자들로 하여금 상표전환을 유도하는 전략을 사용하는 것이 유리하다. 따라서 이러한 마케팅 전략은 다양성 추구 구매행동을 보이는 소비자에 적합하다. 다양성 추구 구매행동은 소비자 관여도가 낮지만 브랜드 간 차이가 상당히 큰 구매상황에서 나타난다. 이런 행동을 보이는 소비자는 브랜드를 자주 바꾼다.

18 ②

광고의 메시지 소구방식으로 비교 광고, 유머소구, 공포 소구 등이 있다. 비교 광고는 시장에 새로 진입하는 후발 브랜드나 시장점유율이 낮은 브랜드가 자사 브랜드의 차별성을 부각시켜 소비자의 고려상표군(consideration set)에 들어가는 데 효과적이다. 그러나 시장선도 브랜드나 고관여 제품의 경우에는 비교 광고를 하지 않는다.

19 ④

④ 허즈버그(F. Herzberg)의 2요인 이론은 사람들에게 만족을 주는 직무요인(동기요인)과 불만족을 주는 직무요인(위생요인)이 별개라는 것이다. 그리하여 만족과 불만족을 동일선상의 양극점으로 파악하던 종래의 입장과는 달리 만족과 불만족이 전혀 별개의 차원이고 각 차원에 작용하는 요인 역시 별개라는 것이다. 따라서 불만족이 해소된다고 해서 구매동기가 생기는 것은 아니다. 구매동기에 영향을 미치는 요인은 별개이다.

20 ③

a. BCG매트릭스는 시장성장률과 상대적 시장점유율을 결합하여 4개의 사업영역으로 분류한다.

c. BCG매트릭스의 문제아 영역(물음표 영역)은 시장성장률은 높지만 상대적 시장점유율이 낮은 전략사업단위를 지칭한다.

21 ③

성장기의 마케팅 전략은 상표를 강화하고 차별화를 통해 시장점유율을 확대하는 것이다. 따라서 제품성능에 관한 구체적 정보를 소비자에게 제공하여 타 제품과의 차이점을 알게 하여 일반 소비자의 인지도와 관심을 높이는 광고가 필요하다. 또한 취급점포를 대폭 확대하여 소비자가 쉽게 구매할 수 있도록 하는 집중적 유통(intensive distribution)전략을 사용하게 된다.

22 ④

④ 인터넷 판매는 오프라인 판매에 비해 소량 다빈도 주문 및 판매가 이루어지므로 물류비용은 증가할 수 있다. 그러나 출점비용이나 고객서비스 비용 등은 감소하고, 카탈로그 인쇄 및 광고 판촉물에 대한 배포비용은 발생하지 않는다. 인터넷 판매로 감소하는 비용은 주문처리 비용, 재고비용, 출점비용, 유통센터 운영비용, 고객서비스 비용 등이다. 그리고 카탈로그 인쇄 및 광고 판촉물에 대한 배포비용은 발생하지 않는다.

23 ③

① 광고의 유연성은 낮다.
② 홍보는 통제력이 낮다.
④ 구전은 신뢰성이 낮다.
⑤ 웹사이트는 유연성이 높다.

24 ④

CRM은 신규고객의 확보보다 기존고객의 유지관리가 비용 면에서 효율적이라는 것을 알게 되면서 등장하였다. CRM은 다양해지는 고객의 욕구에 유연하게 대처함으로써 수익의 극대화를 추구하려는 것이다. CRM은 개별고객에 대한 상세한 정보를 토대로 그들과의 장기적인 관계를 구축하고 충성도를 높여 고객 생애가치를 극대화하려는 것이다. 제시된 내용 모두 CRM에 대한 올바른 설명이다.

25 ②

고객서비스(customer services)는 구매자와 판매자의 연결부문에서의 관계에 주목하게 되면 이러한 고객서비스는 거래를 중심으로 거래 전 요소(pre-transaction), 거래 중 요소(transaction), 거래 후 요소(post-transaction)로 분류되어지는데 주문 시스템의 정확성, 발주의 편리성 등은 거래 중 요소에 해당한다.

26 ④

재고부족비용(shortage cost)은 제품이 품절됨으로써 소비자의 기대를 충족시키지 못하여 발생하는 모든 비용을 의미한다. 판매기회의 상실을 의미하는 기회비용 개념이다.

④ 안전재고량, 연간주문 주기횟수, 주문주기 당 수요 변동정도, 주문주기 당 수행시간 변화정도, 제품대체성 등이 재고부족비용의 크기에 영향을 미친다.

27 ⑤
⑤ 기간품목군 상품은 재고관리가 가장 중요한 품목이다. 따라서 품절을 방지하기 위해 매장뿐만 아니라 창고에서도 재고를 보관해야 한다.

28 ③
재고(자산)회전율(inventory turnover)은 재고자산이 어느 정도의 속도로 판매되고 있는가를 나타내는 지표로 사용된다. 일반적으로 재고자산회전율이 높을수록 기업이 양호한 상태이며 이 비율이 낮다는 것은 재고자산에 과잉투자가 발생했음을 의미한다. 따라서 재고자산회전율이 낮은 기업은 수익성도 떨어진다.

$$재고자산회전율 = \frac{매출액}{평균재고자산} = \frac{240,000}{80,000} = 3이$$

된다.

29 ①
단위당 공헌이익(UCM)=₩70,000－₩50,000=₩20,000
목표이익 판매량=(고정비용+목표이익)/단위당 공헌이익=(₩3,000,000+₩3,000,000)/ ₩20,000=300박스
목표이익 판매액=목표이익 판매량×판매가격=300박스×₩70,000=₩21,000,000

30 ②
② 표본의 크기가 커질수록 조사비용과 조사시간은 증가하지만, 표본오류는 감소한다. 따라서 적정한 크기의 표본을 선택하는 것이 필요하다.

31 ①
유통점에서의 구매시점 판촉 또는 프리미엄과 같은 소매상 판매촉진은 소비자의 구매를 유도하여 단기적인 매출을 증대시키려는 것이다.

32 ③
우수한 가치에 상응한 가격결정방식은 품질과 서비스를 잘 결합하여 적정가격에 제공하는 것을 말한다. 즉 경제여건의 변화와 소비자 가격지각에 맞추어 가격을 책정하는 것이다. 소매수준에서 가치상응 가격결정방식의 대표적인 예는 항시저가격정책(EDLP)이다. 그리고 이와 대조적인 가격결정방식은 고-저가격정책이다.

33 ①
준거적 파워는 경로구성원 B가 A와 일체감을 갖기를 원하기 때문에 A가 B에 대해 갖는 파워이다. 경로구성원 A가 매력적인 집단이면, B는 그 구성원이 되고 싶어하거나 또는 기존의 관계를 지속적으로 유지하려 할 것이다. 준거적 파워로는 유명상표를 취급한다는 긍지와 보람, 유명업체 또는 관련 산업의 선도자와 거래한다는 긍지, 상호간 목표의 공유, 상대방과의 관계지속 욕구, 상대방의 신뢰 및 결속 등을 들 수 있다.

34 ⑤
교차판매 또는 상승판매는 대체재나 보완재가 다양하게 존재하는 경우에 고객점유율을 높이기 위해 실시할 수 있다.

35 ②
$$연간매출수량 = \frac{고정비}{단위당 판매가격 - 단위당 변동비}$$

$$= \frac{6억 원}{160만 원 - 120만 원} = 2,000대$$

연간 매출액 = 2,000×150만 원 = 30억 원

36 ④
주어진 내용은 편의점에 대한 설명이다. 편의점은 비교적 새로운 소규모 소매 업태로 편의품이나 조리된 식료품에 이르기까지 소비자의 일상생활에 밀접한 비교적 폭넓은 상품을 취급한다. 고객이 언제든지 상품을 구매할 수 있도록 24시간 영업하는 등의 시간적인 편의성을 갖고 있을 뿐만 아니라 주택지 안이나 주택지에 밀접한 지역에 점포가 있어 공간적인 편의성을 갖추고 있다. ④에서 편의점은 제한적인 점포면적으로 인해 상품의 다양성과 전문성을 추구하기가 어렵다.

37 ②

CVA(critical value analysis)는 긴요품 가치분석이라고 하며, 기업에 따라 ABC 분석이 재고관리에 부적합 경우 CVA를 이용할 수 있다. 예를 들어 자동차나 냉장고 같은 경우 나사나 볼트와 같은 부품은 원가용도 상 C로 분류되지만 이것들이 없으면 생산라인은 정지될 수밖에 없다. CVA는 점수제로 물품을 분류하는 방식이다. 1급은 품절 불가인 긴요품, 2급은 제한적인 품절허용인 불가결품, 3급은 가끔 품절을 허용하는 필수품, 4급은 품절허용인 소요품으로 구분한다.

38 ④

④ 한계비용(marginal cost)은 제품 1단위를 추가로 생산하는 경우에 그로 인한 총비용의 증가분을 의미하는데, 한계생산이 체감하는 수확체감 현상이 나타나게 되면 한계비용은 체증하게 된다. 이와 반대로 수확체증 현상이 나타나게 되면 한계비용은 체감하게 된다.

39 ①

월마트와 P&G의 사례는 공급사슬관리(Supply Chain Management)를 설명하고 있다. SCM은 이제까지 부문마다의 최적화, 기업마다의 최적화에 머물렀던 정보·물류·자금에 관련된 업무의 흐름을 공급사슬 전체의 관점에서 재검토하여 정보의 공유화와 비즈니스 프로세스의 근본적인 변혁을 꾀하여 공급사슬 전체의 자금흐름(cash flow)의 효율을 향상시키려는 관리개념이다.

40 ⑤

거래처리 정보보다 분석정보에 의존한 의사결정 문제가 자주 발생하기 때문에 의사결정에 있어 정보시스템에 의존하게 되는 것이다.

41 ③

승자의 저주(The Winner's Curse) ⋯ 미국의 행동경제학자 리처드 세일러가 사용하며 널리 쓰인 용어로 과도한 경쟁을 벌인 나머지 경쟁에서는 승리하였지만 결과적으로 더 많은 것을 잃게 되는 현상을 일컫는다. 특히 기업 M&A에서 자주 일어나는데 미국에서는 M&A를 한 기업의 70%가 실패한다는 통계가 있을 정도로 흔하다. 인수할 기업의 가치를 제한적인 정보만으로 판단하는 과정에서 생기는 '비합리성'이 근본적인 원인으로 지적되고 있다.

42 ②

평균 임금 상승률보다 물가 상승률이 높으면 근로자들의 실질 소득이 줄어 생활수준이 악화될 수 있다. 또한 물가가 상승할 경우 실질 이자율이 떨어져 이자소득자들의 생활이 어려워질 수 있다.

43 ③

①②④⑤ 투자 차익을 목적으로 하여 주식, 채권, 부동산 등을 대상으로 투자하는 포트폴리오 투자에 해당한다.

※ **외국인 직접투자**(FDI ; Foreign Direct Investment) ⋯ 단순히 자산을 국내에서 운용하는 것이 아니라 경영권을 취득하여 직접 회사를 경영하는 것을 목적으로 하며 경영참가와 기술제휴 등 지속적으로 국내기업과 경제관계를 수립한다.

44 ④

④ 치미아(Chimea)는 중국(China)의 'ch', 인도(India)의 'i', 중동(Middle East)의 'me', 아프리카(Africa)의 'a'를 합성한 신조어이다.

45 ②

② 대기업들은 계열사 합병을 통해 대형화로 독점력이나 영향력을 확보하는 등 경쟁력을 얻게 된다. 따라서 경쟁을 통한 효율적 자원배분은 해당하지 않는다.

46 ②

② 뱅크런은 예금주들이 은행에 맡긴 돈을 제대로 받을 수 없을지도 모른다는 공포감에서 발생하는 예금주들의 예금인출사태를 말한다. 따라서 이러한 예금자들의 불안감을 해소하기 위해 금융당국은 은행이 예금지급불능사태가 되더라도 일정규모의 예금은 금융당국이 보호해주는 예금보험제도를 시행하고 있다.

47 ③

재화나 서비스의 소비에서 사적 편익이 사회적 편익보다 큰 경우 시장에서는 사회적 최적 수준보다 많이 소비된다.

④ 통행세의 징수는 운전자 개인의 사적 편익을 감소시킨다.

48 ③

A는 법인세로 직접세이고, B는 부가 가치세로 간접세이다.

A와 B는 모두 보통세이다.

49 ①

① 자본시장통합법은 금융시장 관련 법률을 하나로 통합하고 금융상품에 대한 사전적 제약을 철폐하여 모든 금융투자회사가 대부분의 금융상품을 취급할 수 있도록 하는 법률이다.

50 ③

③ 블루오션(Blue Ocean)과 소비자(Consumer)의 합성어로 경쟁자가 없는 시장의 소비자를 뜻한다.

① 유통업자(Distributor)와 소비자(Consumer)의 합성어

② 생산자(Producer)와 소비자(Consumer)의 합성어

④ 쌍둥이(Twin)와 소비자(Consumer)의 합성어

⑤ 아름다움(Beauty)과 소비자(Consumer)의 합성어

인천국제공항공사

사무분야(경영)

필기시험 모의고사

제3회 정답 및 해설

SEOWONGAK
(주)서원각

제3회 정답 및 해설

✏️ **직업기초능력평가**

1 ①

사이버공간과 인간 공동체를 비교해 보면 사이버공간은 사이버공간 전체의 힘은 다양한 접속점들 간의 연결을 얼마나 잘 유지하느냐에 달려 있고, 인간 공동제의 힘 역시 접속점 즉 개인과 개인, 다양한 집단과 집단 간의 견고한 관계유지에 달려 있다고 본다.

그러므로 유사성을 부정하고 차이를 부각하는 내용이어야만 한다.

2 ⑤

조건을 잘 보면 병의 가방에 담긴 물품 가격의 합이 44,000원

병의 가방에는 B, D, E가 들어 있고 E의 가격은 16,000원

그럼 B와 D의 가격의 합이(㉠+㉢)

$44,000 - 16,000 = 28,000$ 원이 되어야 한다.

①은 답이 될 수 없다.

가방에 담긴 물품 가격의 합이 높은 사람부터 순서대로 나열하면 갑 > 을 > 병 순이므로

을은 A와 C를 가지고 있는데 A는 24,000원, 병44,000원보다 많아야 하므로 C의 가격(㉡)은 적어도 $44,000 - 24,000 = 20,000$ 원 이상이 되어야 한다.

②③④는 답이 될 수 없다.

3 ①

1명은 맞고 2명은 틀리다는 것을 생각하면

간부 1의 말이 참이면, 간부 3의 말도 참이다. 그러면 모순이다.

간부 2의 말이 참이면, 간부 1의 말은 거짓이고, 간부 3의 말도 반드시 거짓이 되어야 한다.

만약 간부 2의 말이 0명을 가리킨다면 간부 1과 간부 3의 말은 거짓이 된다.

간부 3의 말이 참이면, 간부 1 또는 간부 2의 말이 참이 된다. 그러면 모순이다.

4 ②

주어진 설명에 의해 4명의 자질과 가능 업무를 표로 정리하면 다음과 같다.

	오 대리	최 사원	남 대리	조 사원
스페인어	○	×	○	×
국제 감각	○	×	×	○
설득력	×	○	○	○
비판적 사고	×	○	○	×
의사 전달력	○	○	×	○

위 표를 바탕으로 4명의 직원이 수행할 수 있는 업무를 정리하면 다음과 같다.

• 오 대리 : 계약실무, 현장교육

• 최 사원 : 시장조사

• 남 대리 : 협상, 시장조사

• 조 사원 : 현장교육

따라서 필요한 4가지 업무를 모두 수행하기 위해서는 오 대리와 남 대리 2명이 최종 선발되어야만 함을 알 수 있다.

5 ①

각국의 해외여행 시 지참해야 할 물품이 기록된 자료는 향후에도 유용하게 쓸 수 있는 정보이므로 바로 버려도 되는 동적정보로 볼 수 없다. 나머지 선택시에 제시된 정보들은 모두 일회성이거나 단기에 그 효용이 끝나게 되므로 동적정보이다.

신문이나 텔레비전의 뉴스는 상황변화에 따라 수시로 변하기 때문에 동적정보이다. 반면에 잡지나 책에 들어있는 정보는 정적정보이다. CD-ROM이나 비디오테이프 등에 수록되어 있는 영상정보도 일정한 형태로 보존되어 언제든지 동일한 상태로 재생할 수 있기 때문에 정적정보로 간주할 수 있다.

6 ①

경영참가제도의 문제점

- 경영능력이 부족한 근로자가 경영에 참여할 경우 의사결정이 늦어지고 합리적으로 일어날 수 없다.
- 대표로 참여하는 근로자가 조합원들의 권익을 지속적으로 보장할 수 있는가의 문제.
- 경영자의 고유한 권리인 경영권 약화
- 경영참가제도를 통해 분배문제를 해결함으로써 노동조합의 단체교섭 기능이 약화

따라서 신속한 의사 결정을 기대하는 것은 경영참가제도에 대한 적절한 판단으로 보기 어렵다.

7 ⑤

선과 악의 대결에서 항상 선이 승리한다는 내용은 어디에도 찾아볼 수 없다.

8 ③

화살표로부터 시작해서 9를 빼고 5를 곱한 값이 짝수가 되어야 2로 나누었을 때 정수가 된다. 따라서 (?)의 수는 홀수가 되어야 한다. 그러므로 짝수는 일단 정답에서 제외해도 된다.

보기의 번호를 대입하여 계산해 보면 된다.

① $11 - 9 = 2$, $2 \times 5 = 10$, $10 \div 2 = 5$, $5 - 4 = 1$, $1 + 12 = 13$, $13 \div 3 = 4.3333$ (×)

② $12 - 9 = 3$, $3 \times 5 = 15$, $15 \div 2 = 7.5$ (×)

③ $13 - 9 = 4$, $4 \times 5 = 20$, $20 \div 2 = 10$, $10 - 4 = 6$, $6 + 12 = 18$, $18 \div 3 = 6$, $6 + 7 = 13$

④ $14 - 9 = 5$, $5 \times 5 = 25$, $25 \div 2 = 12.5$ (×)

⑤ $15 - 9 = 6$, $6 \times 5 = 30$, $30 \div 2 = 15$, $15 - 4 = 11$, $11 + 12 = 23$, $23 \div 3 = 7.666$ (×)

9 ④

하나씩 표를 통해 대입해 보면 다음과 같다.

이름	우성(동건)	인성	동건(우성)
지붕 색	빨간색(파란색)	노란색	파란색(빨간색)
애완동물	개(고양이)	도마뱀	고양이(개)
직업	농부(의사)	광부	의사(농부)

㉠ 동건은 빨간 지붕 집에 살지 않고, 우성은 개를 키우지 않는다. →거짓

㉡ 노란 지붕 집에 사는 사람은 도마뱀을 키우지 않는다. →거짓

㉢ 동건은 파란 지붕 집에 살거나, 우성은 고양이를 키운다. →동건이 파란 지붕에 사는 것이므로 참

㉣ 동건은 개를 키우지 않는다. →참

㉤ 우성은 농부다. →농부일 수도 있고 아닐 수도 있다.

10 ⑤

2월 행사는 4번이 예약되어 있으며, 행사주제별로 기본 사용료를 계산해 보면 다음과 같다.

- B동아리 : 450,000원 + 50,000원 = 500,000원
- D국 무역관 : 300,000원 + 60,000원 = 360,000원
- F사 동호회 : 350,000원 + 100,000원 = 450,000원
- H기업 : 450,000원 + 50,000원 = 500,000원

따라서 이를 모두 더하면 1,810,000원이 되는 것을 알 수 있다.

11 ④

월별 인원 추가 비용은 다음과 같이 구분하여 계산할 수 있다.

2월	3월	4월
• B동아리 : 450,000원×0.2 =90,000원 • D국 무역관 : 인원 미초과 • F사 동호회 : 350,000원×0.15 =52,500원 • H기업 : 인원 미초과	• A대학 : 350,000원×0.15 =52,500원 • E제품 바이어 : 인원 미초과	• C연구소 : 인원 미초과 • G학회 : 300,000원×0.1 =30,000원

따라서 각 시기별 인원 추가 비용은 2월 142,500원, 3월 52,500원, 4월 30,000원이 되어 2월, 3월, 4월 순으로 많게 된다.

12 ④

대학은 Academy의 약어를 활용한 'ac.kr'을 도메인으로 사용한다. 주어진 도메인 외에도 다음과 같은 것들을 참고할 수 있다.

- co.kr – 기업/상업기관(Commercial)
- ne.kr – 네트워크(Network)
- or.kr – 비영리기관(Organization)
- go.kr – 정부기관(Government)
- hs.kr – 고등학교(High school)
- ms.kr – 중학교(Middle school)
- es.kr – 초등학교(Elementary school)

13 ⑤

일반적으로 기자들을 상대하는 업무는 홍보실, 사장의 동선 및 일정 관리는 비서실, 퇴직 및 퇴직금 관련 업무는 인사부, 사원증 제작은 총무부에서 관장하는 업무로 분류된다.

14 ③

㉠ 자율성주의는 예술작품에 대한 도덕적 가치판단을 범주착오에 해당하는 것으로 보기 때문에 극단적 도덕주의와 온건적 도덕주의 모두를 범주착오로 본다.

㉡ 모든 도덕적 가치가 예술작품을 통해 구현된다는 말은 언급한 적이 없다.

㉢ 극단적 도덕주의는 모든 예술작품을, 온건적 도덕주의는 일부 예술작품을 도덕적 판단의 대상으로 본다.

15 ④

A방식

구분	미연	수정	대현	상민
총점	347	325	330	340
순위	1	4	3	2

B방식

구분	미연	수정	대현	상민
등수의 합	8	12	11	9
순위	1	4	3	2

C방식

구분	미연	수정	대현	상민
80점 이상 과목 수	3	3	2	3
순위	1	3	4	2

16 ③

A : 영어 → 중국어

B : ~영어 → ~일본어, 일본어 → 영어

C : 영어 또는 중국어

D : 일본어 ↔ 중국어

E : 일본어

㉠ B는 참이고 E는 거짓인 경우

영어와 중국어 중 하나는 반드시 수강한다(C).

영어를 수강할 경우 중국어를 수강(A), 일본어를 수강(D)

중국어를 수강할 경우 일본어를 수강(D), 영어를 수강(E는 거짓이므로) → 중국어도 수강(A)

그러므로 B가 참인 경우 일본어, 중국어, 영어 수강

㉡ B가 거짓이고 E가 참인 경우

일본어를 수강하고 영어를 수강하지 않으므로(E) 반드시 중국어를 수강한다(C).

중국어를 수강하므로 일본어를 수강한다(D).

그러므로 E가 참인 경우 일본어, 중국어 수강

영식이가 반드시 수강할 과목은 일본어, 중국어이다.

17 ④

㈎ 1일 평균 근로시간은 '근로시간 ÷ 근로일수'로 계산할 수 있으며, 연도별로 8.45시간, 8.44시간, 8.47시간, 8.45시간으로 2016년이 가장 많다. (O)

㈏ 1일 평균 임금총액은 '임금총액 ÷ 근로일수'로 계산할 수 있으며, 연도별로 149.2천 원, 156.4천 원, 161.6천 원, 165.4천 원으로 매년 증가하였다. (O)

㈐ 1시간 당 평균 임금총액은 '임금총액 ÷ 근로시간'으로 계산할 수 있으며, 연도별로 17.7천 원, 18.5천 원, 19.1천 원, 19.6천 원으로 매년 증가하였다. (O)

㈑ 2014년~2016년의 수치로 확인해 보면, 근로시간이 더 많은 해에 임금총액도 더 많다고 할 수 없으므로 비례관계가 성립하지 않는다. (X)

18 ②

변화가 심한 시대에는 정보를 빨리 잡는다는 것이 상당히 중요한 포인트가 된다. 때로는 질이나 내용보다는 정보를 남보다 빠르게 잡는 것만으로도 앞설 수 있다. 더군다나 격동의 시대에는 빠른 정보수집이 결정적인 효과를 가져 올 가능성이 클 것이다.

19 ④

그림과 같은 조직 구조는 하나의 의사결정권자의 지시와 부서별 업무 분화가 명확해, 전문성은 높아지고 유연성 및 유기성은 떨어지는 조직 구조라고 볼 수 있다. 또한 의사결정권자가 한 명으로 집중되면서 내부 효율성이 확보된다.

① 조직의 유기적인 협조체제가 구축된 구조는 아니다.

② 의사결정 권한이 집중된 조직 구조이다.

③ 유사한 업무를 통한 내부 경쟁을 유발할 수 있는 구조는 사업별 조직구조이다.

⑤ 의사결정권자가 한 명이기 때문에 시간이 오래 걸리지 않는 구조에 해당한다.

20 ②

관점 A – 객관적인 정보에 의해서 결정

관점 B – 객관적 요소 뿐 아니라 주관적 인지와 평가에 좌우

관점 C – 개인의 심리적 과정과 속한 집단의 문화적 배경에도 의존

㉠ 관점 B는 객관적인 요소에 영향을 받는다.

㉡ 관점 B는 주관적 인지와 평가, 관점 C는 문화적 배경

㉢ 민주화 수준이 높은 사회는 개인이 속한 집단의 문화적 배경에 해당하므로 관점 C에 해당하며, 관점 A는 사회 구성원들이 기후변화의 위험에 더 민감한 태도를 보인다는 것을 설명할 수 없다.

21 ⑤

⑤ 1월의 경우 $\frac{39,293}{43,705} \times 100 =$ 약 89%로 90%를 넘지 않는다.

22 ⑤

㉠ 갑과 을이 함께 당첨이 될 경우 갑이 최대로 받기 위해서는 3장의 응모용지에 모두 같은 수를 써서 당첨이 되어야 하고, 을은 1장만 당첨이 되어야 한다. 갑은 총 4장의 응모용지 중 3장이 당첨된 것이므로 $\frac{3}{4} \times 100 = 75$개, 을은 25개를 받는다. 갑은 최대 75개의 사과를 받는다.

㉡ ㉠과 같은 맥락으로 갑이 최소로 받게 되는 사과의 개수는 25개가 된다.

㉢ 갑이 1장만으로 당첨이 되었을 경우 받을 수 있는 사과의 개수는 $\frac{100}{1} = 100$개 갑이 3장을 써서 모두 같은 수로 당첨이 되었을 경우 받을 수 있는 사과의 개수는 $\frac{100}{3} \times 3 = 100$개 모두 같은 개수의 사과를 받는다.

23 ④

① 1,000원(체감비용)＋27,000원＝28,000원

② 20,000원(토너)＋8,000원(A4용지)＝28,000원

③ 5,000원(체감비용)＋24,000원＝29,000원

④ 10,000원(A4용지)＋1,000원(체감비용)＋16,000원(토너)＝27,000원

⑤ 1,000원(체감비용)＋27,000원＝28,000원

24 ①

데이터의 구성단위는 큰 단위부터 'Database → File → Record → Field → Word → Byte(8 Bit) → Nibble(4 Bit) → Bit'의 순이다. Bit는 자료를 나타내는 최소의 단위이며, Byte는 문자 표현의 최소 단위로 '1 Byte = 8 Bit'이다.

25 ③

우수한 인재를 채용하고자 하는 등의 기본 방침을 설정하는 일은 조직 경영자로서의 역할이라 할 수 있으나, 그에 따른 구체적인 채용 기준을 마련하는 일은 해당 산하 조직의 역할이라고 보아야 한다.

26 ⑤

⑤ 반대되는 논거를 제시하여 절충된 가치를 통해 글의 주제에 접근하는 방식의 서술은 다분히 철학적이고 인문학적인 주제의 글보다는 사회 현상에 대한 분석이나 과학적 사고를 요하는 글에 보다 적합한 서술 방식이라고 할 수 있다.

① 첫 번째 문단을 보면 '죽음은 인간의 총체를 형성하는 결정적인 요소이다', '죽음이란 한 존재의 사멸, 부정의 의미이므로 여러 가지 인격을 갖고 살아가고 있는 현대인의 어떤 정체성을 부정하거나 사멸시키는 하나의 행위', '죽음이란 이 세상을 살아가면서 배워서 아는 것' 등 핵심 단어인 죽음에 대해 정의를 찾아가며 논점을 전개하고 있다.

② 삶과 죽음의 의미, 심리학자들의 주장 등에서 누구나 알 수 있는 상식을 제시하면서 삶과 죽음에 대한 새로운 이해를 하려는 시도가 나타나 있다.

③ 인간의 삶은 과학 기술적 접근뿐 아니라 인문학적인 차원에서의 접근도 이루어져야 한다는 점, 삶의 목적은 철학적, 윤리적, 가치론적 입장에서 생각해 볼 수 있다는 점 등의 의견을 제시함으로써 특정 현상을 다양한 각도에서 조명해 보려는 의도가 보인다.

④ 상식에 속하는 일반적인 통념을 근원적으로 심도 있게 이해하기 위한 고찰 방법 즉, 과학 기술적 접근과 인문주의적 접근을 제안하고 있다.

27 ③

③ 각각 8시간으로 동일하다. (○)

① 여름(경부하)이 봄·가을(경부하)보다 전력량 요율이 더 낮다. (×)

② 최소 : $57.6 \times 100 = 5,760$원, 최대 : $232.5 \times 100 = 23,250$원이며 차이는 16,000원 이상이다. (×)

④ 22시 30분에 최대부하인 계절은 겨울이다. (×)

⑤ 12월 겨울 중간부하 요율 : $128.2 \times 100 = 12,820 + 2,390$(기본) $= 15,210$원 (×)

28 ③

③ 2HP $= 1,500$W이며, 사용설비 용량은 입력환산율에 따라 $1,500 \times 1.25 = 1,875$W $= 1.875$kW가 된다.

29 ②

㉠ 2.2kW $= 2,200$W이며, 배수용 저압 단상 수중전동기 입력환산율을 적용하면
$2,200 \times 1.46 = 3,212$W $= 3.212$kW

㉡ 5마력 $= 3,750$W이며, 배수용 저압 삼상 수중전동기 입력환산율을 적용하면
$3,750 \times 1.38 = 5,175$W $= 5.175$kW

㉢ 2,000kW에 깊은우물용 고압 수중전동기 입력환산율을 적용하면 $2,000 \times 1.41 = 2820$kW

30 ②

	김부장	최과장	오과장	홍대리, 박사원
외국어 성적	25점	25점	40점	근무경력이 5년 미만이므로 선발 자격이 없다.
근무 경력	20점	20점	14점	
근무 성적	9점	10점	9점	
포상	10점	20점	0점	
계	64점	75점	63점	

31 ①

	김 부장	최 과장	오 과장	홍 대리, 박 사원
외국어 성적	20점	20점	32점	근무경력이 5년 미만이므로 선발 자격이 없다.
근무 경력	40점	28점	20점	
근무 성적	9점	10점	9점	
포상	5점	10점	0점	
계	74점	68점	61점	

32 ⑤

주어진 설명에 해당하는 파일명은 다음과 같다.

㉠ BMP

㉡ JPG(JPEG) : 사용자가 압축률을 지정해서 이미지를 압축하는 압축 기법을 사용할 수 있다.

㉢ GIF : 여러 번 압축하여도 원본과 비교해 화질의 손상이 없는 특징이 있다.

㉣ WMF

㉤ TIF(TIFF)

㉥ PNG

33 ③

차상위자가 전결권자가 되어야 하므로 이사장의 차상위자인 이사가 전결권자가 되어야 한다.

① 차상위자가 전결권을 갖게 되므로 팀장이 전결권자가 되며, 국장이 업무 복귀 시 반드시 사후 결재를 득하여야 한다.

34 ③

③ 실시간 감시가 가능한 사업장은 대형 사업장이며, 주어진 글에서는 실시간 감시가 어려운 중소 사업장 수가 증가한다고 설명하고 있다. 따라서 실시간 감시가 가능한 대형 사업장의 수가 감소하는 것은 아니다.

① 가축의 분뇨 배출은 초미세먼지의 주 원인 중 하나인 암모니아 배출량을 증가시켜 초미세먼지의 발생을 유발할 수 있다.

② 약 330만 대의 1/4 즉, 약 80만 대 이상이 'Euro3' 수준의 초미세먼지를 배출하고 있다.

④ 이른 봄은 가축 분뇨에 의한 암모니아 배출량이 많아지는 시기이다.

⑤ 온습도, 강우 등 기상조건의 영향으로 암모니아 배출량이 달라지므로 올바른 설명이 된다.

35 ②

• 여섯 번째 조건에 의해 丁은 찬성, 세 번째 조건에 의해 丁과 辛 중 한 명만이 찬성이므로 辛은 반대이다.

• 다섯 번째 조건의 대우는 辛이 반대하면 戊가 찬성이므로 戊는 찬성이다.

• 네 번째 조건의 대우는 戊가 찬성하고 辛이 반대하면 乙과 丁 모두가 반대하지 않는다이며 따라서 乙은 찬성이다. → 丁, 戊, 乙, 찬성 / 辛 반대

• 두 번째 조건에서 乙이나 丙이 찬성하면 己 또는 庚 중 적어도 한 명이 찬성한다고 했으므로 己, 庚 모두 찬성도 가능하다.(반대 의견을 제시한 최소 인원을 구하는 문제이다)

• 첫 번째 조건의 대우는 丙 또는 丁이 반대하거나 戊가 찬성하면 甲과 乙이 찬성한다이므로 戊가 찬성하므로 甲과 乙이 찬성하며, 丙도 찬성할 수 있다.

따라서 반대의 최소 인원은 1명(辛)이다.

36 ④

금리를 높일 수 있는 방법은 가입기간을 길게 하며, 해당 우대금리를 모두 적용받는 것이다. 따라서 3년 기간으로 계약하여 2.41%와 두 가지 우대금리 조건을 모두 충족할 경우 각각 0.2%p와 0.3%p(3명의 추천까지 적용되는 것으로 이해할 수 있다.)를 합한 0.5%p가 적용되어 총 2.91%의 연리가 적용될 수 있다.

① 비대면전용 상품이므로 은행 방문 가입은 불가능하다.

② 9개월은 계약기간의 3/4에 해당하는 기간이며 월평균 적립금액이 10만 원이므로 이후부터는 1/2인 5만 원의 월 적립금액이 허용된다.

③ 가입기간별 우대금리가 다르게 책정되어 있음을 알 수 있다.

⑤ 예금자보호법에 따라 원금과 이자가 5천만 원이 넘을 경우, 유사 시 일부 금액을 받지 못할 수도 있다.

37 ①

㉠ COUNTIF는 범위에서 해당 조건을 만족하는 셀의 개수를 구하는 함수이다. 따라서 'B2:E2' 영역에서 E2의 값인 5와 같지 않은 셀의 개수를 구하면 3이 된다.

㉡ 'B2:E2' 영역에서 3을 초과하는 셀의 개수를 구하면 3이 된다.

㉢ INDEX는 표나 범위에서 지정된 행 번호와 열 번호에 해당하는 데이터를 구하는 함수이다. 따라서 'A1:E3' 영역에서 2행 4열에 있는 데이터를 구하면 3이 된다.

㉣ TRUNC는 지정한 자릿수 미만을 버리는 함수이며, SQRT(인수)는 인수의 양의 제곱근을 구하는 함수이다. 따라서 'C2' 셀의 값 7의 제곱근을 구하면 2.645751이 되고, 2.645751에서 소수점 2자리만 남기고 나머지는 버리게 되어 결과 값은 2.64가 된다.

따라서 ㉠, ㉡, ㉢은 모두 3의 결과 값을 갖는 것을 알 수 있다.

38 ③

조직 내 집단은 공식적인 집단과 비공식적인 집단으로 구분할 수 있다. 공식적인 집단은 조직의 공식적인 목표를 추구하기 위해 조직에서 의도적으로 만든 집단이다. 반면에, 비공식적인 집단은 조직구성원들의 요구에 따라 자발적으로 형성된 집단이다. 이는 공식적인 업무수행 이외에 다양한 요구들에 의해 이루어진다.

39 ④

④ 물체의 운동에너지를 $E = \frac{1}{2}mv^2$이라고 하였으므로, 속력이 8배가 되면 운동에너지는 속력의 제곱인 64배가 된다.

① 건축물뿐 아니라, 자연의 땅, 나무, 하늘의 구름 등에 의해서도 공간이 인식된다는 것이 필자의 견해이다.

② 차도는 자동차들이 움직이는 곳이며, 주차장은 자동차들이 정지해 있는 곳이므로, 주차장이 더 넓을수록 공간의 전체 속도가 줄어들어 공간 에너지도 줄어들게 된다.

③ 여름에는 사람들이 앉아 있는 레스토랑이며 겨울에는 스케이트를 타는 곳이 되므로 겨울의 공간 에너지가 더 많다.

⑤ 록펠러 센터의 선큰가든의 사례를 통해 동일한 공간이라도 여름에는 고요하고 정적인 분위기, 겨울에는 그와 반대인 활발하고 동적인 분위기를 연출한다는 점을 알 수 있다.

40 ③

미국과 중국의 상호 관세가 부과되면 양국의 상대국에 대한 수출은 감소될 것이므로 중국의 대미관세 부과에 따른 '미국 대중 수출'과 미국의 대중관세 부과에 따른 '중국 대미 수출'은 감소하는 하락 그래프를 나타내야 한다. 또한 한국의 대미 수출은 무역전환 효과가 작용하한 영향으로 인해 미국이 중국 대신 한국으로부터 수입하는 물품이 증가하여 미국의 대중관세 부과에 따른 '한국 대미 수출'은 상승 그래프를 나타내게 된다. 그러나 중국에서는 중간재 수요 감소에 따라 한국으로부터 수입하는 물품의 양 역시 감소하여 중국의 대미관세 부과에 따른 '한국 대중 수출'은 하락 그래프를 나타내게 된다. 따라서 ③과 같은 그래프 모양이 분석 내용에 부합하는 것이 된다.

41 ③

주어진 조건에 따라 선택지의 날짜에 해당하는 당직 근무표를 정리해 보면 다음과 같다.

구분	갑	을	병	정
A	2일, 14일		8일	
B		3일		9일
C	10일		4일	
D		11일		5일
E	6일		12일	
F		7일		13일

따라서 A와 갑이 2일 날 당직 근무를 섰다면 E와 병은 12일 날 당직 근무를 서게 된다.

42 ④

각 여행지별 2명의 하루 평균 가격을 도표로 정리하면 다음과 같다.

관광지	일정	2명의 하루 평균 가격
갑지	5일	599,000 ÷ 5 × 2 = 239,600원
을지	6일	799,000 ÷ 6 × 2 = 266,333원, 월~금은 주중 할인이 적용되어 하루 평균 266,333 × 0.8 = 213,066원이 된다. 따라서 월~토 일정 동안의 전체 금액 [(213,066 × 5) + 266,333]에서 하루 평균 가격을 구하면 221,944원이다.
병지	8일	999,000 ÷ 8 = 124,875원(1명), 999,000 ÷ 8 × 0.8 = 99,900원(1명) 따라서 2명은 124,875 + 99,900 = 224,775원
정지	10일	1,999,000 ÷ 10 = 199,900원(1명), 1,999,000 ÷ 10 × 0.5 = 99,950원(1명) 따라서 2명은 199,900 + 99,950 = 299,850원

따라서 가장 비싼 여행지부터의 순위는 정지 – 갑지 – 병지 – 을지이다.

43 ②

DAVERAGE 함수는 범위에서 조건에 맞는 레코드 필드 열에 있는 값의 평균을 계산할 때 사용한다. 사용되는 수식은 '=DAVERAGE(범위, 열 번호, 조건)'이다. 따라서 '=DAVERAGE(A1:D8, D1, A1:A2)'와 같은 수식을 입력해야 한다.

44 ③

환경이 안정적이거나 일상적인 기술, 조직의 내부 효율성을 중요시하며 기업의 규모가 작을 때에는 업무의 내용이 유사하고 관련성이 있는 것들을 결합해서 ㈔와 같이 기능적 조직구조 형태를 이룬다. 반면, 급변하는 환경변화에 효과적으로 대응하고 제품, 지역, 고객별 차이에 신속하게 적응하기 위해서는 ㈎와 같이 분권화된 의사결정이 가능한 사업별 조직구조 형태를 이룰 필요가 있다. 사업별 조직구조는 개별 제품, 서비스, 제품그룹, 주요 프로젝트나 프로그램 등에 따라 조직화된다. 즉, 그림과 같이 제품에 따라 조직이 구성되고 각 사업별 구조 아래 생산, 판매, 회계 등의 역할이 이루어진다.

45 ⑤

필자는 현재 우리나라의 역간 거리가 타 비교대상에 비해 짧게 형성되어 있어 운행 속도 저하에 따른 속도경쟁력 약화를 문제점으로 지적하고 있다. 따라서 역간 거리가 현행보다 길어야 한다는 주장을 뒷받침할 수 있는 ①~④와 같은 내용을 언급할 것으로 예상할 수 있다.
⑤ 역세권 문제나 부동산 시장과의 연계성 등은 주제와의 관련성이 있다고 볼 수 없다.

46 ③

어른의 수를 x라고 할 때,
$15,000x + 6,000(12 - x) \le 108,000$이므로 $x \le 4$
따라서 어른은 최대 4명이다.

47 ②

갑, 을, 병의 진술과 과음을 한 직원의 수를 기준으로 표를 만들어 보면 다음과 같다.

진술자 \ 과음직원	0명	1명	2명	3명
갑	거짓	참	거짓	거짓
을	거짓	거짓	참	거짓
병	거짓	참	참	거짓

• 과음을 한 직원의 수가 0명인 경우, 갑, 을, 병 모두 거짓을 말한 것이 되어 결국 모두 과음을 한 것이 된다. 따라서 이 경우는 과음을 한 직원의 수가 0명이라는 전제와 모순이 생기게 된다.

• 과음을 한 직원의 수가 1명인 경우, 을만 거짓을 말한 것이므로 과음을 한 직원의 수가 1명이라는 전제에 부합한다. 이 경우에는 을이 과음을 한 것이 되며, 갑과 병은 과음을 하지 않은 것이 된다.

• 과음을 한 직원의 수가 2명인 경우, 갑만 거짓을 말한 것이 되므로 과음을 한 직원의 수가 1명이 된다. 따라서 이 역시 과음을 한 직원의 수가 2명이라는 전제와 모순이 생기게 된다.

• 과음을 한 직원의 수가 3명인 경우, 갑, 을, 병 모두 거짓을 말한 것이 되어 과음을 한 직원의 수가 3명이 될 것이며, 이는 전제와 부합하게 된다.

따라서 4가지의 경우 중 모순 없이 발생 가능한 경우는 과음을 한 직원의 수가 1명 또는 3명인 경우가 되는데, 이 두 경우에 모두 거짓을 말한 을은 과음을 한 직원이라고 확신할 수 있다. 그러나 이 두 경우에 모두 사실을 말한 사람은 없으므로, 과음을 하지 않은 것이 확실한 직원은 아무도 없다.

48 ③

출발시각을 한국 시간으로 먼저 바꾼 다음 소요시간을 더해서 도착 시간을 확인해 보면 다음과 같다.

구분	출발시각 (현지시간)	출발시각 (한국시간)	소요시간	도착시간
H상무	12월 12일 17:20	12월 13일 01:20	13시간	12월 13일 14:20
P전무	12월 12일 08:30	12월 12일 22:30	14시간	12월 13일 12:30
E전무	12월 12일 09:15	12월 13일 01:15	11시간	12월 13일 12:15
M이사	12월 12일 22:30	12월 13일 04:30	9시간	12월 13일 13:30

따라서 도착 시간이 빠른 순서는 E전무 – P전무 – M이사 – H상무가 된다.

49 ①

제조 시기는 11xx이며, 원산지와 제조사 코드는 5K, 철제 프레임은 03009가 되어야 한다.

50 ③

생산지는 영문 알파벳 코드 바로 앞자리이므로 오 사원과 양 사원이 모두 3으로 중국에서 생산된 물품을 보관하고 있음을 확인할 수 있다.

51 ③

경영참가는 경영자의 고유 권한(경영자와 근로자의 공동 권한이 아닌)인 의사결정과정에 근로자 또는 노동조합이 참여하는 것이다.

경영참가의 초기단계에서는 경영자 층이 경영 관련 정보를 근로자에게 제공하고 근로자들은 의견만을 제출하는 정보 참가 단계를 가진다. 정보참가 단계보다 근로자들의 참여권한이 확대되면 노사 간 서로 의견을 교환하여 토론하며 협의하는 협의 참가 단계를 거친다. 다만 이 단계에서 이루어진 협의결과에 대한 시행은 경영자들에게 달려있다. 마지막은 근로자와 경영자가 공동으로 결정하고 결과에 대하여 공동의 책임을 지는 결정참가 단계이다. 이 단계에서는 경영자의 일방적인 경영권은 인정되지 않는다.

경영능력이 부족한 근로자가 경영에 참여할 경우 의사결정이 늦어지고 합리적으로 일어날 수 없으며, 대표로 참여하는 근로자가 조합원들의 권익을 지속적으로 보장할 수 있는가도 문제가 된다. 또한 경영자의 고유한 권리인 경영권을 약화시키고, 오히려 경영참가 제도를 통해 분배문제를 해결함으로써 노동조합의 단체교섭 기능이 약화될 수 있다.

52 ③

③ 비교우위에 의한 자유무역의 이득은 한 나라 내의 모든 경제주체가 혜택을 본다는 것을 뜻하지 않는다. 자유무역의 결과 어느 나라가 특정 재화를 수입하게 되면, 소비자는 보다 싼 가격으로 이 재화를 사용할 수 있게 되므로 이득을 보지만 이 재화의 국내 생산자는 손실을 입게 된다.

① 동일한 종류의 재화라 하더라도 나라마다 독특한 특색이 있게 마련이다. 따라서 자유무역은 각국 소비자들에게 다양한 소비 기회를 제공한다.

② 어느 나라가 비교우위가 있는 재화를 수출하게 되면 이 재화의 생산량은 세계시장을 상대로 크게 늘어난다. 이 경우 규모의 경제를 통해 생산비를 절감할 수 있게 된다.

④ 독과점의 폐해를 방지하려면 진입장벽을 없애 경쟁을 촉진하여야 한다. 따라서 자유무역은 경쟁을 활성화하여 경제 전체의 후생 수준을 높일 수 있다.

⑤ 자유무역은 나라간의 기술 이동이나 아이디어의 전파를 용이하게 하여 각국의 기술 개발을 촉진해 주는 긍정적인 파급 효과를 발휘하기도 한다.

53 ③

전기 자동차는 1분 동안 1250m를, 자전거는 1분 동안 250m를 달릴 수 있으므로 1분당 1km의 차이가 발생하게 되는 것을 알 수 있으며, 140km의 차이가 발생하기 위해서는 140분이 지나야 함을 알 수 있다. 따라서 오전 8시에 출발했기 때문에 오전 10시 20분에 140km의 차이가 발생하게 된다.

54 ④

④ 항공운송사업자가 거짓 사항을 적은 요금표 등을 갖춰 둔 경우(1차 위반) 250만 원의 과태료가 부과된다.

① 자료를 제출하지 않은 경우(1차 위반) 150만 원의 과태료가 부과되며 위반행위가 사소한 부주의나 오류로 인한 것으로 인정되는 경우 과태료 금액의 2분의 1만큼 그 금액을 줄일 수 있으므로 75만 원의 과태료를 부과할 수 있다.

② 항공운송사업자가 사업개선 명령을 이행하지 않은 경우(2차 위반) 1,500만 원의 과태료가 부과되며 위반상태의 기간이 6개월 이상인 경우 과태료 금액의 2분의 1만큼 그 금액을 늘릴 수 있으므로 2,250만 원을 부과할 수 있다.

③ 항공교통이용자가 항공기에 탑승한 상태로 이동지역에서 항공기를 머무르게 하는 시간이 2시간을 초과하게 되었으나 항공운송사업자가 음식물을 제공하지 않거나 보고를 하지 않은 경우(2차 위반) 500만 원의 과태료가 부과된다.

⑤ 외국인 국제항공운송사업자가 항공운임을 거짓으로 제공한 경우(1차 위반) 400만 원의 과태료가 부과된다.

55 ③

스웨덴에서 수입한 제품은 제품 코드 다섯 번째 자리로 4를 갖게 되며, 침대류는 일곱 번째와 여덟 번째 자리로 02를 갖게 된다. 따라서 이 두 가지 코드에 모두 해당되지 않는 18116N0401100603은 재처리 대상 제품이 아니다.

56 ③

생산 코드가 1910이므로 2019년 10월에 생산된 것이므로 봄에 생산된 것이 아니다.
① 115번째 입고 제품이므로 먼저 입고된 제품은 114개가 있다.
② 3F이므로 영국의 LA-Z-BOY사에서 생산된 제품이다.
④⑤ 소품(04)의 서랍장(012) 제품에 해당한다.

57 ②

자녀학비보조수당은 수업료와 학교운영지원비를 포함하며 입학금은 제외된다고 명시되어 있다.
① 위험근무수당은 위험한 직무에 상시 종사한 직원에게 지급된다.
③ 육아휴직수당은 휴직일로부터 최초 1년 이내에만 지급된다.
⑤ 육아휴직수당은 만 8세 이하의 자녀를 양육하기 위하여 필요한 경우 지급된다.

58 ④

월 급여액이 200만 원이므로 총 지급액은 200만 원의 40퍼센트인 80만 원이며, 이는 50~100만 원 사이의 금액이므로 80만 원의 15퍼센트에 해당하는 금액인 12만 원이 복직 후에 지급된다.
① 3월 1일부로 복직을 하였다면, 6개월을 근무하고 7개월째인 9월에 육아휴직수당 잔여분을 지급받게 된다.
② 육아휴직수당의 총 지급액은 80만 원이다.
③ 복직 후 3개월째에 퇴직을 할 경우, 복직 후 지급받을 15퍼센트가 지급되지 않으며 휴가 중 지급받은 육아휴직수당을 회사에 반환할 의무 규정은 없다.
⑤ 육아휴직수당의 지급대상은 30일 이상 휴직한 남·녀 직원이다.

59 ③

안전, 공무원, 음주 단속을 통해 경찰을 유추할 수 있다. 경찰은 국가 사회의 공공질서와 안녕을 보장하고 국민의 안전과 재산을 보호하는 일을 담당하는 공무원으로, 음주 단속 역시 경찰 업무의 하나이다.

60 ②

② 연도별 농가당 평균 농가인구의 수는 비례식을 통하여 계산할 수 있으나, 성인이나 학생 등의 연령대별 구분은 제시되어 있지 않아 확인할 수 없다.
① 제시된 농가의 수에 대한 산술평균으로 계산할 수 있다.
③ 총인구의 수를 계산할 수 있으므로 그에 대한 남녀 농가인구 구성비도 확인할 수 있다.
④⑤ 증감내역과 증감률 역시 해당 연도의 정확한 수치를 통하여 계산할 수 있다.

1 ⑤

문제에서 제시된 그림은 GS 25편의점(프랜차이즈 시스템의 한 형태)을 나타낸 것이다. 프랜차이즈 시스템은 본사에서 가맹지점에게 각종 경영 및 기술 지원 등을 하게 되며, 재료 등을 대량으로 매입해 저렴하게 제공하므로 가맹지점의 입장에서는 본사에 대해 높은 의존도 경향을 보이게 된다.

2 ⑤

문제의 그림은 풀 전략(Pull Strategy)을 나타낸 것이다. 풀 전략은 공급자 쪽으로 당긴다는 의미로써 소비자를 상대로 적극적인 프로모션 활동을 하여 소비자들이 스스로 제품을 찾게 만들고 중간상들은 소비자가 원하기 때문에 제품을 취급할 수밖에 없게 만드는 전략을 의미한다. 이는 다시 소비자들의 제품 브랜드에 대한 애호도 높은 것이라고 할 수 있다. 이런 경우의 소비자들은 충동구매를 하지 않게 된다. ⑤번은 푸시전략(Push Strategy)에 대한 설명이다.

3 ⑤

⑤ 할당표본 추출법에 관한 설명이다.

4 ④

비정형적 의사결정은 주로 특수한 상황이나 비일상적인 부분에 적용되는 의사결정의 형태이므로 의사결정을 하게 되는 계층은 주로 고위층이다.

5 ④

A, B, C의 장소를 각각 1대의 차량으로 방문할 시의 수송거리는 $(10+13+12) \times 2 = 70km$, 하나의 차량으로 3곳 수요지를 방문하고 차고지로 되돌아오는 경우의 수송거리 $10+5+7+12 = 34km$, 그러므로 $70-34 = 36km$가 된다.

6 ③

$$상품로스율 = \frac{상품로스}{상품매출액} \times 100$$

상품로스=(기초재고액+기중매입액)−(매출실적액+실사재고액)=17이다.

그러므로 로스율은 $\frac{17}{340} \times 100 = 5\%$ 가 된다.

7 ②

물류관리는 각각의 물류활동들이 충분히 그 기능을 발휘하여 기업의 경영목표달성에 기여할 수 있도록 각종 물류경영자원들을 체계적으로 연계하여 조화시킬 수 있는 시스템이 필요한데, 이를 물류정보시스템(Physical Distribution Information System)이라 한다. 판매와 재고정보가 신속하게 집약되므로 생산 및 판매에 대한 조정이 가능하다.

8 ④

석유의 원유 또는 제품, 천연 가스 등을 파이프로 수송하기 위한 설비로, 육상은 물론 해저에서도 사용된다. 하지만 많은 제약이 따르므로 타 수송과 연계해서 활용하기는 어렵다.

9 ⑤

"호손 공장의 실험을 통해 '결국 노동자를 춤추게 해 성과를 향상시킨 것은 강력한 관리 시스템이 아닌 관심임을 실증적으로 밝혀냈다.'에서 보듯이 기사의 내용은 인간관계론에 대한 설명을 하고 있다. 기존 기업 조직의 경영은 과학적 관리론에 입각한 능률위주였으므로 노동자들은 오로지 생산을 위한 기계화 또는 부품화 된 도구에 지나지 않았다. 그래서 인간의 어떠한 주체성이나 개성 등은 당연히 무시되었던 것이다. 하지만, 산업이 발달하고 기업의 대규모화가 진전되어감에 따라 능률을 위주로 한 기업의 생산성은 점차 한계점에 도달했음을 인식하게 되었고, 과학적 관리론에 대한 회의 및 불평, 불만 일어나기 시작했으며 그것이 불안전하고 비합리적이라는 사실을 증명하기에 이르렀다. 결국 인간관계론은 인간의 기계화가 아닌 호손 실험을 통해서도 알 수 있듯이 기업 조직 내의 비공식조직이 공식조직에 비해 생산성 향상에 있어 주요한 역할을 한다는 것을 알 수 있다.

10 ②

통상적으로 Open-to-buy는 공개매수액 또는 매입가능단위라는 용어로 사용되고 있다. 최대재고량=(재주문기간+배달기간)×(판매율)+(안전재고)이고, 주문량=최대재고량-(현재재고량+주문량)이다. 그러므로 650만 원+500만 원에서 760만 원+120만 원을 차감한 270만 원이 된다.

11 ③

③ 합리모형은 개인적 의사결정과 조직상의 의사결정을 동일시한다.

12 ④

고유부품의 경우 현지에서 조달되기도 하며 내생품에 의존하기도 하는 등 국제적인 상황에 따라 유리한 방향으로 조절하여 많은 이윤을 창출하고자 한다.

13 ③

주문점=조달기간의 평균수요+95%의 서비스율 유지를 위한 재고량
조달기간의 평균수요=하루의 평균수요×(리드타임+점검주기)=8단위×(7일+4일)=88단위
95%의 서비스율 유지를 위한 재고량=점검주기 시 필요량-안전재고량=4일×8단위-20단위 =12단위
그러므로 주문점=88단위+12단위=100단위이며, 주문수량=100단위-55단위=45단위가 된다.

14 ④

삼백산업 … 중공업이나 첨단 산업이 발달하기 이전인 1950년대 한국 산업에서 중추적 역할을 했던 산업으로서, 제품이 흰색을 띠는 세 가지(三白) 즉, 밀가루 · 설탕 · 면직물을 지칭하는 말이다.

15 ①

구매담당자로 하여금 자신들이 매입한 제품을 판매하는 부서에서 함께 일해 보도록 하는 것을 현장순회지도라고 한다.

16 ⑤

유보가격(reservation price)은 소비자의 구매를 유보하게 만드는 가격이다. 즉 소비자들이 해당 상품에 대하여 기꺼이 지불하려는 용의가 있는 최고가격을 의미한다. 이에 따라 구매 전에 소비자가 생각하고 있던 유보가격보다 제시된 가격이 비싸면 소비자는 구매를 유보하게 된다.

17 ②

서비스는 생산과 동시에 소비가 이루어지는 데 이러한 특성을 비분리성이라고 한다.

18 ③

㉠은 접근가능성(accessibility)으로써 세분시장에 있는 소비자들에게 효과적으로 근접할 수 있어야 한다는 것이다. ㉡은 기혼 및 미혼이라는 차별성을 두는 것으로 이는 차별화 가능성을 의미한다.

19 ⑤

상층흡수 가격전략(skimming pricing policy)은 시장 대응을 목적으로, 신제품을 시장에 도입하는 초기에 고가격을 설정하여 고소득층을 흡수하고, 점차 가격을 인하하여 저소득층에도 침투하려는 전략이다.

20 ②

$$목표판매량 = \frac{고정비 + 목표이익}{판매가격 - 단위 당 변동비}$$

$$= \frac{2억\ 원 + 1억\ 원}{5만\ 원 - 3만\ 원} = 15,000개$$

21 ②

소비자가 불만족의 원인을 외적 귀인(external attribution)을 하는 경우 즉 원인이 지속적이고 기업의 통제가 가능하거나 기업의 잘못이라고 생각하는 경우 소비자의 불만족은 커지게 된다.

22 ③

① 소비자들이 그 제품을 알지 못하거나 무관심한 상태는 무수요이다. 이 경우 수요의 창조를 위한 자극적 마케팅이 필요하다. ② 잠재수요는 아직 존재하지 않는 제품에 대한 욕구를 가지고 있는 상황으로 수요의 개발을 위한 개발적 마케팅이 필요하다. ④ 불건전 수요는 수요가 바람직하지 않다고 여겨지는 상황이다. 수요의 파괴를 위한 대항적 마케팅이 필요하다. ⑤ 초과수요는 수요수준이 공급자의 공급능력을 초과하는 상황이다. 수요의 감소를 위한 디마케팅이 필요하다.

23 ②

중앙집권적인 소매조직은 전체조직의 의사결정권한이 본사에 집중되어 있는 조직을 의미한다. 이 경우 본사는 하위조직이 판매할 제품의 일괄구매를 담당하고 하위조직은 본사의 방침에 따라 판매만을 담당한다. 공급업체로부터 제품을 대량 구매하므로 가격을 낮출 수 있어 규모의 경제를 실현할 수 있다. 그러나 지역적인 상황에 따른 대응능력이 취약하고, 지역시장의 취향에 맞는 상품조정능력이 떨어진다는 단점이 있다.

24 ⑤

매입처를 고정적인 것으로 생각하고 고정화된 발주를 하면 과소발주나 과대발주가 보편적으로 나타난다.

25 ①

제품이나 점포의 외형적 속성이나 특징으로 소비자에게 차별화를 부여하는 것은 제품속성 포지셔닝이다.

26 ③

③ '잃어버린 10년(the lost decade)'은 부동산 거품이 붕괴한 후, 주식시장에 이어 은행들이 연이어 파산한 디플레이션 악순환의 대표적인 사례이다.

27 ⑤

활동기준원가는 소비되어진 자원 등을 활동별로 집계해서 활동별로 집계된 원가를 제품에 분배하는 원가 시스템을 의미한다.

28 ③

개방적(집중적 또는 집약적) 유통전략은 가능한 한 많은 점포가 자사 제품을 취급하도록 하는 마케팅 전략이다. 이 전략은 제품이 소비자에게 충분히 노출되어 있고, 제품판매의 체인화에 어려움이 있는 일용품이나 편의품 등에 적용할 수 있다. 그러나 유통비용이 증가하고, 통제가 어렵다는 문제점이 있다.

29 ④

기능별 조직은 주로 단일제품이나 서비스를 생산 및 판매하는 소규모 기업 등에서 선호되는 형태이다.

30 ⑤

문제에 제시된 그림은 사업부제 조직을 나타낸 것이다. 사업부제 조직은 사업부내에 관리 및 기술 등의 스탭을 갖게 되므로 합리적인 정보수집 및 분석을 가능하게 해 준다.

31 ④

④ 서브프라임모기지(sub-prime mortgage)는 신용도가 낮은 저소득층을 대상으로 하기 때문에 높은 금리가 적용된다.

32 ⑤

재고관리는 품절이 발생하지 않도록 고객수요에 부응하면서도 적정량의 재고를 보유함으로써 재고비용을 절감하는 데 그 목표가 있다.

33 ④

판매물류는 물류의 최종단계로서 제품을 고객에게 전달하는 일체의 활동, 즉 물류센터의 운용, 제품의 수배송 정보 네트워크의 운용 등이 그 관리대상이 된다.

34 ①

위 내용은 MBO(목표에 의한 관리)에 대한 내용이며, 그 한계점으로는 다음과 같다.

- 모든 구성원의 참여가 현실적으로 쉽지 않다.
- 신축성 또는 유연성이 결여되기 쉽다.
- 계량화할 수 없는 성과가 무시될 수 있다.
- 부문 간에 과다경쟁이 일어날 수 있다.
- 도입 및 실시에 시간, 비용, 노력이 많이 든다.
- 단기적 목표를 강조하는 경향이 있다.

35 ③

공급자주도 재고관리(VMI)는 CMI와 함께 지속적 상품보충 시스템(CRP)의 한 가지 방식이다. CR은 자동 재고보충 즉 유통업체가 제조업체와 전자상거래를 통해 상품에 대한 주문정보를 공유하고, 재고를 자동으로 보충관리하는 것을 의미한다.

③ VMI는 재고관리에 중점을 둔 시스템으로 고객에 맞는 차별화된 서비스를 제공하려는 것이 아니다.

36 ①

보완적 평가방식은 각 상표에 있어 어떤 속성의 약점을 다른 속성의 강점에 의해 보완하여 전반적인 평가를 내리는 방식을 말한다. 보완적 평가방식은 가중치를 각 속성별 평가점수에 곱한 후에 이를 모두 더하여 종합 평가점수가 가장 높은 부문이 은영이가 선택하게 될 기차 편이 되는 것이다.

- KTX 산천=(40×8)+(30×5)+(20×5)+(10×3)=600
- 새마을호=(40×3)+(30×3)+(20×5)+(10×7)=380
- ITX 청춘=(40×6)+(30×7)+(20×6)+(10×5)=480
- 무궁화호=(40×5)+(30×5)+(20×5)+(10×5)=500
- 비둘기호=(40×8)+(30×2)+(20×1)+(10×2)=420

37 ④

지식경영 시스템은 조직의 인적자원이 쌓아 놓은 지식을 체계적으로 관리·공유함으로써 기업의 경쟁력을 높이기 위한 기업정보 시스템을 의미한다. 과거에는 의사결정 주체인 구성원이 조직을 떠나면 그가 가지고 있던 지식자원도 함께 없어져 기업의 손실이 컸다는 인식 하에 지식경영 시스템이 출발하게 되었다. 즉, 지식경영 시스템은 직원들이 자신이 가지고 있는 지식자원을 각종 문서로 작성·보유하게 하고, 입력된 다양한 정보를 체계적으로 정리·공유함으로써 업무에 활용하도록 하는 동시에 더 나아가 첨단기술과의 조합으로 조직 안에 축적되는 각종 지식과 노하우를 효율적으로 관리·활용하도록 하는 데 그 목적이 있다.

38 ③

①②④⑤는 화주(기업) 측면에서의 효과이며, ③은 사회·경제적 측면에서의 효과에 대한 내용이다.

39 ①

과거 산업사회에서는 상품의 소품종 대량생산 시스템이 지배적이었으나 오늘날의 정보화 사회에서는 소비자의 세분화된 욕구를 반영하여 다품종 소량생산 시스템으로의 전환이 이루어지고 있다.

40 ⑤

⑤는 고관여 제품에 관한 설명이다. 고관여 제품은 광고의 노출빈도는 많게, 도달범위는 좁게 하는 것이 효과적이고, 인적판매와 함께 제품의 품질향상에 신경을 써야 한다.

41 ④

④ 죽은 고기만을 먹는 대머리 독수리를 의미하는 벌처(vulture)에서 유래한 벌처펀드(vulture fund)는 부실기업을 인수하는 회사나 그 자금을 의미한다.

42 ①

신무역이론 … 산업조직이론과 국제무역이론을 결합한 이론으로 산업의 특성이 국제무역패턴을 일으킨다는 내용이다.

43 ⑤

⑤ 전체 결과의 80%가 전체 원인의 20%에서 일어나는 것은 파레토법칙(Pareto's law)이다.

44 ③

③ ISO 9000에 대한 설명이다.

45 ⑤

⑤ 트라이슈머란 관습에 얽매이지 않고 항상 새로운 무언가를 시도하는 체험적 소비자를 지칭한다.

46 ①

② 사업의 경영은 무한책임사원이 하고, 유한책임사원은 자본을 제공하여 사업에서 생기는 이익의 분배에 참여하는 형태

③ 사원이 회사에 출자금액을 한도로 하여 책임을 질 뿐, 회사채권자에 대해서는 책임을 지지 않는 사원으로 구성된 회사

④ 주식의 발행으로 설립된 회사

⑤ 회사의 지분 또는 주식의 대부분이 개인소유에 속하며 그 개인이 회사 기업을 지배하는 회사

47 ②

② 베블렌효과(Veblen Effect)란 가격이 비쌀수록 오히려 수요가 늘어나는 비합리적 소비현상을 뜻한다.

48 ①

① 아이핀(Internet Personal Identification Number, i-PIN)은 인터넷 상에서 주민등록번호 사용에 따른 부작용을 해결하기 위해 개발된 일종의 인터넷 가상 주민등록번호이다.

49 ②

② 리디노미네이션(redenomination)은 화폐 액면 단위의 변경일뿐 화폐가치는 변하지 않기 때문에 물가·임금·예금·채권·채무 등의 경제적 양적 관계가 전과 동일하다.

50 ④

④ 그린 메일(green mail)은 위협을 목적으로 M&A 대상기업의 주식을 매수하여 높은 가격으로 주식을 되파는 공격 방법이다.